歐陸傾覆

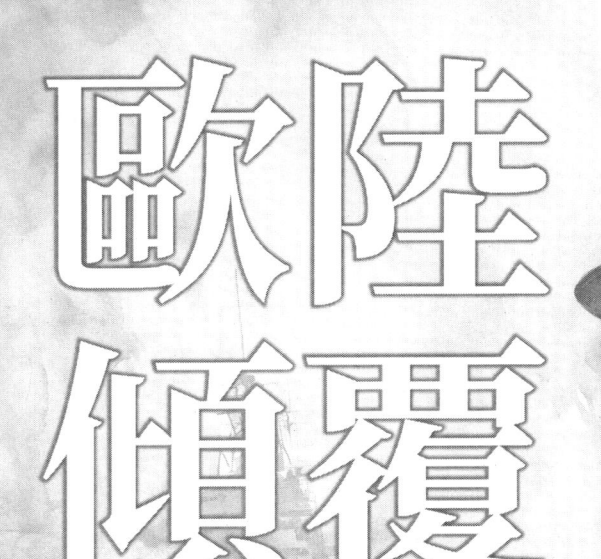

THE FALL OF EUROPE

邱吉爾
見證法國的最後戰線

從德軍閃擊到敦克爾克大撤退
親歷盟軍潰敗的至暗時刻

(Winston Churchill)
溫斯頓·邱吉爾 著
伊莉莎 編譯

歐洲陷落之際！從盟軍潰退到納粹步步逼近
當世界陷入黑暗，英國如何撐過最艱難時刻？
以邱吉爾視角講述敦克爾克撤退與不列顛之戰的驚險過程

目錄

序言 ………………………………………………………… 005

致謝 ………………………………………………………… 007

第一章　全國團結一致 …………………………………… 009

第二章　首週的甘默林戰略 ……………………………… 027

第三章　法蘭西戰役的關鍵時刻 ………………………… 045

第四章　撤退至海岸 ……………………………………… 061

第五章　敦克爾克大撤退 ………………………………… 081

第六章　戰場競逐 ………………………………………… 095

第七章　重返法國戰局 …………………………………… 111

第八章　本土防禦計畫 …………………………………… 129

第九章　法國的苦難與抉擇 ……………………………… 145

第十章　波爾多與停戰決定 ……………………………… 163

第十一章　達爾朗與奧蘭海戰 …………………………… 183

第十二章　反擊的希望 …………………………………… 199

第十三章　戰爭的最低谷 ………………………………… 211

目錄

第十四章　應對入侵的挑戰……………………………231

第十五章　「海獅」計畫的威脅……………………………249

第十六章　不列顛之戰的決戰時刻……………………………261

第十七章　閃電戰的衝擊……………………………279

第十八章　「冷漠的倫敦」……………………………295

序言

在這個時期，我肩負著重大的責任，擔任首相、第一財政大臣、國防大臣和下議院領袖。在最初的 40 天後，我們獨自面對德國和義大利接連發動的致命攻勢，蘇俄作為立場較為偏向敵對方的中立國，積極援助希特勒，而日本則是一個無法預測的威脅。然而，英王戰時內閣在議會的支持下，忠誠地處理陛下的國務，並在英聯邦和帝國各地政府和人民的支持下，最終完成了所有任務，擊敗了我們的所有敵人。

溫斯頓・邱吉爾

於肯特郡韋斯特勒姆，查特韋爾莊園

1949 年 1 月 1 日

序言

致謝

　　我應再次向那些協助我完成本書的友好人士致以謝意；他們是：陸軍中將亨利・波納爾爵士、艾倫海軍准將、迪金上校、愛德華・馬什爵士、丹尼斯・凱利先生和伍德先生。對於審閱過原稿並提出意見的其他許多人士，我也表示感謝。

　　伊斯梅勛爵及其他友人曾不斷對我提供協助。

　　蒙受英王陛下政府恩准複製若干官方檔案文字，依據皇家版權法，此類文件版權歸英王陛下政府文書局局長所有，謹此致謝。依照英王陛下政府之要求，為保密起見，本卷中刊載的部分電文，經我依據原意重新撰寫。這些改動並未改變其原始涵義或本質。

溫斯頓・邱吉爾

致謝

第一章
全國團結一致

　　那逐漸累積、蓄勢已久的狂風暴雨，如今終於猛烈地襲擊了我們。在這場史無前例的殘酷戰爭中，首場交戰便有4、500萬士兵對峙。在上次大戰的艱難歲月和這次大戰的早期階段，我們習慣於躲在法國戰線的庇護下生活，而如今這條戰線在短短一週內被徹底摧毀。不到3週，聲名顯赫的法國陸軍竟然崩潰，潰不成軍，英國的軍隊被逼退至海上，所有戰線無一倖免。不到6週，我們發現自己幾乎孤立無援，幾近被解除武裝，德國和義大利節節勝利，扼住我們的咽喉，整個歐洲落入希特勒的掌控，而日本則在地球另一端虎視眈眈。正是在面對這些事實和黯淡前景時，我擔任首相兼國防大臣，承擔起籌組一個包括所有政黨的政府之責任，以便採取一切被認為最符合國家利益的措施，處理英王陛下的內、外事務。

　　大約經過5年之後，我們才有可能對我們的境況持較為樂觀的態度。義大利被占領，墨索里尼被擊斃。強大的德國軍隊無條件投降，希特勒自盡。在24小時內，除了艾森豪將軍所俘獲的大批俘虜外，陸軍元帥亞歷山大在義大利和蒙哥馬利元帥在德國俘獲了近300萬德國士兵。法國獲得了解放，重整旗鼓，重新振作。我們與我們的盟國──世界上兩個最強大的帝國──攜手並進，迅速摧毀了日本的抵抗。這樣的對比確實令人震驚。這5年的歷程漫長、艱難且充滿危險。那些在這條道路上犧牲的人沒有白白付出生命。那些昂首走到終點的人，將因光榮地走過這段旅程而永遠自豪。

第一章　全國團結一致

　　為了說明我所從事的工作以及團結的全國聯合政府成立過程，我必須首先強調大不列顛帝國在最終成為眾多國家和民族共同事業的過程中所作出的重大貢獻和發揮的作用。我的意圖並非與我們最偉大的盟友美國進行不愉快的比較，或毫無意義地分高低，我們對美國的感激是無可估量且永遠銘記的。然而，讓人們了解英國在戰爭中所付出的巨大努力是符合整個英語世界的共同利益的。截至 1944 年 7 月，大不列顛和大英國協在與敵作戰的師團數量上遠超美國。這個總數不僅涵蓋了歐洲和非洲戰區，還包括在亞洲對日本作戰的所有地區。直到 1944 年秋天，大批美軍抵達諾曼第之前，在太平洋和大洋洲以外的每個戰區，我們始終有權至少作為一個平等的夥伴，甚至往往是主要的夥伴發言；在此之前的任何月分，各個戰區的師團集結情況也是如此。從 1944 年 7 月起，從與敵接觸的師團數量來看，美國的戰線變得越發突出，並且持續擴大，捷報頻傳，直至 10 個月後取得最後勝利。

　　大不列顛及大英國協的犧牲甚至超越了我們勇敢盟友的犧牲。英國武裝部隊的陣亡、失蹤及被推定死亡的人數累計達到 303,240 人，加上各自治領、印度以及各殖民地的 109,000 人，總計為 412,240 人。此數字尚未包括聯合王國因空襲而亡的 60,500 名平民，以及約 3 萬名喪生的商船船員與漁民。相較之下，美國陸軍、空軍、海軍、海軍陸戰隊及海岸警衛隊的犧牲人數為 322,188 人。我提到這些悲痛而光榮的犧牲數字，是因為我堅信，由如此多寶貴的生命凝聚而成的平等戰友關係，將繼續贏得英語世界人們的崇敬，並激勵他們的行動。

　　在海洋領域，美國確實承擔了太平洋戰爭的幾乎全部責任。1942 年，他們在中途島、瓜達爾卡納爾島，以及珊瑚海進行的關鍵戰役，使他們在廣闊的海洋中掌握了完全的主動權，為攻擊所有被日本占領的地區開闢了道路，並最終攻擊日本本土。美國海軍無法同時在大西洋和地中海承擔重

任。在此，我有責任澄清事實。在歐洲戰區、大西洋和印度洋上被擊沉的781艘德國潛艇和85艘義大利潛艇中，有594艘是由英國海軍和空軍擊沉的；英國海軍和空軍除了摧毀或俘獲義大利的全部艦隊外，還消滅了德國的所有戰鬥艦、巡洋艦和驅逐艦。

自珍珠港事件爆發後，美國便全力以赴地投入空戰，尤其在白天使用「空中堡壘式」轟炸機；他們的空軍不僅打擊日本，也從英倫三島打擊德國。然而，1943年1月我們抵達卡薩布蘭卡時，美國的轟炸機尚未在白晝對德國投下任何炸彈。這種巨大的戰力很快見效，但截至1943年底，英國在德國投下的炸彈總量，無論晝夜，仍以8噸對1噸的比例領先於美國飛機，僅在1944年春季，美國的轟炸才超過英國。在這方面，和陸地和海洋戰鬥一樣，我們從一開始就全程參與，直到1944年，美國的巨大作戰力量才趕上並超過我們。

必須銘記，自從1941年1月租借法案實施以來，美國的慷慨援助使我們的軍需供應增加了超過五分之一。憑藉他們提供的物資和武器，我們實際上得以用全國4,800萬人去執行相當於5,800萬人才能完成的作戰任務。同時，「自由輪」的大規模建造，使得物資能夠源源不斷地穿越大西洋運送而來。此外，還應分析並牢記整個戰爭期間各國船運因敵方軍事行動而遭受的損失。

在此類損失中，80%發生於大西洋，涵蓋了英國沿海水域及北海，而太平洋的損失僅占5%。

陳述這些事實的目的並非為了謀取不當的榮譽，而是為了在贏得公正之士尊重的基礎上，闡明在世界歷史的危機時刻，這座小島上的人民在各種戰爭活動中作出了多麼艱辛的努力。

在戰火正烈的關頭籌組內閣，尤其是一個聯合內閣，似乎比在和平時期更容易。責任感壓倒一切，個人的考量便退居其次。在與各黨派領

第一章　全國團結一致

袖——在其各自組織的正式授權下——確定主要安排後，我邀請的所有人士，都如同戰鬥中的士兵，毫不猶豫地表示願意立即奔赴指派給他們的職位。政黨基礎一旦正式確立，據我觀察，在我會晤的眾多人士中，沒有任何人心懷私念。即便少數人有所躊躇，那也是出於公共利益的考慮。這種崇高的行為在保守黨和全國自由黨的許多大臣身上尤為顯著，他們必須放棄自己的職位和事業，並在這個關鍵且激動人心的時刻離開公職，許多人甚至終生如此。

在下議院中，保守黨的席位數比其他各黨加起來還多出 120 多席，張伯倫先生成為他們選出的領袖。我無法忽視這個事實：在我多年來對他們提出批評，甚至是嚴厲譴責之後，我若取代張伯倫的位置，對於他們之中的許多人而言，必定極為不快。此外，他們其中的大多數人必然清楚，我的一生幾乎都與保守黨有些摩擦或直接對抗；我曾因自由貿易問題與他們分道揚鑣，後來又以財政大臣的身分與他們合作。在接下來的許多年裡，在印度問題、外交政策及戰爭準備不足等議題上，我一直是他們的主要反對者。要接受我為首相，對他們來說無疑是艱難的，許多值得尊敬的人因此感到痛苦。而忠於黨內推選的領袖，正是保守黨人的首要特徵。如果說在戰前的幾年裡，他們在某些問題上未能履行對國家的責任，那也是因為他們忠於他們所選的領袖。這些考慮對我沒有絲毫影響。我深知，炮火的聲音足以壓倒一切。

最初，我邀請張伯倫先生出任下議院領袖及樞密院長，而他欣然接受。這個任命並未公之於眾。艾德禮先生向我表示，工黨在此安排下運作不易。在聯合政府中，下議院領袖必須是各方都能接受的人選。我將此情況告知張伯倫先生，他也同意，於是我親自擔任下議院領袖直到 1942 年 2 月。在此期間，艾德禮先生作為副手協助我處理日常事務，他在反對黨累積的豐富經驗極具價值。我僅在最嚴重的事件發生時出席，而此類情況時

有發生。許多保守黨黨員感到他們的領袖未受到應有的重視，儘管每個人都欽佩他的品格。當他以新身分首次走入下議院時（1940 年 5 月 13 日），黨的所有成員——下議院中的大多數——一致起立，熱情地向他表達同情與敬意。在最初幾週，向我致意的主要是工黨議員。然而，張伯倫先生對我的忠誠與支持始終如一，使我信心倍增。

工黨的成員以及一些雖未被納入新政府但卻能力出眾且態度熱枕的人士，施加了相當大的壓力，要求清除那些「有罪之人」，特別是那些應對慕尼黑協定負責或因備戰不力而應受批評的大臣。哈利福克斯勳爵、西蒙勳爵和塞繆爾·霍爾爵士成為眾矢之的。然而，目前並不是排斥那些長期擔任要職、才華橫溢的愛國人士的時機。如果這些批評者隨心所欲，保守黨的大臣至少有三分之一將被迫辭職。由於張伯倫先生是保守黨的領袖，我們可以清楚地看到，這樣的行動有損全國的團結，而我也無需探討所有這些責任是否應由單一方面承擔。正式的責任應由當時的政府承擔，但道義上的責任則牽連甚廣。可以引用工黨大臣——自由黨大臣也不例外——所發表的眾多言論和投票紀錄，這些言論和投票後來被事實證明是非常愚蠢的，這些我都記得，並可詳細列舉。我比任何人都更有資格不追究過去的事情，因此，我對這些分裂的傾向進行了抵制。我在幾週後說：「如果想拿現在來裁判過去，那就會失去未來。」這個論點以及當時的嚴重局勢，制止了那些所謂的迫害異端者。

1940 年 5 月 11 日清晨，我致函張伯倫先生，信中寫道：「一個月內無人需要更換住處。」此舉在戰爭的關鍵時刻避免了些許小麻煩。我繼續留在海軍部大樓，並將地圖室以及樓下幾間優良房間設置為我的臨時總部。我向他彙報與艾德禮先生的對話及新政府的籌組進展。「我希望今晚為國王完成戰時內閣與作戰機構的組織。戰爭迫使我們必須迅速行動……由於我們二人需要如此緊密地合作，我希望你能再次搬回我們熟悉的 11 號舊

第一章　全國團結一致

居,並且希望你不會因此感到不便。」我接著寫道:

我不認為今天有必要召開內閣會議,因為陸軍及其他部隊正按計畫作戰。然而,我仍希望你與愛德華〔哈利福克斯〕能於晚上12時30分到海軍部作戰室,以便我們共同查看地圖並進行討論。

英國和法國的先鋒部隊已經抵達安特衛普——那慕爾一帶;在遭遇襲擊前,這條戰線似乎有望被盟軍穩固控制。

這項任務必須在48小時內完成,並且需要理解其極端的重要性。另一方面,德國軍隊尚未成功越過艾伯特運河,而據報導比利時軍隊表現優異。荷蘭人同樣展現了頑強的抵抗。

最初的那些日子,我的經歷堪稱獨特。一個人全神貫注於戰爭,腦海中無時無刻不在思索戰事,儘管對戰爭本身並無良策可施。在那段時間裡,我既要負責籌組政府,又需會晤來訪者,同時還得在各政黨之間維持平衡。那些時光是如何度過的,如今我已無從回憶,我的紀錄中也未留下痕跡。當時,英國政府由英王任命的60～70位大臣組成,必須如拼圖般將他們整合成一體,並且還要顧及三個政黨的需求。我不僅需要會見所有的重要人物,還至少要為大量被選中擔任重要職務的才俊擠出幾分鐘。首相在籌組聯合政府時,考慮各黨派中由哪些人來擔任分配給該黨的職務時,必須充分尊重各黨領袖的意願。我主要依循這個原則行事。如果有誰理應獲得更佳職位,卻因其黨派負責人的意見未能選上,甚至無視該意見也未能選上,我只能表示遺憾。不過,總體而言,這種難以處理的情況極少發生。

克萊門特・艾德禮是我那位具備戰爭經驗且熟悉下議院事務的同事。儘管我們在社會主義觀點上存在分歧,但戰爭很快使這些分歧被擱置一旁,個人需完全服從國家。在整個聯合政府時期,我們合作得非常和諧,彼此信任。亞瑟・格林伍德先生則是一位頗具勇氣和見解的顧問,同時也

是樂於助人的摯友。

阿奇博爾德・辛克萊爵士作為自由黨的正式領袖,發現接受空軍大臣的角色頗具挑戰,因為他的追隨者認為他應在戰時內閣中擁有一席之地。然而,這與小型戰時內閣的理念相悖。因此,我建議:在面對重大政治問題或黨派團結事務時,邀請他出席戰時內閣會議。他是我的朋友,當我在1916年指揮皇家第6蘇格蘭火槍團時,他曾是我的副手,他本人也樂於進行我為他規劃的各項任務。經過多次商議,這個問題得到了圓滿解決。至於貝文先生,我是在戰爭初期為解決海軍部對拖網船的急切需求時認識他的,在他加入內閣成為勞工大臣之前,他需要與運輸和普通工人工會進行磋商,因為他是該會的書記。此事耗時兩、三天,但非常值得。這個英國最大的工會一致同意貝文出任此職,並堅定支持他長達5年,直到我們取得勝利。

最大的挑戰出現於比弗布魯克勳爵。我堅信他能夠做出顯著貢獻。基於我在上次大戰中的經驗,我決定將飛機供應和設計工作從空軍部中獨立出來,並希望他能擔任飛機生產大臣一職。起初,他似乎不太願意接受這個任命,而空軍部自然也不願將他們的供應部門分離。此外,還有其他阻力阻礙他擔任該職。然而,我深知我們的生存依賴於不斷生產的新型飛機,因此我需要他那種充滿活力的熱情,所以我堅持了我的立場。

根據議會和媒體的普遍看法,戰時內閣必須維持精簡規模。因此,我最初只設定5名成員,其中僅有一位,即外交大臣,負責一個部門。這些成員自然而然是主要政黨的政界人物。為了方便處理事務,財政大臣和自由黨領袖需經常出席;隨著時間推移,「經常出席」的人數逐漸增加,但所有責任仍由5位戰時內閣大臣承擔。如果我們無法贏得這場戰爭,應該被送到倫敦塔處決的只有這5人。其他人若遭受處分,僅因其部門失職,而非因其制定了政府政策。除了戰時內閣,任何人都可以聲稱:「我不對

第一章　全國團結一致

這件事或那件事負責。」政策的重擔由更高層級承擔，這在即將到來的日子裡消除了許多人的顧慮。

在我漫長的政治生涯中，我曾經身居國家幾乎所有的重要職位，但我毫不猶豫地承認，當前的職務是我最鍾愛的。權力若被用來壓制同胞或滿足個人虛榮，便應被視為卑劣。然而，當國家面臨危機，而一人自信能夠公布正確指令時，掌握權力便是一種幸運。在任何活動領域中，頭號位置與2號、3號或4號位置無法相提並論。除去首要領袖，其他所有人的職責與問題截然不同，且在許多方面更為艱難。當2號或3號人物不得不提出重大計畫或政策時，往往面臨困境。他不僅要權衡政策的利弊，還需考慮長官的意圖；不僅要提出建議，還要判斷在其位置上哪些建議合適；不僅要思考行動方案，還要考慮如何獲得他人同意並付諸實施。此外，2號或3號人物還需顧及4號、5號及6號人物的意見，甚至可能要考慮某個不在內閣的有影響力的第20號人物的看法。每個人都有抱負，這未必是為了庸俗的目標，而是為了贏得聲譽。有些觀點可能正確，且不少觀點頗具道理。1915年，我在達達尼爾海峽遭遇慘敗，當時，我是下級軍官，卻試圖發起重大軍事行動，結果，我的宏偉計畫徹底失敗。這樣的冒險是不明智的，這個教訓深刻地塑造了我的性格。

處於領導地位，事情就變得簡單得多。一個被公認的領袖，只要他相信什麼是最好的，就可以按照他的信念行事，也就是說，只要他做出決定，就可以付諸實施。如果他跌倒了，就扶他起來。如果他犯了錯，就掩飾他的過失。如果他入睡了，就不要輕易打擾他。如果他無能為力，就將其撤職。然而，這種極端的措施不能經常使用；尤其是在他剛剛上任的時期，更是不太可能被採用。

作戰指揮機構的根本變革著重於實質而非形式。正如拿破崙所言：「憲法應當簡短而措辭模糊。」現有組織保持不變，人員也無須更替。戰時內

閣與參謀長委員會起初依然每日會晤，如往常一樣。在英王的批准下，我擔任國防大臣，這個決定並未對法律或憲法構成任何變更。我謹慎行事，沒有明確界定我的權力和責任。我未曾向國王或議會請求特殊許可權。然而，眾所周知並接受的是，在戰時內閣與下議院的支持下，我全面指揮戰爭。我接任後的關鍵性變化，自然是由一位未明確授權的國防大臣監督和主持參謀長委員會。由於這位國防大臣同時也是首相，他享有該職位固有的一切權利，包括任免所有專門人員和政務人員的廣泛權力。這樣，參謀長委員會首次在與政府行政首腦的日常直接連繫中獲得了應有的適當地位，並在與他達成一致的情況下全面掌控戰爭和武裝部隊的指揮。

儘管海軍大臣、陸軍大臣和空軍大臣在名義上的地位未變，實際上他們的影響力已明顯減弱。他們不屬於戰時內閣，也不參加三軍參謀長委員會的會議。儘管仍對各自部門負有全責，他們卻無聲無息地退出了策略計畫的制定和日常作戰指揮的舞臺。這些任務由參謀長委員會在首相兼國防大臣的直接領導下進行，並獲得戰時內閣的批准。我挑選的海陸空三軍大臣是我信賴的能幹友人，他們行事不拘泥於形式，負責組織和管理日益壯大的軍隊，並以英國人特有的高效方式提供支持。作為國防委員會的成員，他們與我保持密切接觸，因而對全域性瞭如指掌。他們的專職部下，即各軍參謀長，與他們商討所有事務，並對他們極為尊敬。然而，作戰需要統一指揮，他們對這種指揮始終忠誠服從。權力從未被侵犯過，所有成員都能暢所欲言；但戰爭的實際指揮權很快集中於少數人手中，之前看來複雜的問題如今變得簡單許多 —— 當然，希特勒的情況則大不相同。儘管形勢動盪，儘管我們面臨許多挫折，這個機制幾乎自動運轉，我們的思維協調一致，能夠迅速付諸實踐。

儘管海峽彼岸正經歷一場激烈的戰鬥，讀者也無疑迫切想了解那裡的狀況，但此刻讓我描述一下自我上任以來制定並實施的處理軍事及其他事

第一章　全國團結一致

務的制度和方法是有益的。我堅信公務處理應以書面形式進行。毫無疑問，事後檢查在緊急情況下寫下的東西，難免會有不一致或不可實現之處，但我仍願意承擔這樣的風險。除了軍事紀律相關事項，我認為表達意見和意願比單純公布命令更為適宜。然而，由法定政府首腦兼國防部長親自發出的書面指示，雖在形式上非命令，卻往往能夠執行。

為確保我的名字不會被輕易使用，我在1940年7月緊急時刻發出了以下備忘錄：

首相致伊斯梅將軍、帝國總參謀長

和愛德華・布里奇斯爵士

1940年7月19日

我發出的所有指示通常以書面形式呈現，或事後立刻以書面確認。在國防事務上，任何被視為我決定的事項，除非有書面紀錄，否則我概不承擔責任。希望你們對此有清楚的認知。

每天清晨大約8點，當我從睡夢中甦醒，我便開始閱讀所有收到的電報，並在床上口述大量發給各部門及參謀長委員會的備忘錄和指令。這些一經口述完畢，立即被列印，並交予伊斯梅將軍，他是戰時內閣副祕書（負責軍事）兼我的駐參謀長委員會的代表，每日清晨都會來見我。這樣一來，當參謀長委員會在10點30分召開會議時，他便攜帶許多書面材料供他們參考。在討論整體局勢的過程中，他們充分考慮我的意見。如此一來，除非我們之間有某些分歧需要進一步討論，否則在下午3點至5點之間，由我或各參謀長公布並經過我們一致同意的命令和電報就已準備妥當，能夠處理那些需要立即決策的事項。

在總體戰中，軍事事務與非軍事事務之間的界限往往模糊不清。戰時內閣和軍事參謀之間之所以沒有出現摩擦，主要歸功於戰時內閣祕書愛

德華・布里奇斯爵士的品格。這位前桂冠詩人的兒子，不僅是一個勤勉敬業、能力出眾的工作人員，而且擁有卓越的毅力、才幹和優雅的風度。他的性格中毫無嫉妒之心。他最關心的是，戰時內閣祕書處作為一個整體應當盡最大努力為首相和戰時內閣效力。他從未考慮過個人地位問題，祕書處的行政人員和軍事人員之間從未發生過矛盾。

在面臨重大問題或意見分歧時，我便召集戰時內閣國防委員會會議。該委員會最初由張伯倫先生、艾德禮先生以及海陸空三軍的大臣組成，三軍參謀長列席。自1941年起，這些正式會議逐漸減少。由於政府運作日趨順暢，我認為有三軍參謀長參與的戰時內閣日常會議已無必要。因此，我最終提出了一個方案，即我們內部稱為「星期一內閣檢閱會」的會議。每週一，召開一場較大規模的會議，包括戰時內閣全體成員、海陸空三軍大臣、國內安全大臣、財政大臣、自治領大臣、印度事務大臣、新聞大臣、三軍參謀長和外交部長官。會議上，每位參謀長輪流彙報過去一週的所有事件，隨後由外交大臣講述外交領域的重要發展。在其他日子，戰時內閣獨自開會，討論所有需要決策的重大事項。其他大臣僅在討論其主管事務時出席。戰時內閣成員傳閱所有與戰爭有關的文件，並閱讀我發出的重要電報。隨著信任的加深，戰時內閣不再過多干預作戰活動，儘管他們對戰爭事務密切關注並充分了解。戰時內閣成員幾乎承擔了我在內政和黨務上的全部重擔，使我得以專注於主要問題。關於未來的重大軍事行動，我總是及時與他們商議；儘管他們仔細考慮戰爭事務，常常要求我不要透露日期和細節，事實上有幾次在我正準備說出相關細節時，他們制止了我。

我從未想過要將國防大臣的職責集中在一個部門內。如果那樣做，就需要經過繁瑣的立法程序，而我之前提到的種種微妙調整——大多依賴個人的善意自行解決——將不得不透過不合時宜的憲法制定辯論來處

第一章　全國團結一致

理。然而,在首相的直接領導下,設立了戰時內閣祕書處的軍事組,這個組的前身是帝國國防委員會祕書處。軍事組由伊斯梅將軍領導,霍利斯上校和雅各布上校擔任主要助手,還有一批從三軍中精心挑選的年輕軍官。我對這個特別為國防大臣辦公室在戰時擔負任務所組成的參謀機構及其成員充滿感激。隨著戰爭的持續發展,伊斯梅將軍、霍利斯上校和雅各布上校的軍階和聲譽不斷提升,但他們沒有一個人被調離。在如此密切涉及機要事務的圈子中,頻繁調動不利於事務的連續和有效處理。

在經過初期的一些人事變動後,參謀長委員會幾乎保持了同樣的穩定。1940年9月,空軍參謀長紐沃爾空軍元帥任期屆滿後,被調任為紐西蘭總督,他的職務由廣受讚譽的空軍名將波特爾空軍元帥接任。波特爾在整個戰爭期間始終與我共事。於1940年5月接替艾恩賽德將軍職務的約翰·迪爾爵士,在1941年12月隨我前往華盛頓之前,一直擔任帝國總參謀長。其後,我派他擔任我和美國總統連繫的私人軍事代表兼英國駐美英聯合參謀長委員會代表團團長。他與美國陸軍參謀長馬歇爾將軍的關係,在我們的一切工作中成為了寶貴的紐帶,當他兩年之後去世時,他享受了無上的榮譽,被安葬在阿靈頓公墓——這個烈士紀念堂在此之前是專門用來安葬美國戰士的。艾倫·布魯克爵士繼迪爾爵士之後擔任帝國參謀總長,並與我共事一直到大戰結束。

自1941年起,歷經約4年的時光,其中早期充滿了諸多不幸與挫折,三軍參謀長及國防部參謀人員中僅因海軍上將龐德的去世出現過一次人事變動。這在英國軍事史上堪稱前所未有。羅斯福總統在其內部圈子中亦達成了相似的穩定性。自美國參戰之始,美國三軍參謀長——馬歇爾將軍、金海軍上將、阿諾德將軍,隨後加入的李海海軍上將——便開始共同合作,且未曾更替。由於英國人與美國人建立了聯合參謀長委員會,這對雙方均帶來了難以估量的益處。盟國之間出現此類情況亦屬首次。

我不能說在我們內部從未出現過意見不合，但我與英國參謀長委員會之間培養了一種默契，那就是：我們要彼此說服，而非強制對方接受。能夠達到這一點，顯然是因為我們使用相同的術語，並共享廣泛的軍事理論和戰爭經驗。在這個變化多端的局勢中，我們的行動如同一個整體，戰時內閣賦予我們更大的自主權，並始終如一地堅定地支持我們。「大禮服」和「黃銅帽」（會把事情弄糟的令人討厭的稱呼），如同上次大戰的政治家和軍人一樣，他們之間沒有發生衝突。我們確實是親密相處，並建立了友誼，我相信大家都非常珍視這種友誼。

戰時政府的效率，關鍵在於最高當局公布的決策是否能被嚴格、忠實且及時地執行。由於戰時內閣對我們所追求的基本目標懷有深切的認同、理解和堅定的決心，因此在這生死攸關的時刻，我們在英國實現了這一點。根據所給予的指示，船隻、軍隊和飛機立即行動，工廠的機器也開始運轉。由於採取了這些措施，並且大家對我表現出信任、寬容和衷心的支持，我很快就能夠對戰爭的每個方面發出全面指導。這是絕對必要的，因為局勢極其嚴峻。這個方法被普遍接受，因為每個人都意識到死亡和毀滅是何等迫近。不僅個人的死亡 —— 人生終有一死 —— 迫在眉睫，更為重要的是，英國的生存、使命和榮譽也岌岌可危。

5月13日，星期一，下議院召開特別會議；我請求下議院對新政府進行信任投票。在彙報各部門人員安排進展後，我表示：「我沒有其他，只能奉獻熱血、辛勞、眼淚和汗水。」縱觀我們的整個悠久歷史，沒有任何一位首相能向議會和人民提出如此簡明且有力的綱領。我在結尾時說道：

你們詢問：我們的政策是什麼？我答道：我們的政策是動用上帝賦予我們的一切能力和力量，在海、陸、空展開戰爭；與歷史上從未見過的極端暴政進行戰鬥。這就是我們的政策。你們詢問：我們的目標是什麼？我可以用一個詞回答：勝利 —— 不惜一切代價追求勝利，無論多麼可怕也

第一章　全國團結一致

要追求勝利；無論征途多麼遙遠和艱難，也要追求勝利；因為沒有勝利，就無以生存。大家必須意識到：沒有勝利就沒有大英帝國的存在，也沒有大英帝國所象徵的一切，更沒有推動人類向目標前進的時代需求和動力。我滿懷激情與希望，承擔起我的責任。我堅信，人們不會讓我們的事業失敗。在此時刻，我覺得我有權要求大家的支持，我說：「起來，讓我們團結力量，共同前行。」

下議院一致通過這些簡單的措辭，並隨後休會至 5 月 21 日。

我們就這樣開始了我們的合作。在接下來的 5 年裡，我從國內各黨派人士那裡獲得的忠誠和真誠支持，超出了任何一位英國首相從內閣同僚那裡得到的程度。議會在進行自由且正面的批評同時，對政府提出的所有措施給予了壓倒性的支持；全國人民空前團結，熱情高漲。這實在是再好不過了，情況本該如此，因為即將降臨在我們頭上的事態比任何人預料的都要更加可怕。

若不對我個人致美國總統及其他國家和自治領政府首腦的函電進行解釋，便無法充分闡明在全國聯合政府領導下制定的施政方針。我必須描述這些函電。在內閣作出政策的特別決議後，我親自起草和口授文件，多數以發給朋友和同事的親切信函形式書寫。用自己的話表達自己的思想，總是顯得更加貼切。我僅在偶爾情況下才將函電內容提前向內閣宣讀。由於了解他們的觀點，我可以自如地進行工作。我與外交大臣和外交部自然保持密切合作，任何分歧都在協商中解決。我將這些電報交給戰時內閣的主要成員傳閱（有時是在拍發後送去傳閱）；凡是涉及自治領大臣的，也提供給他們閱讀。在發電報前，我會請相關部門核對我的要點和事實，幾乎所有的軍事函電都透過伊斯梅之手送至參謀長委員會。這種通訊方式與大使們的正式連繫或工作並不衝突，實際上成為洽商重大事務的一種手段，在我指揮戰爭的過程中發揮的作用不亞於我擔任的國防大臣職務，有時甚至

更為重要。

　　在我身邊經過精心挑選的人們，能夠自由表達他們的看法，他們幾乎一致支持我起草的信件，這增強了我的信心。例如，與美國當局的一些分歧在較低層面無法解決，但透過最高層的直接溝通，常常能在數小時內得到解決。隨著時間的推移，由於最高層處理事務的效率顯而易見，我更加謹慎地避免將其變為處理部門事務的常規方式。我曾多次拒絕同事們希望我親自就重要細節問題致函羅斯福總統的請求。如果將這類問題不當納入私人通訊中，最終會破壞私人信件的機密性及其價值。

　　我與羅斯福總統的關係逐漸加深，以至於兩國間的重要事務實際上透過我們之間的私人通訊來處理。透過這種方式，我們達成了充分的理解。作為國家元首和政府首腦，羅斯福在各個方面的言行都具有權威性；而我在說服戰時內閣同意我的看法後，也幾乎能夠以同樣的自由代表大不列顛行事。這樣就實現了高度的協調，並大大節省了時間和減少了參與者的數量。我將電報交給美國駐倫敦大使館，透過專用的加密電報機直接與白宮總統連繫。問題的解決速度以小時計算。我在晚上、夜間或甚至凌晨2點起草的電文，通常在總統就寢前就能送達；而當我第二天早上醒來時，他的回覆往往已經到達。我總共發給他950份電報，收到的回覆大約有800份。我感到自己是在與一位偉大的人物保持連繫，他不僅是熱情的朋友，也是我們在共同努力的崇高事業中站於最前線的英勇戰士。

　　內閣同意我嘗試向美國政府請求派遣驅逐艦前來支援戰事；因此，我於1940年5月15日下午草擬了我擔任首相後首次致電羅斯福總統的電文。為保持我們通訊的非正式性質，我在署名時稱自己為「前海軍人員」；在整個大戰期間，我幾乎總是使用這個我鍾愛的稱呼。

　　儘管我已更換了職務，我相信你不會希望我們之間的緊密私人通訊被打斷。正如你所知，局勢迅速惡化。敵人在空中顯然占據上風，他們的新

第一章　全國團結一致

技術在法國人心中留下了深刻的印象。我個人認為，地面戰爭才剛剛開始，我渴望看到民眾參與其中。迄今為止，希特勒主要依靠特種坦克部隊和空軍作戰。那些小國如同火柴桿般，一個接一個被摧毀。雖然尚未確定，但我們必須預見墨索里尼將很快介入其中，參與劫掠文明國家。我們預計不久將面臨空襲以及傘兵和空運部隊的攻擊，我們已做好防禦準備。如有必要，我們將繼續單獨作戰，我們不畏懼獨自戰鬥。

然而，總統先生，我堅信您會意識到，若美國的聲音和力量被長期壓制，可能將無濟於事。您將見證一個完全被納粹化的歐洲迅速呈現在眼前，這種壓力或許我們難以承受。我目前請求的是：您宣布非交戰狀態，這意味著，除非實際派遣武裝力量參戰外，您將盡全力協助我們。我們當前迫切需要的是：第一，借用 4、50 艘較舊的驅逐艦，以填補我們現有艦隻與自戰爭開始以來建造大批新艦艇之間的空缺。到明年此時，我們將擁有足夠的艦隻，但若在這段期間，義大利以 100 艘潛艇進攻我們，我們可能會面臨崩潰。第二，我們需要數百架最新型飛機；這些飛機，您方正在逐步接收交付。我們可以用在美國為我們生產的飛機來償還。第三，防空裝置和彈藥，如果我們能夠堅持到明年，這些將會充足。第四，由於我們的礦石供應來自瑞典、北非甚至可能來自西班牙北部，所以我們必須在美國購買鋼材。其他原料同樣如此。只要我們還能支付美元，就繼續用美元購買，但我深信，即便我們支付不了，您也會繼續提供物資。第五，我們收到許多報告聲稱，德國傘兵部隊或空運部隊可能入侵愛爾蘭。如果美國派遣一支分遣艦隊訪問愛爾蘭港口（最好延長訪問期限），將產生重大影響。第六，我希望您能阻止日本人在太平洋採取行動。您認為如何利用新加坡適當便可加以利用。我們持有的詳細資料，將另行呈上。

致以美好的祝願與敬意。

5 月 18 日，我收到總統的回電，他對我們繼續保持私人通訊表示歡迎，並回覆了我提出的特殊請求。回電中指出，借用或贈送 4、50 艘較舊

的驅逐艦需要國會批准，目前尚非適當時機。他願意盡力確保各盟國政府順利獲得最新的美國飛機、防空裝置、彈藥和鋼材。我們的代表，極為能幹且忠誠的珀維斯先生（不久後在一起飛機事故中不幸遇難）提出的建議將受到最善意的考慮。關於我建議美國派遣一個艦隊訪問愛爾蘭港口，總統表示將仔細斟酌。關於日本，他僅提到美國艦隊已在珍珠港集結。

第一章　全國團結一致

第二章
首週的甘默林戰略

1940年5月10日至5月16日

當我於1940年5月10日晚間正式擔任首相時，尚無人要求我或尚未成立的新內閣成員對德國入侵荷蘭、比利時、盧森堡一事作出任何新的決定。我們早已堅信，法國和英國的軍事指揮官已完全同意甘默林將軍的「D計畫」，這個計畫自黎明起便已付諸實施。實際上，到11日早晨，整個大規模的軍事行動已取得顯著進展。在沿海一側，吉羅將軍率領的法國第7集團軍已大膽進入荷蘭境內。在中央地帶，英國第12輕騎兵團的裝甲巡邏隊已抵達代勒河，而在我們陣線以南，比約特將軍的第1集團軍的其餘部隊正快速向默茲河推進。盟軍的軍事領袖們相信，如果「D計畫」成功實施，將能節省出12到15個師的兵力，縮短對德戰線；當然，這還不包括荷蘭陸軍的10個師和比利時集團軍的22個師，若無這些兵力，我們在西線的總兵力將處於數量劣勢。因此，我無意干涉軍事計畫，只是滿懷希望地等待即將到來的戰鬥。

然而，若我們事後回顧當時的情勢，便能發現，英國參謀長委員會在1939年9月18日撰寫的重要報告堪稱傑作。報告中明確指出，除非比利時人能夠有效守住默茲河和艾伯特運河的防線，否則英國和法國增援他們是錯誤的；英、法兩國不如堅守法國的國境線，或至多略微將左翼推進至斯凱爾特河一線。自1939年9月以來，各方已同意實施甘默林將軍的「D計畫」。然而，此期間並無任何事件足以動搖英國參謀長委員會的

第二章　首週的甘默林戰略

初衷，反而有諸多事態加強了這個觀點。德軍力量逐月增強，愈加成熟，現已擁有強大的裝甲部隊。法國陸軍被蘇俄的共產主義腐蝕，且在嚴冬中士氣低落，幾乎軍心渙散。比利時政府寄希望於希特勒尊重國際法和比利時中立，因此未與盟國軍事首腦制定有效的聯合計畫。那慕爾——盧萬一線的反坦克障礙和防線既不充分也未竣工。比利時軍隊中雖有許多勇敢堅決的士兵，但因懼怕破壞中立未能全力作戰。事實上，甚至在甘默林將軍尚未執行其預備計畫時，比利時防線已在德軍襲擊的首波攻勢中多處被突破。如今，至多只能期望在法國最高統帥部本欲避免的「遭遇戰」中獲勝。

8個月前，戰爭初起之時，德國的陸軍和空軍主力集中於攻打和征服波蘭。亞琛（Aachen，法文名為 Aix-la-Chapelle）至瑞士邊界，西線共有42個未配備裝甲部隊的德軍師。法國動員後，能夠部署相當於70個師的兵力以對峙德軍。然而，基於上述原因，當時認為無法對德軍發動進攻。至1940年5月10日，局勢已大為不同。敵人利用這8個月的遲滯，並透過摧毀波蘭，得以武裝、配備和訓練約155個師，其中包括10個裝甲師。希特勒與史達林簽署協定，使其得以大幅減少東線德軍。根據德軍參謀長哈爾德將軍的說法，他們在俄國僅部署了一支輕裝掩護部隊，幾乎不足以執行任何戰爭任務。蘇聯政府對本身未來毫無預見，只能眼睜睜地看著他們苦苦爭取的「第二戰場」被德軍破壞。因此，希特勒能夠以126個師的兵力和10個裝甲師的強大武器對法國發動猛攻，這10個裝甲師擁有近3,000輛裝甲車，其中至少1,000輛為重型坦克。

這支龐大的軍隊依照以下順序部署在從北海至瑞士的戰線上：

B集團軍共下轄28個師，由馮·博克將軍統領，集結於北海至亞琛一線，計劃先掃蕩荷蘭與比利時，再作為德軍右翼向法國進攻。

A集團軍在馮・倫德施泰特將軍的統領下，包括44個師，是主攻力量，駐紮於亞琛至摩澤爾河一線。

　　C集團軍由馮・勒布將軍指揮，包含17個師，負責防守從摩澤爾河到瑞士邊界的萊茵河區域。

　　德國陸軍最高統帥部的後備軍約有47個師，其中20個師作為各集團軍後方的直接後備，而另外27個師則保留作為一般後備。

　　在當時，我們對這個陣勢的具體兵力配置和部署情況一無所知。與之對峙的是由比約特將軍指揮的第1集團軍，共計51個師，其中包括9個由後備軍司令部掌控的師，以及9個英國師。這個集團軍從馬奇諾防線靠近隆維的起點延伸至比利時邊境，並沿比利時邊境後方一直延伸至敦克爾克前的海濱。第2和第3集團軍則由普雷特拉將軍和貝松將軍指揮，加上後備軍共有43個師，負責守衛從隆維到瑞士的法國邊境。此外，法國在馬奇諾防線駐紮了相當於9個師的兵力，總計103個師。若比利時和荷蘭參戰，這數字還可再加上比利時的22個師和荷蘭的10個師。由於這兩個國家迅速遭到攻擊，5月10日這一天，盟國在名義上可動用的各種性質的師總數為135個，與我們現在所知的敵方師數量相當。若此兵力能得到合理的組織和裝備，並經過良好的訓練和指揮，按照上次大戰的標準來看，應該有能力阻止敵人的侵略。

　　德國人擁有充分的自主權來決定他們的進攻時機、方向以及所投入的兵力。法國軍隊的半數以上駐紮在法國的南部與東部地區，因此比約特將軍所率領的第1集團軍，包括51個法國師和英國師，以及比利時和荷蘭能夠動員的援軍，不得不在隆維與海岸之間抵禦由博克和倫德施泰特所指揮70多個師的猛烈攻擊。德軍在波蘭的戰役中，透過將防彈坦克與俯衝轟炸機的結合取得了成功，這次他們再次採用這種戰術，由克萊斯特指揮的德國A集團軍的5個坦克師和3個摩托化師，從阿登向色當和蒙得梅發

第二章　首週的甘默林戰略

起進攻。

　　為了應對現代化戰爭，法國部署了約 2,300 輛坦克，多數為輕型坦克。法軍裝甲部隊配備了一些先進的現代裝備，但其裝甲力量超過一半被編入分散的輕坦克營，以便與步兵協同作戰。僅有 6 個裝甲師可用於抵禦德國坦克師的猛烈攻勢，但這 6 個裝甲師在前線分布過於分散，難以集中協調作戰。英國雖是坦克的發源地，但此時僅剛完成第 1 個裝甲師（328 輛坦克）的編制與訓練，並且仍駐紮在英格蘭。

　　此時，集結於西方的德國戰鬥機，在數量與品質上皆大幅超越法國。在法國的英國空軍則有 10 個「旋風」式戰鬥機中隊，這些中隊是從關鍵的本土防禦中抽調而來。此外，還有 8 個「戰鬥」式戰鬥機中隊、6 個「布倫寧」式戰鬥機中隊和 5 個「萊桑德」式戰鬥機中隊。法國和英國空軍當局未曾為其空軍配備俯衝轟炸機，而此類轟炸機在波蘭戰役中已顯重要，並在削弱法國步兵士氣方面，尤其是黑人部隊士氣方面，發揮了顯著作用。

　　在 1940 年 5 月 9 日至 10 日的夜晚，以猛烈轟炸機場、交通線路、指揮中心和軍火庫為序幕，博克與倫德施泰特指揮的集團軍全數德國部隊，齊齊越過比利時、荷蘭和盧森堡的邊界，直指法國。幾乎每次行動都完美達成了所有戰術突襲的目標。在黑暗中，數不勝數的裝備精良、士氣旺盛的突擊隊驟然出現，許多隊伍還攜帶輕型火炮，在黎明前將長達 150 英里的戰線化為一片火海。荷蘭與比利時在德國毫無藉口或警告下遭遇攻擊，唯有高聲求援。荷蘭人依賴他們的洪水防線；未被占領或未被出賣給敵人的水閘全數開啟，荷蘭邊防軍亦向侵略者開火。比利時人成功摧毀了默茲河上的橋梁，但德軍卻完好無損地占領了跨越艾伯特運河的兩座橋梁。

　　根據「D 計畫」，由比約特將軍指揮的盟國第 1 集團軍，連同人數雖少但卻異常精銳的英國陸軍，在德軍侵犯國境的時刻，應當向東推進，進入比利時。這個行動的目的在攔阻敵軍並據守默茲－盧萬－安特衛普－

線。在這道戰線前方，沿默茲河和艾伯特運河，部署著比利時的主力部隊。假如他們能頂住德軍的首次攻擊，第1集團軍將去接應他們。然而，更可能的情況是，比利時軍隊會立刻被壓回，退到盟軍的防線上。事實上，後來的情況正是如此。人們認為，比利時的抵抗會為英國和法國軍隊提供短暫的喘息機會，使他們能夠布置新的陣地。除法國第9集團軍的危急陣線外，這一點是實現的。在極左翼即靠海的一邊，法國第7集團軍應當占領那些控制著斯凱爾特河河口的海島，並且，如果可能的話，還應向布雷達推進，去援助荷蘭。人們認為在我們南翼，阿登山脈是不可踰越的壁壘，在阿登山之南又有鞏固的馬奇諾防線一直延伸到萊茵河，再沿萊茵河延伸到瑞士。因此，似乎一切都取決於盟軍北方各集團軍由左側反擊，而這又取決於占領比利時的速度。一切事情都是這樣非常詳細地安排好了的，只要一聲令下，遠遠超過100萬人的盟軍便可向前猛進。5月10日晨5點30分，戈特勛爵接到喬治將軍的電報，命令他「戒備1、2和3」，這就是說，立即準備進入比利時。早晨6點45分，甘默林將軍下令執行「D計畫」，法國最高統帥部（英國軍隊聽它指揮）準備已久的計畫立即付之實行。

　　柯立恩先生擔任荷蘭首相期間，於1937年拜訪過我，他曾詳細描述過荷蘭洪水的驚人效果。他聲稱，只需從查特韋爾的午餐桌上撥打一個電話，就能按下按鈕，以無法跨越的洪水阻擋侵略者。這完全是無稽之談。在現代條件下，一個大國用來侵略小國的軍事力量是不可抵擋的。德軍在各地突破防線，架設橋梁於運河之上，或奪取水閘與河流控制系統。短短一天內，荷蘭防禦工事的整個外線就被完全占領。同時，德國空軍開始攻擊這個毫無防備的國家。鹿特丹被燒成廢墟，而海牙、烏特勒支和阿姆斯特丹也面臨相似的命運。荷蘭人曾希望，如同上次世界大戰那樣，德軍右翼會繞過荷蘭，但他們的希望破滅了。

第二章　首週的甘默林戰略

　　然而,荷蘭人民在遭受打擊時,立刻以堅定不移的勇氣團結抗敵。威廉明娜女王及其家族連同女王政府成員由皇家海軍護送至英國,並在英國繼續激勵他們的人民,管理其海外龐大帝國。女王的海軍與龐大的商船隊毫無保留地交由英國指揮,在盟國事業中發揮了難以估量的作用。

　　比利時的情勢需要更為全面的描述。境內數10萬英、法士兵的墓地,象徵著上次大戰中的激烈奮戰。在兩次大戰之間的時期,比利時未能認真從歷史中汲取經驗來制定政策。比利時領導人以憂慮的目光觀望法國的內部衰弱及英國搖擺的和平主義立場,他們堅持中立。於再次遭受侵略的前幾年,他們對兩大對立陣營的態度,至少在官方層面上,顯得相當不偏不倚。對於一個小國在這種境況下的顧慮,應給予充分理解,然而法國的最高統帥部多年來一直批評比利時政府的方針。防止德國入侵的唯一希望在於與法國和英國結成緊密的同盟。若能在宣戰後及時與英、法軍隊會合於比利時邊境,艾伯特運河防線及其他濱河陣地是可以堅守的,這樣就可以從這些陣地準備並發動強力攻勢攻打德國。然而,比利時政府認為其國家安全在於保持最嚴格的中立,將唯一的希望寄託在德國的誠信與對條約的尊重之上。

　　即便英國和法國已投入戰事,比利時依然無法被說服與昔日盟友重聚一堂。他們堅稱將誓死捍衛自身的中立地位,卻將絕大部分兵力部署於與德國接壤的邊界。同時,比利時嚴禁英、法聯軍進入其領土,所以無法進行有效的防衛準備或採取先發制人的反擊。我們唯一的應對之策是在1939年冬季,由英國軍隊及其右翼的法國第1集團軍沿法、比邊境構築新的防線和反坦克壕溝。我們現今反覆思考的是,是否應在此基礎上重新審視「D計畫」的整體部署,是否應在法國邊境堅守陣地,堅決抵抗,並請求比利時軍隊退守至此防線,而非冒險快速推進至代勒河或艾伯特運河,這樣是否更為明智。

若不理解法國軍事首腦所擁有的巨大權力，和每位法國軍官對法國軍事藝術無與倫比的信念，我們便無法掌握那個時期的決策。在1914年至1918年那場可怕的地面戰鬥中，法國負責盟軍指揮重任，並承擔了主要的戰鬥負擔，犧牲達140萬人之多。福煦擔任最高統帥，英國本土及其帝國的6、70個師，如同美國軍隊一樣，皆無保留地聽從其指揮。此時，英國遠征軍總數僅3、40萬人，分布於從勒阿弗爾基地沿海岸至前線的區域，而法軍擁有近100個師，即200多萬法國人，實則防守著從比利時到瑞士的漫長戰線。因此，我們自然應服膺於他們的指揮之下，並接受他們的判斷。原本預期自宣戰時起，喬治將軍將全面指揮戰場上的法、英軍隊，而甘默林將軍則返回法國軍事委員會，處於顧問角色。然而，甘默林將軍不願放棄總司令的權力，他保留了最高指揮權。在8個月的暫時平靜中，他與喬治將軍在指揮權上發生了令人氣憤的衝突。據我看來，喬治將軍始終未能獲得獨立制定全面策略計畫的機會。

長期以來，英國總參謀部和我們在戰地的指揮官一直對馬奇諾防線北端與英國軍隊在法、比邊境修築工事之間的空隙感到擔憂。陸軍部長霍爾-貝利沙先生曾在戰時內閣多次提出此問題。我們也曾透過軍事途徑向法國提出建議，然而，內閣和我們的軍事領導人自然不便指責那些兵力是我們10倍的盟友。法國方面認為，阿登山脈對於龐大的現代化軍隊而言是無法穿越的。貝當元帥曾在參議院陸軍委員會表示：「這個扇形地區沒有危險。」儘管他們沿默茲河修建了許多野戰工事，但並沒有像英國在比利時邊境那樣構築設有碉堡和反坦克障礙的穩固陣地。此外，柯拉將軍指揮的法國第9集團軍主要由一些顯然低於法國標準的部隊組成。其9個師中，有兩個是部分機械化的騎兵師，一個是要塞師，兩個師（61師和53師）屬於次級水準，兩個師（22師和18師）略遜於現役師；只有兩個師是常備正規軍。因此，從色當到瓦茲河上的伊爾松，這條長達50英里的戰

第二章　首週的甘默林戰略

線上沒有永久性防禦工事，且只有兩個師是職業軍隊。

無法在每個地方都保持堅不可摧。使用輕裝掩護部隊駐守漫長的邊境線段，常常是明智且必要的；然而，這樣的策略目的在於，當敵軍進攻點暴露時，能集結更大規模的後備兵力進行反擊。將 43 個師，即法國機動部隊的一半，分散部署在從隆維到瑞士國境的戰線上，是缺乏遠見的；因為這條戰線要麼有馬奇諾防線的碉堡，要麼有寬闊湍急的萊茵河作為掩護，且萊茵河後方還有要塞體系。防禦部隊面臨的風險遠大於進攻部隊，因為進攻部隊通常在攻擊點上力量最強。就長戰線而言，只有依賴能夠迅速投入決定性戰鬥的強大機動後備兵力，才能化解這種風險。這個有力觀點支持了這樣的評論：法國的後備兵力不足，並且在當時情況下，分布不當，進一步證明我們的評論是正確的。總之，阿登山脈背後的空隙是從德國通往巴黎的一條捷徑；這個地方數百年來一直是著名的戰場。如果敵人從此處突破，北方各集團軍的整體行動就會失去中心，與首都的所有交通連繫也將受到威脅。

回顧過往，我們能夠察覺，張伯倫先生的戰時內閣在 1939 年秋冬季節不應該對與法國徹底討論該問題時畏首畏尾；我曾是張伯倫內閣的一員，因此對於內閣的所有決策與失誤，我也應當承擔相應的責任。那場討論可能會是不愉快且艱難的，因為法國人隨時可以質問：「為何不增派更多的英國軍隊？難道你們不願意接管更長的防線嗎？如果後備兵力不足，請你們加以補充！我們已經動員了 500 萬人。我們遵循你們的海戰建議，並按照英國海軍部的計畫行動。請給予法國陸軍及我們長期訓練的陸戰技能應有的信任！」

儘管如此，我們仍需與法國深入探討這個問題。

希特勒及其將領對敵軍的軍事策略和整體布局瞭若指掌。在這年秋冬之際，德國工業生產了大量坦克，而這些坦克的製造工廠顯然是在 1938

年慕尼黑危機期間就已設立，因此，戰爭爆發後 8 個月內才有如此規模的產出。他們並未被阿登山脈的天然障礙嚇倒。相反，他們相信，現代機械化運輸及強大的組織築路能力，將使這個曾被視為不可踰越的地區成為入侵法國並擾亂其反攻計畫的最短、最可靠且最容易的路徑。因此，德國陸軍最高統帥部策劃經由阿登山脈發動大規模突襲，在肩胛處切斷盟軍北方集團軍的左翼。這個行動規模宏大，速度與武器有所不同，與拿破崙在奧斯特利茨戰役中突襲普拉欽高地，切斷並瓦解奧、俄聯軍的迂迴作戰及突破其中央陣地的策略相似。

　　命令一旦下達，北方的各集團軍便立即行動，前往比利時展開救援行動，沿途居民歡呼雀躍，歡迎他們的到來。「D 計畫」的首階段於 1940 年 5 月 12 日圓滿完成。法軍已牢牢控制從默茲河左岸至於伊的陣地，然而在默茲河對岸的輕裝部隊卻在敵軍的強大壓力下節節敗退。法國第 1 集團軍的裝甲師已抵達於伊－漢諾－蒂爾蒙的防線。比利時軍隊在艾伯特運河失守後，退守至吉特河防線，進入從安特衛普到盧萬的指定陣地，並繼續堅守列日和那慕爾。與此同時，法國第 7 集團軍占領了瓦爾赫倫島和南比耶蘭，並在赫倫塔爾斯－貝亨奧普佐姆一線與德國第 18 集團軍的機械化部隊展開激戰。法國第 7 集團軍推進速度之快，以至於軍火補給難以跟上。儘管英國空軍在數量上遜色於德軍，但其品質優勢已充分顯現。因此，截至 5 月 12 日夜間，並無跡象表明戰爭形勢不利。

　　然而，5 月 13 日當天，戈特勳爵的司令部逐漸感受到德軍對法軍第 9 集團軍陣地的壓力。入夜之際，敵軍已經占領迪南和色當之間的默茲河西岸。法國最高統帥部仍無法確定：德軍主力究竟是試圖透過盧森堡進攻馬奇諾防線的左翼，還是透過馬斯垂克進軍布魯塞爾。在整條從盧萬經那慕爾、迪南至色當的戰線上，一場激烈的戰鬥展開了，這是甘默林將軍未曾預料到的，因為法軍第 9 集團軍在迪南尚未部署妥當，敵人便已抵達。

第二章　首週的甘默林戰略

　　5月14日，噩耗開始傳來，起初一切都不明朗。晚上7點，我向內閣宣讀了雷諾先生發來的電報。電文稱，德軍已在色當突破，法國軍隊無法抵擋坦克與俯衝轟炸機的聯合攻勢，要求增援10個戰鬥機中隊以重整戰線。參謀長委員會收到的其他電報內容大致相同，並提到甘默林將軍和喬治將軍都認為形勢嚴峻，甘默林將軍未曾預料敵軍推進如此迅速。事實上，克萊斯特集團軍憑藉其龐大的輕重裝甲部隊，已經在法軍與敵軍接觸的戰線上徹底擊潰或殲滅了法國軍隊，以前所未有的速度推進。幾乎在交戰陣地上，德軍攻勢之猛烈和火力之強大令人無法抵擋。他們還有兩個裝甲師在迪南地區渡過默茲河。迪南以北，法國第1集團軍的戰鬥最為激烈。英軍第1師和第2師依然堅守從瓦弗到盧萬的陣地，第3師在蒙哥馬利將軍的指揮下進行了激烈的戰鬥。再往北，比利時軍隊正向安特衛普的防線撤退。法國第7集團軍在沿海一側後撤，速度比他們先前前進的速度還要快。

　　敵人發起攻勢的瞬間，我們便實施了「皇家海軍」作戰方案，將漂浮水雷投入萊茵河，戰爭的首週內便布設了近1,700枚。這些水雷立竿見影。在卡爾斯魯厄至美因茲之間，幾乎所有的河上運輸全線癱瘓，卡爾斯魯厄的堤壩及多座浮橋遭受嚴重損毀。然而，這個計畫的成功卻被接踵而至的不幸事件所掩蓋。

　　英國空軍的所有中隊都在持續作戰，他們的主要力量集中於攻擊色當地區的浮橋。在英國空軍英勇無畏的猛烈攻擊下，部分浮橋被摧毀，另一些則受到重創。在低空轟炸浮橋時，由於德軍高射炮的猛烈還擊，英國空軍蒙受了慘重的損失。有一次，6架飛機執行任務後，僅有一架返回。當日，我們共損失了67架飛機，而由於主要任務是對抗敵方防空部隊，僅擊落了53架德機。當天夜裡，駐紮在法國的皇家空軍474架飛機中，能繼續作戰的僅剩下206架。

關於這方面的相關消息正在陸續核實。然而，儘管在個別戰鬥中我們占據優勢，但若以這樣的情況繼續作戰，不久便會將皇家空軍的飛機消耗殆盡。未來我們將面臨一個緊迫的挑戰：如何在不削弱自身防禦能力和能夠繼續作戰的前提下，究竟應該從英國持續調派多少飛機至法國。我們的本性判斷以及諸多強而有力的軍事理由，讓我們認為法國不斷提出的緊迫要求是合理的。但另一方面，也存在一個極限，若一旦突破這個極限，將危及我們英國本土的防禦力。

當時，這些問題均由戰時內閣進行討論，戰時內閣每日召開多次會議。首都戰鬥機指揮部司令道丁空軍上將曾告訴我，只需25個戰鬥機中隊便可捍衛英倫三島，抵禦德國空軍的全力進攻，但若少於這個數目，他將無能為力。空戰的失敗不僅會摧毀我們所有的機場和空軍力量，還會令我們關乎未來的飛機工廠遭到毀滅。我的同事和我決定：在這個限度內，我們可以為戰爭承擔一切風險（那種風險是極大的），但無論後果如何，絕不能超過這個限度。

5月15日清晨大約7點半，我被喚醒，告知雷諾先生來電，電話就在我床旁。他用英語交談，語氣沉重：「我們被打敗了。」我未即刻回應，他便重申：「我們被打敗了，我們這一仗輸了。」我答道：「不至於這麼快吧？」但他回答：「色當附近的戰線已被突破；他們的坦克和裝甲車大量湧入。」這是他話中的要點。於是我說：「所有經驗表明，這類進攻不久便會停下。我想起1918年3月21日。經過5、6天的攻勢，他們不得不暫停等待補給，這給了我們反攻的機會。這些話是我親耳聽福煦元帥說的。」這種情況確實是我們過去常見的，也是我們現在應該看到的。然而，這位法國總理再次重複他最初的話（後來證實這句話完全正確）：「我們被打敗了；我們這一仗輸了。」我說，我願意親赴法國面談。

在這一天，柯拉指揮的法國第9集團軍完全崩潰，其殘部分別由在北

第二章　首週的甘默林戰略

方接替柯拉的法國第 7 集團軍司令吉羅將軍和正在南方籌組的法國第 6 集團軍司令部進行重組。法軍的防線確實被突破了一個大約 50 英里的缺口；敵方大批裝甲部隊透過這個缺口蜂擁而入。5 月 15 日晚間，據稱德軍的裝甲車輛已經抵達利亞爾和蒙科爾內，後者位於原戰線後方 60 英里處。法國第 1 集團軍在勒梅亞爾以南的 5,000 碼戰線上也遭到突破。再往北，英國軍隊成功擊退了所有的敵方進攻。德軍的攻勢和英軍右翼法軍一個師的撤退，迫使英軍形成了一個向南的側翼防線。法國第 7 集團軍退守至斯凱爾特河以西的安特衛普防線，並被驅逐出瓦爾赫倫島和南貝弗蘭德島。

當日，荷蘭的戰事亦告一段落。由於荷蘭最高統帥部於上午 11 時宣布投降，故僅有少數荷蘭部隊得以撤出。

顯然，這幅畫作傳遞的整體印象是失敗的。在上次大戰中，我目睹了許多類似的事件，戰線被突破，即使是廣闊的戰線被突破，這並沒有讓我意識到目前由於戰線被突破而引發的可怕後果。由於多年未接觸官方情報，我未能理解，自上次大戰以來，利用大規模快速重型裝甲部隊進行突襲，會帶來如此巨大的變化。我聽說過這種情況，但這並沒有改變我內心應當改變的信念。即便真的改變了我內心的信念，我也無能為力。我打電話給喬治將軍，他似乎十分冷靜，他向我報告說，正在堵塞色當的缺口。甘默林將軍發來的一封電報也提到，那慕爾和色當之間的情況雖然危急，但他對局勢卻處之泰然。上午 11 點鐘，我向內閣報告了雷諾的電話和其他消息。

5 月 16 日，德軍的前鋒部隊推進至拉卡佩耳－韋爾萬－馬爾－拉昂一線，德國第 14 軍的前鋒則在蒙科爾內和埃納河畔的納夫沙泰爾提供支援。拉昂的陷落，表明敵人已經從色當附近的邊界深入我方 60 多英里。法國第 1 集團軍和英國遠征軍在這種威脅下，各自在他們的戰線上承受著越來越大的壓力，遂奉命分 3 個階段撤退到斯凱爾特河。雖然陸軍部尚未

收到任何詳細報告，也難以看清當時的具體情況，但局勢的嚴重性顯而易見。我認為，當天下午就必須前往巴黎。

我們必須預見，前線的不幸事件可能為我們招致新的敵對勢力。儘管尚無跡象顯示義大利的政策發生任何變化，但我們已指示海運大臣，要求其疏散地中海的船隻。英國船隻回國時將不再經過亞丁。我們已命令運送澳洲軍隊赴英國的船隊繞行好望角。我們指示國防委員會研究一旦與義大利交戰時應採取的措施，尤其是針對克里特島的行動方案。從亞丁和直布羅陀撤離非戰鬥人員的計畫已在實施中。

下午約3點，我搭乘英政府的「紅鶴」機型前往巴黎，該機型我們共有3架。同行的有帝國副總參謀長迪爾將軍，以及伊斯梅。

這架飛機非常出色，舒適度極佳，每小時航速約為160英里。由於這架飛機沒有武裝，必須有護航。然而，穿過雨雲後，我們在稍多於一小時內抵達布林歇。一下「紅鶴」式飛機，我們便意識到局勢比預期嚴重得多。迎接我們的官員告知伊斯梅將軍，預計德軍將在數日內進入巴黎。之後，我在英國駐法大使館獲取了局勢報告，然後前往法國外交部，於5點半抵達。我被引入一間精美的房間，雷諾在場，還有國防部長兼陸軍部長達拉第和甘默林將軍。所有人都站著，未曾圍桌而坐。每個人的臉上都顯露出深深的憂慮。在甘默林面前，一個學生用的畫架上懸掛著一幅約兩碼見方的地圖，盟軍的戰線以黑色墨水線標示。在這條線上的色當處，有一個小但不祥的突出部。

總司令簡要描述了事態發展。在色當的北部和南部，德軍在大約5、60英里的戰線上取得了突破。抵抗的法軍已經被殲滅或擊潰。一大批裝甲車正在以驚人的速度向亞眠和阿拉斯推進，顯然意圖在阿布維爾或附近一帶抵達海岸，或者可能是朝巴黎而去。他提到，在裝甲部隊之後，有8到10個完全摩托化的德國師正在推進，分成左右兩翼，進攻被切斷的法軍。

第二章　首週的甘默林戰略

這位將軍講話持續了大約 5 分鐘，沒有人插話。他講完後，沉默了相當長一段時間。我問：「策略後備隊在哪裡？」隨後，我又隨意地（確實是隨意地）用法語問：「機動部隊在哪裡？」甘默林將軍轉過臉來，搖了搖頭，聳了聳肩，說：「一個也沒有。」

再次陷入長時間的沉默。透過窗戶，外交部的花園中，幾股濃煙正從火堆中升騰而起，我看到年邁而令人尊敬的官員們推著小車，將檔案送往火堆。顯然，巴黎的撤離已經在進行中。

過去的經驗對我們有益，但同時也帶來了弊端：事情從不以相同的方式重現。否則，生活將變得過於單調。歸根結柢，我們過去也曾經歷戰線被突破的情況，但總能重振旗鼓，挫敗敵人的攻勢。然而，現在有兩個我從未預料到的新因素。首先是敵人的裝甲車輛在各交通線和鄉村地區肆意橫行；其次是缺乏策略後備部隊。「一個也沒有。」我驚訝得無言以對。我們該如何看待偉大的法國陸軍及其最高軍事首腦呢？我從未見過一位負責防守 500 英里長陣地的指揮官，竟未為自己準備大批機動力量。誰也無法保證能夠穩固守住如此廣闊的戰線；然而，當敵人以強大兵力發動進攻並突破戰線時，指揮官理應且必須擁有多個師，在敵人第一波攻勢耗盡後，能夠迅速反擊。

馬奇諾防線的用途是什麼？其設計初衷是在漫長的國境線上實現軍隊的高效部署，提供多處反攻的出擊點，同時保留大量部隊作為後備力量；這是實現這些目標的唯一途徑。然而，目前卻沒有後備部隊。這是我一生中最為震驚的事情之一。儘管我過去專注於海軍部的事務，但為何我對這種情況了解不夠？英國政府，尤其是陸軍部，為什麼沒有更深入地了解這種情況呢？我們不能以法國最高統帥部僅向我們或戈特勳爵提供大致資訊為藉口，拒絕讓我們知悉他們的部署。我們有權知曉這些。我們必須堅持這一點，畢竟兩國軍隊在同一條戰線上並肩作戰。我走回窗前，凝視著用

法蘭西共和國的官方檔案燃起的火堆，青煙裊裊升起。老先生們依舊推著小車，奮力將車上的文件投入火中。

人們成群結隊地圍繞著主要人物交談了很長一段時間，關於這次對話，雷諾先生曾撰寫過一份詳盡的紀錄。他在紀錄中提到，我曾強烈主張北方各集團軍不應撤退，而是應該反攻。這確實反映了我當時的想法。然而，這並非經過深思熟慮的軍事策略。應該指出的是，這是我們首次意識到災難的嚴重性，或者說是法國人明顯絕望的情緒。我們並未直接指揮作戰，我們的陸軍只占前線軍隊的十分之一，而且是遵從法國指揮的。法國的總司令和主要部長們顯然堅信一切都結束了，這讓我和同行的英國軍官們感到震驚。我在發言中，沒有一句不在極力反對他們這個看法。然而，他們無疑是正確的，迅速向南撤退是不可避免的。人們很快就都意識到了這一點。

不久之後，甘默林將軍再次發表意見。他討論是否應立即集結兵力，向突破口或「凸出部」的側翼發起反攻。我們後來就是這樣稱呼此類情況的。當前有 8、9 個師正從戰線較為平靜的地區——馬奇諾防線撤出；另外還有兩、三個裝甲師尚未投入戰鬥；此外，還有 8、9 個師正從非洲調來，預計兩、三個星期後可以抵達作戰區。吉羅將軍被任命為缺口以北的法軍指揮官。接下來，德軍必須穿過兩條戰線之間的走廊地帶。這兩條戰線可以採用 1917 年和 1918 年的戰鬥方式進行防禦。由於德軍需要建立日益擴大的兩翼，同時還要為裝甲部隊提供補給，因此德國人可能無法維持這條走廊地帶。甘默林的話似乎暗示了這一點，他的論述聽起來很合理。然而，我意識到，這些言辭並未說服那些迄今肩負重任的關鍵人物。我隨即詢問甘默林將軍計劃何時何地對凸出部的側翼發起進攻。他的回答是「數量上處於劣勢，裝備上處於劣勢，方法上處於劣勢」，隨後聳了聳肩，表示無望。我沒有爭論，也無需爭論。考慮到我們的貢獻微不足道——

第二章　首週的甘默林戰略

戰爭爆發 8 個月了，我們才派出 10 個師，而且沒有一個現代化坦克師參戰，我們英國人又能說什麼呢？

這是我與甘默林將軍的最後一次會晤。他是一位忠誠的愛國者，心地善良且精通軍事，毫無疑問，他有很多想法要分享。

甘默林將軍的核心觀點，以及後來法國最高統帥部所有建議的核心觀點，均在於強調其空軍的弱勢，並迫切要求增加皇家空軍中隊的支援，尤其是戰鬥機。在接下來的每次會議中，直到法國淪陷，他們反覆請求增派戰鬥機援助。甘默林將軍在提請求時表示，不僅需要戰鬥機來保護法國陸軍，還需要用戰鬥機阻止德軍坦克。我對此回應：「不然，阻止坦克是炮兵的任務。戰鬥機的職責是清掃戰場上空。」我們絕不能讓首都的空軍戰鬥機隊離開不列顛，這事關重大。我們的生存依賴於此。然而，現在需要將其縮減至最低限度。動身前的那天上午，內閣授權我再調 4 個戰鬥機中隊到法國。與大使館的迪爾商談後，我決定請求內閣批准再增派 6 個中隊。這樣國內只剩下 25 個戰鬥機中隊，這是極限。做出這個決定非常艱難。我告訴伊斯梅將軍致電倫敦，通知內閣立即召開會議，以討論我即將發出的緊急電報，這封電報將在大約一個小時後發出。伊斯梅用印地語通話，因為事先安排了一名印度陸軍軍官在他的辦公室值班。我的電報內容如下：

1940 年 5 月 16 日下午 9 時

我將感到欣慰的是，若內閣能立刻召開會議以審議以下事項。當前局勢極其嚴峻。德軍在色當的突破暴露了法軍的部署錯誤，許多部隊駐紮於北方，另一些則在阿爾薩斯。至少需要 4 天的時間才能集結 20 個師來保衛巴黎並攻擊寬達 50 公里的突出部兩翼。

3 個〔德國〕裝甲師與兩、三個步兵師已經穿越缺口，後方還有大量部隊迅速跟進。因此，面臨兩個重大威脅。其一，英國遠征軍大部分將無法

獲得掩護，難以撤出戰鬥並退回舊防線。其二，德軍的攻勢將在法軍能夠有效集結部隊抵抗之前，削弱其戰鬥力。

法國政府已經下令不惜一切代價守護巴黎，然而外交部的檔案已在庭院中焚毀。我認為未來2～4天對巴黎，甚至對整個法國陸軍而言，將具有決定性的影響。因此，我們面臨的關鍵問題是：除了援助的4個戰鬥機中隊外，法國對此深表感激，我們是否還能增派更多戰鬥機中隊，以及是否能在明日及接下來的幾個夜晚派遣大部分遠端重型轟炸機，轟炸正在渡過默茲河向凸出部推進的大規模德軍。即便如此，結果仍難以保證；然而，除非在凸出部的戰鬥取得勝利，否則法國的抵抗可能會如同波蘭般迅速瓦解。我個人認為，我們應在明日調派他們請求的戰鬥機中隊（即增派6個中隊），並在接下來的2～3天內集中法國和英國所有可用的空軍力量控制凸出部的空域，這樣做的目的不僅是為了保衛局部地區，而是給予法國陸軍恢復士氣和整合力量的最後機會。如果拒絕他們的請求，導致他們的失利，這在歷史上將是不光彩的。此外，我們無疑能夠調動強大的重型轟炸機隊進行夜間轟炸。目前看來，敵人已將空軍和坦克全力投入戰鬥。我們不應低估他們在強力反擊下可能遇到日益增大的困難。我想，即便此地完全失利，我們依然能將剩餘的空中打擊力量用於支援我們的英國遠征軍，以防他們被迫撤退。我再次強調當前局勢已極其嚴峻，並如上陳述我的意見。請告知你們的計畫。迪爾同意我的觀點。

我需在午夜前收到回覆，以激勵法國人民。用印地語致電大使館連繫伊斯梅。

大約在11點半時電話響起。內閣表示「同意」。我立刻與伊斯梅搭車前往雷諾的住所。我們發現他的官邸顯得有些昏暗。過了一會兒，雷諾身著睡衣從臥室走出，於是我將這個好消息告知他。10個戰鬥機中隊！我建議他派人邀請達拉第先生，達拉第先生立刻趕到總理官邸，聽取英國內閣的決定。我希望在我們有限的能力範圍內，盡可能用這種方式讓我們的

第二章　首週的甘默林戰略

法國盟友恢復信心。達拉第始終沉默不語。他緩緩從椅子上起身，與我緊緊握手。我在大約清晨 2 點返回大使館，儘管零星的空襲炮聲不時擾人清夢，但我睡得很好。早上我乘飛機回國，雖然還有其他急需處理的事項，我卻首先專注於遴選新政府的次級官員。

第三章
法蘭西戰役的關鍵時刻

1940 年 5 月 17 日至 5 月 24 日

　　1940 年 5 月 17 日上午 10 點戰時內閣召開會議，我向閣員們盡可能詳細地彙報了此次巴黎之行以及我觀察到的局勢。

　　我告訴法國人，除非他們盡最大努力，否則我們沒有理由再派戰鬥機中隊到法國，以免使我們國家的安全面臨嚴重風險。我認為，加強空軍力量是英國內閣面臨的最嚴峻問題之一。據說，德國空軍的損失是我們的 4、5 倍，但據我所知，法國的戰鬥機僅剩四分之一。當天，甘默林認為大勢已去，據報導，他表示：「我只能在今天、明天（18 日）和明天夜裡保證巴黎的安全。」在挪威方面，我們似乎隨時可以占領納維克，但科克勳爵被告知，從法國傳來的消息顯示，已無法向他增派援軍。

　　戰事的緊迫感每個小時都讓人感到愈來愈嚴重。應喬治將軍的請求，英國陸軍占據了從杜亞到佩訥的整個戰線據點，試圖透過延長防護翼來掩護阿拉斯，因為阿拉斯是公路樞紐，對南撤至關重要。當天午後，德軍進入布魯塞爾。次日，他們抵達康布雷，並經過聖昆廷將我們的小股部隊逐出佩訥。法國第 7 集團軍、比利時軍隊、英軍及法國第 1 集團軍繼續向斯凱爾特河撤退，當天英軍駐守登德河沿岸，並籌組了「彼得軍」分遣隊（由彼得少將指揮的臨時部隊），以保衛阿拉斯。

　　午夜時分（5 月 18 日至 19 日），比約特將軍前往戈特勳爵的司令部與其會晤。無論是這位法國將領的神情，還是他所提出的建議，都未能為盟

第三章　法蘭西戰役的關鍵時刻

軍注入信心。從那一刻起，英軍總司令開始意識到可能需要撤退至海岸。1941年3月，戈特的電文被公布，他在其中寫道：「當前（19日夜間）的局勢並非一道防線被壓彎或暫時被突破，而是一座堡壘被包圍了。」

在我造訪巴黎並與內閣磋商後，我意識到有必要向同事們提出一個整體性的問題。

首相致樞密院長

1940年5月17日

如果你們今晚能就法國政府撤出巴黎或巴黎淪陷可能帶來的影響，以及在必要時透過法國交通線或經由比利時和海峽各港口撤出英國遠征軍可能遇到的問題進行討論，我將深表感激。顯然，這份報告僅僅是列出了主要問題，未來可以交由參謀人員深入研究。我將在6點半親自會見軍事負責人。

荷蘭局勢的急遽變化始終在我們的心頭浮現。艾登先生曾提議戰時內閣成立地方防衛志願軍，這項計畫已在積極推進。在全國各個城鎮和鄉村中，成群的堅定人士聚集起來，手持霰彈槍、獵槍、棍棒和長矛。這支隊伍將在短時間內迅速壯大。然而，正規軍的需求同樣迫在眉睫。

首相致函伊斯梅將軍，轉交參謀長委員會

1940年5月18日

一、考慮到在傘兵之後或許有大批空降部隊會抵達，我感到英國國內可供依賴的部隊並不足夠。我不認為這種危險已經迫在眉睫，因為法國會戰的結果尚未確定。

我希望你們能夠考量以下建議，並立即著手執行：

（1）將載有澳洲軍隊的船隻調派至蘇伊士，再將第8營正規步兵從巴勒斯坦安全運回英國，提供適當的護航。儘管存在一定風險，你們可以選擇認為最安全的航線進行航行。我希望能經由地中海航行。

（2）6月初，澳洲的快速護航隊將載1萬4千人抵達。

（3）這些船隻應立即運送8營本土防衛隊至印度，並從印度運送更多8營正規軍至英。快速護航隊的速度需要提升。

二、必須全力執行委員會關於外僑控制的建議，我已在另一張紙上詳細列出。對共產黨人和法西斯分子也應採取措施；相當多的人需要進行保護性或預防性的拘留，包括他們的領導者在內。當然，這些措施在實施前須提交內閣審議。

三、參謀長委員會應評估是否更為妥當，僅派遣一半的所謂裝甲師前往法國。我們必須隨時準備應對德國可能向法國提供優惠和談條件的局面，進而使我們肩負起全部責任。

我也主張：在獲得同事們的同意後，必須將以下兩封重要電報發送給羅斯福總統，向他強調，若法國和英國被征服，美國的利益將遭受多麼嚴重的損害。內閣對這兩封電報草稿進行了審議，但未作任何修改。

前海軍人員致羅斯福總統

1940年5月18日

我無需向你說明事態的嚴重性。不論法國目前的激戰結果如何，我們已經決意堅持到底。無論如何，我們必須預見到英國將面臨荷蘭所經歷過的攻擊。我們希望能夠打贏這場戰鬥，但如果美國的援助要見效，就必須迅速提供。

前海軍人員致羅斯福總統

1940年5月20日

洛西恩已將他與你的對話內容彙報給我。我理解你的各種困難，但對於那些驅逐艦的情況，我深感遺憾。若它們能在6週內抵達此地，必將產生無法估量的影響。法國的戰局對雙方都極具風險。儘管我們已使敵方空軍遭受重大損失，並以1比2或1比3的比例擊落他們的飛機，但他們在

第三章　法蘭西戰役的關鍵時刻

數量上仍具顯著優勢。因此，我們最迫切需要的是盡可能早的運送最多數量的，現已出廠、交付於貴國軍隊的柯蒂斯 P-40 型戰鬥機。

關於你與洛西恩對話的結尾，我們的看法是，無論發生什麼，我們都必須在英國本土堅持戰鬥。而且，如果能夠獲得我們請求的援助，由於我們的單兵作戰能力優於對方，我們可以在空戰中與敵人達到勢均力敵的狀態。如果情況繼續惡化，現任政府成員可能會下臺。然而，在任何可以想像的情況下，我們絕不會投降。如果現任政府成員下臺，其他人可能會在這片廢墟上與敵人進行談判，那麼，你不能忽視這樣一個事實：與德國談判的唯一籌碼就是我們的艦隊。如果美國置之不理，讓這個國家自生自滅，那麼，只要當時的領導人為倖存的居民爭取到最有利的和平條件，就沒有人有權責備他們。總統先生，請原諒我如此直率地提出這個可怕的事情。顯然，我無法對我的繼任者負責，因為在極端絕望和孤立的情況下，他們很可能會屈服於德國的意志。然而，幸運的是，目前還沒有必要考慮這種情況。再次感謝你的好意。……

雷諾先生近期對法國內閣及最高統帥部進行了影響深遠的重組。5月18日，貝當元帥被任命為法國軍事委員會副主席。雷諾將達拉第調任外交事務，由他本人接任國防與陸軍部長。19日晚上7時，他任命剛從近東歸來的魏剛取代甘默林將軍。我曾與魏剛相識，當時他是福煦元帥的得力助手，我對他在 1920 年華沙戰役中成功阻止布爾什維克入侵波蘭的策略深表讚賞——這在當時對歐洲而言是具有決定性意義的事件。他已年逾七旬，但據說他辦事果斷，精力充沛。甘默林將軍於 5 月 19 日上午 9 點 45 分公布了他最後的一道命令（第 12 號），要求北方各集團軍避免被敵軍包圍，務必拚死向南移動到松姆河，並向切斷其交通線的德國裝甲師發起進攻。同時，第 2 集團軍及新成立的第 6 集團軍應向北推進至梅濟耶爾。這些決定都是正確的。坦率地說，命令北方各集團軍向南撤退至少已經遲了 4 天。一旦法軍陣線中心在色當面臨突破的風險，北方各集團軍唯一的希

望就是立即向松姆河轉移。然而，在比約特將軍的指揮下，他們僅以逐步撤退至斯凱爾特河的方式建立右側防禦側翼。即便在此時，向南撤退仍有可能。

北方司令部的混亂局面、法國第1集團軍的明顯已經呈現癱瘓的狀態，沒有戰力，再加上未來的不確定性，使得戰時內閣極為憂慮。我們的所有行動盡量都保持著冷靜與鎮定，但我們擁有一個一致且明確的看法，背後隱藏著無聲的痛苦。5月19日下午4點30分，我們接到消息，戈特勛爵正在「研究在萬不得已時撤退至敦克爾克的可能性」。帝國總參謀長艾恩賽德無法接受這個建議，因為他和我們大多數成員一樣，支持向南方推進。於是，我們派他攜帶我們的指令去見戈特勛爵，命令英國軍隊向西南轉移，突破一切障礙，以便在南方與法軍會合，並敦促比利時軍隊配合這個行動，或者，另一個方案是，我們盡可能從海峽各港口撤出他們的部隊。同時，要告知戈特勛爵，我們將自行通知法國政府我們的決定。在這次內閣會議上，我們派遣迪爾前往喬治將軍的司令部，我們與其司令部之間有一條直通電話線。迪爾將在那裡停留4天，將他所能了解的所有情況告知我們。與戈特勛爵的連繫甚至也是斷斷續續且極為困難，據報告，他們僅剩4天的補給和一次戰鬥的彈藥。

5月20日清晨的戰時內閣會議上，我們再度審視陸軍的局勢。即便成功撤退至松姆河，我依然擔心部分軍隊可能會被截斷或逼至海邊。會議紀錄指出：「首相建議，海軍部應預先集結大量小型船隻，以備隨時駛往法國沿海各港口。」海軍部迅速採取行動，並隨著時間推移和局勢惡化，不斷加大努力。5月19日，駐多佛爾的拉姆齊海軍上將被指派負責此行動，當時他可徵集的船隻包括停泊在南安普敦和多佛爾的36艘私人船隻。20日下午，倫敦下達命令，所有相關人員，包括海運部代表，在多佛爾召開首次會議，討論「緊急撤退大量軍隊渡過海峽」的方案。計畫是如有必

第三章　法蘭西戰役的關鍵時刻

要，從加來、布洛涅和敦克爾克分別撤退，每日從每個港口撤出 1 萬人，首批船隻包括 30 艘客運渡船、12 艘掃雷艦和 6 艘沿岸貿易船。5 月 22 日，海軍部下令徵用避難在此的 40 艘荷蘭小船，並配備海軍水手。這些船隻在 5 月 25 日至 27 日間編入現役。哈里奇至韋默思一帶的海運官員被指示登記所有噸位達千噸的適用船隻，對停泊在英國各港口的所有船隻進行調查。此被稱為「發電機」的作戰計畫，10 天後被證實為陸軍的救命稻草。

德軍的推進路徑如今更加明晰。裝甲部隊和機械化師不斷通過缺口向亞眠和阿拉斯出發，繼而西折沿松姆河向海岸推進。5 月 20 日晚，他們越過並切斷北方各集團軍的交通線，進入阿布維爾。一旦防線被突破，這些可怕的、致命的戰車鐮刀，幾乎未遇到抵抗。德軍的坦克車——可怕的「德國坦克車」——在開闊的田野中自由穿梭，藉助機械化運輸的支持和補給，每日推進 30 到 40 英里。他們經過了數 10 個城市和數百個村莊，幾乎未遇抵抗，他們的軍官從坦克車的炮塔中探出頭來，得意地向居民揮手致意。目擊者描述成群的法國戰俘在他們旁邊行走，許多人還攜帶步槍，這些步槍不時被收集起來，放在坦克下碾毀。令我驚訝的是：德國裝甲部隊憑藉數千輛戰車竟能徹底擊潰幾個強大的集團軍，而法國完全未能與之對抗，一旦戰線被突破，法國的抵抗迅速瓦解。德軍的整個行軍路線都是沿著主要公路前進的，然而在這些公路上幾乎沒有任何障礙。

我在 5 月 17 日時已詢問過空軍參謀長：難道無法在夜間發現敵人裝甲車隊的宿營地並實施轟炸嗎？我們在戰線後方幾乎被這些四處奔襲的裝甲車隊打得潰不成軍。

此刻，我向雷諾發送了一封電報：

1940 年 5 月 21 日

我們對魏剛的任命表示祝賀，並對此充滿信心。

要阻止坦克縱隊突破薄弱的防線並深入後方，這幾乎是不可能的。任

何試圖封堵缺口和包圍德國侵略者的策略都是錯誤的。相反，應該採取的策略是：創造多個缺口。若幾輛坦克抵達某地，這並不值得驚慌。若它們進入城鎮，又能如何？城鎮應該由步兵駐守，若坦克兵試圖離開車輛，他們將遭到射擊。若他們無法獲取糧食、水源和燃料，他們必然會陷入混亂，最終被迫撤退。凡有可能的地方，應炸毀建築物以阻截他們。每個位於重要交叉路口的城鎮都應以此方法防守。此外，對於開闊地帶的坦克縱隊，必須由若干配備少量火炮的機動小隊在鄉間追擊它們。坦克的履帶會磨損，其效能也會下降。這是應對入侵裝甲部隊的一種策略。至於主力部隊——它似乎不會很快到達——應對它的唯一方法是攻擊其側翼。只有在增加戰鬥的混亂程度後，才能理清混亂，並將這場戰鬥轉變為一場混戰。他們襲擊我們的交通線，我們也應當襲擊他們的交通線。我覺得自己比戰爭初期更加有信心；不過，各線軍隊必須協同作戰，我希望英軍不久便能參戰。以上所述僅為個人見解，我相信，我向你表達這些想法不會讓你感到不快。

願你順利。

魏剛首先採取的行動是與他的高級司令官們商討。他希望親自前往北方視察局勢並會晤當地的司令官們，這個願望合乎情理。對於一位在戰事失利的危急時刻接手指揮權的將軍，必須加以理解。然而，時間已不允許他從最高職位上抽身而出，過於親力親為。在此，我們可以詳細記載後來的事件。5月20日早晨，魏剛接替甘默林的職務後，安排於隔日前往北方視察各集團軍。當他獲知通往北方的道路已被德軍封鎖後，決定乘飛機前往。飛機遭遇攻擊，被迫在加來降落。原定於伊普爾召開的會議時間不得不改為21日下午3時。在此，他會見了比利時國王利奧波德和比約特將軍。戈特勳爵未接到會議時間和地點的通知，因此未能出席，其他英國軍官也未到場。比利時國王將此次會議形容為「4個小時的雜亂討論」。會上討論了三國軍隊的合作問題、魏剛計畫的執行問題，以及若計畫失敗後，

第三章　法蘭西戰役的關鍵時刻

英、法軍隊撤退至利斯河和比軍撤退至伊澤爾河的預案。下午7時，魏剛將軍不得不離開。戈特勳爵直到8點才抵達，此時他從比約特將軍處收到會議紀錄。魏剛返回加來後，乘潛艇至迪埃普，再返回巴黎。比約特則駕車回去應付緊急局勢，不到1小時，他因車禍去世，導致一切再次停滯。

1940年5月21日，艾恩賽德返回並報告稱，在接到內閣的指示後，戈特勳爵向他提出了以下幾點：

1. 南下進攻應同時納入斯凱爾特河的後方行動，作為對敵方裝甲和機動部隊固守區域的攻擊。在此類行動中，須對兩翼進行掩護。

2. 考慮到行政管理的現狀，持續進行攻勢作戰頗為艱難。

3. 若採取此行動，法國第1集團軍與比利時部隊似乎無法協同作戰。

艾恩賽德補充道，北方法軍統帥部內一片混亂；在過去的8天裡，比約特將軍未能履行合作職責，且顯得毫無計畫；英國遠征軍士氣高昂，戰鬥傷亡目前約為500人。他生動地描繪了沿途的景象，難民成群結隊，慘遭德國空軍掃射。他自己也曾身陷險境。

因此，戰時內閣面臨兩個令人畏懼的選擇。其一，英國陸軍無論法軍和比軍是否配合，必須不惜一切代價向南開闢通往松姆河的通道，戈特勳爵對其部隊能否達成此目標表示懷疑；其二，撤退至敦克爾克以便海上撤離，這將遭受敵機空襲，且肯定會失去所有的大炮和裝備，而這些在當時極其稀缺且珍貴。顯然，應冒極大風險執行第一方案，但也沒有理由不為海上撤退做好一切可能的準備，以防南下計畫失敗。我向同事們建議，我應前往法國與雷諾和魏剛會晤，以便做出決定。迪爾可從喬治將軍的司令部前往會晤地點與我會合。

在此時刻，我的同事們認為，有必要從議會獲取某些特別的權力；因此，過去幾天內起草了一項法案。此法案實質上是要賦予政府無限的權力，以掌控英王陛下在大不列顛所有臣民的生命、自由和財產。用法律術

語來說，議會授予的權力是絕對的。《帝國國防法》「包括依照樞密院命令制定防衛條例的權力，規定：當英王陛下為了維護公共治安、捍衛國土、維持公共秩序、或有效進行英王陛下可能參與的任何戰爭、或為維持公眾生活所必需的供應或勞役，而認為必要或有利時，英王陛下的臣民應將他們自身、他們的勞務和他們的財產交由英王陛下處置」。

關於人力資源的問題，勞工大臣被賦予權力，可以下令任何人參與任何所需的工作。此條例賦予的權力，包括一項關於公平薪資的條款，已在法案中明確，以規範薪資事項。各大中心城市將設立勞工供應委員會。對最廣義的財產控制也將同樣進行。對包括銀行在內的所有企業的控制，應按政府指令執行。企業主可能被要求提交帳簿以供審查，超額利潤將被課以百分之一百的稅。另將成立一個生產委員會，由格林伍德擔任主席；還需任命一名勞工供應局局長。

該法案隨後於 5 月 22 日下午由張伯倫先生和艾德禮先生提交議會，艾德禮先生親自提議逕行二讀。在一個下午的時間裡，保守黨占絕對多數的上、下兩院在各個表決階段一致通過了該法案，並在當天晚上獲得英王批准。

> 在古代勇武的日子裡，
>
> 羅馬人為了羅馬的紛爭，
>
> 既不惜田產，又不吝金錢，
>
> 不顧及妻子的感受，不畏懼殘疾或死亡。
>
> 那便是當時的感受。

1940 年 5 月 22 日，我抵達巴黎時，城市已呈現出一派新氣象。甘默林已卸任，達拉第也退出了戰爭舞臺，雷諾兼任總理和陸軍部長。由於德軍的攻勢明顯轉向海濱，巴黎暫時未受到直接威脅。法國最高統帥部仍在萬森。雷諾先生和我於正午時分驅車前往。在花園中，我見到幾位曾在甘

第三章　法蘭西戰役的關鍵時刻

默林身邊的人物（其中一位是身材高大的騎兵軍官）正在憂鬱地踱步。副官說：「還是原先那班舊人。」我們被引進魏剛的房間，隨後來到地圖室，在那裡見到了最高統帥部的大地圖。魏剛出來與我們會面。儘管他因工作勞累且經過一夜旅行，仍顯得精神抖擻，心情愉快，行動敏捷，給人留下深刻印象。他闡述了他的作戰計畫。他不打算讓北方各集團軍向南或後撤，而是應從康布雷和阿拉斯一帶向東南的聖昆廷進攻，以從側翼殲滅目前在所謂聖昆廷──亞眠袋形陣地作戰的德軍裝甲師。他認為，北方各集團軍的後方應由比利時軍掩護，必要時掩護其向北進攻。同時，一支由來自阿爾薩斯、馬奇諾防線、非洲等地調來的18～20個師組成的新法國集團軍，將在弗雷爾將軍指揮下，沿松姆河建立戰線。他們的左翼將通過亞眠向前推進到阿拉斯，盡力與北方各集團軍會師。必須不斷對敵軍裝甲部隊施加壓力。魏剛說：「不允許德國裝甲師保持主動權。」所有必要的命令已在可能的範圍內發出。此時我們得知比約特將軍因車禍去世，魏剛曾向他透露全部計畫。迪爾和我一致認為，除了支持此計畫外，別無選擇，確實也沒有其他想法。我強調：「透過阿拉斯，重新建立北方與南方集團軍的連繫至關重要。」我解釋說，戈特勛爵在向西南進攻時，還需保護通往沿海的道路。為確保已定計畫不出錯，我親自口述一份摘要，魏剛表示同意。我據此向內閣報告，並向戈特勛爵發出以下電報：

1940年5月22日

今天早晨，我與迪爾一同飛赴巴黎。我們與雷諾、魏剛共同總結的結論如下。這些結論與陸軍部提供給你的總體指示完全一致。我們衷心祝願你在前往巴波姆和康布雷的激戰中取得勝利。

決議內容如下：

1. 比軍應退至伊澤爾河一線並在此駐守，水閘已在開啟。
2. 英國軍隊與法國第1集團軍須迅速向西南方向的巴波姆和康布雷發

動攻勢，務必在明日動用約8個師的兵力，並在英軍右翼部署比利時騎兵部隊。

3. 鑑於此役對兩軍至關重要，且英軍的交通線依賴亞眠的解放，英國空軍在戰役期間必須晝夜提供最大可能的支援。

4. 新籌組的法國集團軍正向亞眠推進，並在松姆河畔構築防線；此集團軍計劃向北進攻，以便與自巴波姆地區向南推進的英軍會合。

由此可見，魏剛的新計畫，除了重點有所不同之外，與被撤銷的甘默林將軍的第12號命令並無實質區別。與戰時內閣在5月19日發表的堅定立場也沒有任何矛盾。北方各集團軍採取攻勢向南推進，如果可能的話，就可以粉碎德國裝甲部隊的攻勢。他們將與弗雷爾將軍指揮新成立的法國集團軍透過亞眠向北方的推進相輔相成。這一點如能實現，將造成極其重要的作用。我曾私下對雷諾先生抱怨說，戈特連續4天沒有接到任何命令。即使在魏剛接任後，也花了3天時間才做出決策。更換最高統帥是正確的，但因此而產生的延誤是不應該的。

那晚我安睡於大使館中。儘管空襲微弱，炮聲震耳欲聾，卻沒聽見炸彈的爆炸聲。巴黎的遭遇與倫敦即將面臨的劫難截然不同。我渴望前往貢比涅，拜訪我的朋友喬治將軍的司令部。我們的聯絡官斯韋恩准將曾與我共事一段時間，他向我彙報了他所了解的法軍情況，但那只是部分消息。他們勸我，在這場大規模、複雜的軍事行動即將展開之際，由於行政管理的種種困難和交通線頻繁中斷的危險，最好還是不要前往。

由於最高統帥部未公布任何作戰命令，戰爭的發展已使敵人掌握了主動權。5月17日，戈特已開始指揮軍隊撤至盧約爾古–阿爾勒防線，駐守阿拉斯，並不斷增強其南部側翼的兵力。法國第7集團軍，除在瓦爾赫倫島戰役遭受重創的第16軍外，已全部向南轉移，與法軍第1集團軍匯合。德軍曾切斷英軍的後路，但並未引發嚴重動盪。20日，戈特通知比

第三章　法蘭西戰役的關鍵時刻

約特將軍和布朗夏爾將軍，建議於5月21日用兩個師和1個裝甲旅從阿拉斯向南進攻，比約特也同意從法國第1集團軍調出兩個師配合。法軍第1集團軍有13個師，集結在1個長約19英里、寬約10英里的矩形區域：摩德－伐朗興－得尼昂－杜埃之間的地區。5月20日，敵人在烏頓那德附近跨過斯凱爾特河；當時仍面向東方的3個英國軍，於5月23日撤回我們在冬季沿法、比邊境構築的防線；而在12天前，他們曾滿懷鬥志地從這道防線向前衝。這一天，英國遠征軍僅發放了一半的口糧，這促使我向雷諾提出抗議。

首相致雷諾先生

1940年5月23日

（抄件送戈特勛爵）

　　北方各集團軍的交通線已被敵方強大裝甲部隊切斷。唯有立刻實施魏剛的計畫方能解救這些集團軍。我要求向北方和南方的法軍司令官及比利時總司令部發出最嚴厲的命令，以執行此計畫，扭轉敗局。由於補給不足，時間極為緊迫。

　　上午11時30分，戰時內閣召開會議，我在會上宣讀了這封電報，並強調魏剛的計畫要取得圓滿成功，關鍵在於法軍是否能主動出擊，而目前並無跡象顯示他們有此舉動。下午7時，我們再次召開會議。

　　次日，我再次發送了一封電報：

首相致雷諾先生，轉魏剛將軍

1940年5月24日

　　戈特將軍來電指出，北方戰線的三國部隊間的合作至關重要。然而，他已無法維持這種合作，因為他正在南北兩面作戰，並且其交通線遭受威脅。與此同時，羅傑‧凱斯爵士通知我，截至今天（23日）下午3點，比利時司令部及國王尚未接到任何指示。這種狀況如何能說明布朗夏爾和戈

特在通力合作？我完全了解交通困難，但我感到北方戰場缺乏有效合作，而敵人正向此地集結。我堅信你能夠扭轉這個局面。戈特還提到，他的任何推進都是突圍性質，需從南方支援，因為他完全缺乏（重複，完全缺乏）進行激烈戰鬥的彈藥。不過，我們已命令他堅持執行你們的計畫。我們此間甚至尚未見到你的命令，對你的北方作戰計畫細節一無所知。能否透過法國使團盡快將詳情傳送給我們？祝你成功。

在此需詳細記錄英軍在阿拉斯附近進行的幾場小規模戰鬥。司令官法蘭克林將軍試圖掌控阿拉斯－康布雷－巴波姆地區。他指揮的是英軍第5師、第50師及第1集團軍坦克旅。此計畫由馬特爾將軍統領，意圖用這支裝甲部隊及兩個師的各1個旅實施攻擊，圍繞阿拉斯的西側和南側，以森色河為直接目標。法軍在東側的康布雷－阿拉斯公路上配合戰鬥。每個英國師僅有兩個旅，坦克數量為：「馬克Ⅰ」型65輛，「馬克Ⅱ」型18輛，這些坦克的履帶已接近損壞。進攻於5月21日下午2時展開，然而很快發現抵抗遠超預期。東翼法軍的支援未能實現，西面支援也僅限於1個輕機械化師。敵軍的裝甲部隊實際上包括德國第7和第8裝甲師，共約400輛坦克，由名為隆美爾的將軍指揮第7裝甲。初期進攻順利，俘虜400名敵軍，但未能抵達森色河一線，德軍憑藉數量上的絕對優勢反攻，並在空軍支援下，令英軍傷亡慘重。第12輕騎兵團很快報告，強大的敵軍部隊正向聖波爾移動，可能會轉向西面側翼。夜間，集團軍坦克旅、第5師第13旅和第50師第151旅逐漸撤退至斯卡爾普河。英軍的這3個旅在此堅守至5月22日下午，在鄰近地區抵擋住敵人的多次進攻。我們仍控制著阿拉斯，但敵人逐漸向貝頓迂迴。防守我們西面側翼的法軍輕機械化師受到來自蒙聖埃盧瓦的壓力，隨後敵軍坦克逼近蘇瓦茲。到5月23日下午7時，英軍東翼遭受重大壓力，抵達朗斯的敵軍已包圍西翼，陣地岌岌可危。由於兵力懸殊，面對大批裝甲部隊的圍攻，大部分被包圍。夜裡10時，法蘭克林將軍通知總司令部，若不在夜間撤出，其部隊將無法撤退。

第三章　法蘭西戰役的關鍵時刻

回覆是，3個小時前已下達撤退命令。這場戰鬥對敵人產生了一些暫時的影響，他們曾寫道：「配備裝甲部隊的英軍大舉反攻」，令他們感到相當的不安。

為執行魏剛計畫，戈特向時任北方集團軍指揮官的布朗夏爾將軍提議，兩個英國師、1個法國師及法國騎兵團應在杜‧諾爾運河和斯凱爾特運河之間向南推進。事實上，兩個法國師曾兩次抵達康布雷外圍，但每次都因空襲而被迫撤退。這是法國第1集團軍在此期間唯一的攻勢行動。

在倫敦，我們對阿拉斯冒險突圍的進展一無所知。然而，5月24日我們接連收到雷諾對我們嚴厲指責的電報。其中較短的一封電報足以說明這種狀況。

〔他說〕今早你發來電報稱，你已指示戈特將軍繼續執行魏剛的計畫。現在魏剛將軍告訴我，依據布朗夏爾將軍的電報，當我們自南向北推進的軍隊順利前進並期望與北方的盟軍會師時，英軍已自行撤退25英里至沿海各港口。

英軍的這個舉動直接違背了魏剛將軍今晨正式頒布的命令。這次撤退顯然迫使魏剛將軍全面調整其部署，使他不得不放棄封堵缺口和重建連續戰線的計畫。我無須特別強調這可能導致的嚴重後果。

迄今為止，魏剛將軍一直期望弗雷爾將軍的部隊向北推進至亞眠、艾伯特運河和佩訥。然而，他們並未取得顯著進展，仍處於整編和集結階段。以下是我給雷諾的回應：

> 1940年5月25日
>
> 昨晚我已透過電報將我們此地獲悉的一切告知，我們目前仍未收到戈特勳爵的任何相反資訊。不過，我需告訴你，一位參謀軍官曾向陸軍部報告，證實了你在電報中提到的兩個師從阿拉斯撤退的消息。我估計，迪爾將軍在戈特勳爵處，已通知他盡快派遣一名參謀軍官乘飛機返回。一旦我

們了解事實經過，我將向你報告詳情。然而，北方各集團軍實際上顯然已被包圍，除了通往敦克爾克和奧斯坦德外，其他交通線已全被切斷。

1940年5月25日

我們有充分的理由相信，戈特仍然堅持向南移動。據我們所知，他由於西側承受壓力，並為保持與敦克爾克之間的交通線以獲得必需的補給，不得不從兩個師中抽調部分兵力，部署在他自己與日益增加的德軍裝甲部隊之間。德軍裝甲部隊的實力顯然無法抵禦，他們已經相繼占領阿布維爾和布洛涅，威脅加來和敦克爾克，並且已經占領聖‧奧梅爾。除非在右側有掩護，他怎能從北方戰線撤離並向南移動呢？根據我們所掌握英國遠征軍的動向，絕不能成為你們放棄越過松姆河向北推進的藉口，我們堅信，你們的北進是可以取得進展的。

其次，你提到從勒阿弗爾運走了大量物資。事實上，唯一被運走的是瓦斯彈，這種物資留在那裡確實不妥，還有一些物資只是從勒阿弗爾北岸轉移到南岸。

第三，如果我察覺，由於事態的發展導致極大壓力迫使我們對已達成的計畫進行調整時，我將立即通知你。迪爾目前與戈特在一起，今晨，他完全相信，我們軍隊能順利脫困的唯一希望在於向南轉移並依賴弗雷爾將軍的快速北進。你應該知道，自從向南轉移已顯然成為〔必要的〕以來，我們已經等了一個星期，我們發現，我們與海岸之間的通路現在已被敵人大批裝甲車輛切斷。因此，我們別無選擇，只能繼續向南移動，並且必須利用側翼向西轉移。

斯皮爾斯將軍將在明晨拜訪您，待局勢明瞭後，請迅速將其送回。

內閣和高級將領中普遍認為，自4月23日起擔任帝國副總參謀長的約翰‧迪爾爵士，憑藉其卓越的才能與策略見解，應成為我們的首席軍事顧問，以便最大限度地發揮他的專長。毋庸置疑，他在軍事領域的聲望大大超過艾恩賽德。

第三章　法蘭西戰役的關鍵時刻

　　戰爭的烏雲已達極致，我與同僚們都熱切盼望由約翰·迪爾爵士擔任帝國總參謀長一職。若遇侵略，我們亦需為英國本土防禦挑選一位總司令。5月25日深夜，艾恩賽德、迪爾、伊斯梅與我，還有一、兩位人士，在海軍部大樓我的房間內商討戰局。艾恩賽德將軍主動提議辭去帝國總參謀長職務，表示願意指揮英國本土防禦部隊。考慮到此職在當時看來前途未卜，他的提議無疑是勇敢且無私的，因此我採納了艾恩賽德將軍的建議。因其在關鍵時刻的態度，我後來授予他崇高的地位和榮譽。約翰·迪爾爵士於1940年5月27日正式就任帝國總參謀長，普遍認為此變動是在當前形勢下的明智之舉。

第四章
撤退至海岸

1940年5月24日至5月31日

此時，我們能夠反思這場至今難以忘懷的戰爭在這個階段的發展歷程。

希特勒是唯一一個有意圖破壞比利時和荷蘭中立地位的人。比利時在遭受攻擊前，一直拒絕盟軍進入該國領土，因此，軍事主動權掌握在希特勒手中。5月10日，他開始了進攻。以英軍為核心的第1集團軍沒有在防禦工事後堅守，而是進入比利時進行無效的援救，當下已為時過晚。法軍在阿登山脈對面的防線留下了一個缺口，防禦工事不完善且兵力薄弱。自大戰以來規模空前的裝甲部隊突破了法軍戰線的中央，在48小時內，北方各集團軍與南方及海岸的交通線面臨完全切斷的危險。法國最高統帥部最遲應在5月14日向這些集團軍下達緊急撤退命令，即便冒險和物資損失也在所不惜。甘默林將軍未能以冷靜的現實主義面對這個問題，致使法國北方集團軍司令比約特無法自行作出必要的決定。左翼遭受威脅的各集團軍完全陷入混亂。

當他們意識到敵方兵力占據優勢時，他們便開始後撤。由於敵軍的迂迴行動集中在他們的右翼，他們構築了一道側翼防禦工事。若他們在5月14日開始撤退，那麼到17日他們可能已返回舊防線，進而創造一次突圍的良機。然而，他們至少浪費了3天的關鍵時間。從5月17日起，英國戰時內閣清楚地意識到，唯有立即向南突圍才能拯救英國軍隊。他們決心

第四章　撤退至海岸

迫使法國政府和甘默林將軍接受他們的觀點，但他們的指揮官戈特勳爵對此持懷疑態度，質疑在激戰中脫離戰線並突圍的可行性。5月19日，甘默林將軍被免職，由魏剛接任。甘默林的「第12號命令」——儘管已晚了5天，但在原則上仍然正確，並符合英國戰時內閣和參謀長委員會的主要判斷。更換或缺乏統帥導致了額外的3天延誤。魏剛將軍在視察北方各集團軍後提出的大膽計畫，始終未能付諸實踐。他的計畫基本上是甘默林的計畫，但因時間推遲，成功的可能性愈加渺茫。

在當前這種進退兩難的嚴峻形勢下，我們採納了魏剛的計畫，並始終在1940年5月25日之前忠實且堅定地執行，儘管至今未見成效。到5月25日，所有交通線全被切斷，我們微弱的反攻被擊退，阿拉斯失守，比軍的防線被突破，國王利奧波德準備投降，逃往南方的希望隨之破滅。海路成為唯一的出路。我們能否順利抵達海岸？若無法抵達，我們是否將被敵人包圍並在開闊戰場上被擊潰？我方陸軍的所有大炮和裝備恐將全部損失，數月內難以補充。

然而，那些大炮和裝備與軍隊相比究竟能有多大價值呢？只要它們在，英國未來籌組軍隊就有了核心與基礎。自5月25日起，戈特勳爵已經意識到從海路撤退是唯一的選擇，如今，他在敦克爾克附近設立了一個橋頭堡，帶領所有剩餘的兵力向那裡推進。這需要英國軍隊嚴格遵守紀律，要求英軍指揮官，包括布魯克、亞歷山大和蒙哥馬利在內，充分發揮他們的智慧。所需的東西還有很多。一切力所能及的事情都已經完成。這是否足夠呢？

我們現在需要探討一個頗具爭議的事件。德國陸軍總參謀長哈爾德將軍曾指出，此時希特勒對戰爭進行了唯一一次有效的直接干預。據這位權威人士說，希特勒對這些裝甲部隊感到擔憂，因為它們進入了一個被運河分割、形勢不利的區域，面臨巨大風險，卻沒有重大收益。他認為，這些

裝甲部隊在戰爭的第二階段至關重要，不能讓它們白白犧牲。毫無疑問，他相信憑藉空中優勢能夠阻止大規模的海上撤退。哈爾德表示，希特勒因此透過勃勞希契發出電報，命令裝甲部隊停止前進，前鋒甚至可以撤回。哈爾德稱，這為英國軍隊打開了一條通往敦克爾克的通道。不管怎樣，我們在 5 月 24 日上午 11 時 42 分截獲了一份德軍的明碼電報，內容是暫時停止對敦克爾克 - 哈茲布魯克 - 梅維爾一線的進攻。哈爾德說，他代表陸軍最高司令部（OKH）拒絕干涉倫德施泰特集團軍的行動，該集團軍接到明確命令阻止敵人抵達海岸。他爭論道，該地區的戰鬥越快取得勝利，補充損失的坦克就越容易。第二天，他被命令與勃勞希契一起參加一個會議。

這場激烈的爭論，最終由希特勒公布一項明確指令而告終。希特勒表示，他將派遣一名個人聯絡官前往前線以監督命令的執行。凱特爾被指派乘坐飛機前往倫德施泰特集團軍的總部，而其他軍官則被派遣至前線各個指揮所。「我始終不能理解，」哈爾德將軍表示，「為何希特勒會認為裝甲兵團正面臨無謂的風險。凱特爾在第一次世界大戰期間，曾在佛蘭德駐留相當長的時間，因此希特勒的這些想法很可能是基於他所講述的故事。」

其他德國將領曾表達過類似的觀點，甚至暗示希特勒下達此命令是出於政治動機，目的在擊敗法國後，與英國談和。如今發現的倫德施泰特總部當時的日記，是一個可靠的證明文件。日記中記錄的是另一種說法。5 月 23 日午夜，勃勞希契從最高統帥部帶來命令，指示第 4 集團軍仍由倫德施泰特指揮，以進行「包圍戰」的「最後行動」。次日早晨，希特勒抵達倫德施泰特總部，倫德施泰特向他表示，裝甲部隊已推進過遠，速度過快，力量明顯削弱，需要停下整頓和重新部署，以便對敵人進行最後打擊；他的參謀日記中寫道：敵軍「作戰頑強」，倫德施泰特還預見到，他的分散兵力可能遭到南北夾擊；實際上，魏剛計畫若實施，顯然是盟軍反

第四章　撤退至海岸

擊。希特勒「完全同意」阿拉斯以東的攻擊應由步兵執行，機動部隊應繼續防守朗斯 —— 貝頓 —— 埃爾 —— 聖奧梅爾 —— 格拉夫林防線，以截擊被東北方 B 集團軍施壓的敵人。他也認為為未來戰事保持裝甲部隊的戰力至關重要。然而，5 月 25 日清晨，勃勞希契送來新命令：總司令命令裝甲部隊繼續前進。倫德施泰特憑藉希特勒的口頭同意，忽視了這道命令。他沒有將命令傳達給第 4 集團軍司令克盧格，而是告知克盧格繼續節省使用裝甲師。克盧格對這種拖延提出抗議，但直到隔日，倫德施泰特才允許他們行動，並在此時命令暫時不以敦克爾克為直接攻擊目標。日記記錄了第 4 集團軍對這種限制的抗議，集團軍參謀長在 5 月 27 日電話中說：

> 海峽的各個港口現狀如下：大型船隻停泊在碼頭旁，搭起跳板，人群接連不斷地登船。所有物資都被丟棄在後方。我們不願意看到這些人日後重新武裝並與我們對抗。

因此，可以肯定地說，裝甲部隊一度暫停行進；然而，這並非源於希特勒的決策，而是倫德施泰特的主張。倫德施泰特的判斷顯然是有根據的，他既考慮了裝甲部隊的狀況，也權衡了整體戰爭局勢。然而，他理應遵從最高統帥部的正式指令，或者至少應該向他們報告希特勒口頭傳達的意見。德軍的指揮官們普遍認為錯失了一個良機。

然而，在此關鍵時刻影響德軍裝甲部隊行動的，還有其他因素。

1940 年 5 月 20 日夜間，德軍的裝甲與摩托化部隊抵達阿布維爾海岸後，沿海岸線向北，朝布洛涅、加來和敦克爾克推進，意在截斷所有海上撤退的路徑。憑藉上次大戰的經驗，我對這個地區的地形再熟悉不過，那時我曾派遣機動海軍陸戰旅從敦克爾克攻擊德軍側翼和後方，因此無需了解加來與敦克爾克間的洪水系統或格拉夫林防線的策略意義。水閘開啟，洪水日益氾濫，為我們南方撤退提供掩護。布洛涅和加來的防禦戰在艱難的情況下堅持到最後，英國迅速派遣駐軍。5 月 22 日，布洛涅被孤立並遭

襲擊，守備力量包括兩個營和少數反坦克炮隊，另有一些法軍部隊。抵抗36小時後，他們報告難以為繼，我同意通過海路撤出剩餘守軍和法軍。5月23日至24日夜間，8艘驅逐艦撤走守軍，僅損失200人。法軍在城堡堅守至5月25日清晨。對於這次撤退，我深感遺憾。

　　數日前，我已將海峽各港口的防務委託給帝國總參謀長直接指揮，並與他保持密切連繫。現決定：加來必須死守，守軍不得經海路撤離。守軍包括步槍旅的1個營、第60步槍旅的1個營、維多利亞女王步槍旅、皇家炮兵第229反坦克營和皇家坦克團的1個營，以及21輛輕坦克和27輛巡邏戰車，還有相同數量的法軍。為了爭取2到3天的時間，而不得不犧牲這些訓練有素的部隊，實在令人痛心；我們對此類部隊的訓練養成不易，而這幾天的成效尚存疑慮，是否能順利爭取到幾天也難以預見。陸軍大臣和帝國參謀總長同意了這個痛苦的決定。那時的電報和會議紀錄可以證實這一點。

首相致伊斯梅將軍轉帝國總參謀長

1940年5月23日

　　除魏剛昨晚公布的總命令外，我認為，為確保軍隊向南經亞眠轉移，必須盡快在敦克爾克、加來或布洛涅為戈特的部隊打通一條暢通無阻的補給線。戈特不能再對他當前的險境視而不見，他應派出至少1個師或任何必要的較少兵力，迎接我們從海岸推進的部隊。如果裝甲團及巡邏戰車已在加來登陸，這將改善局勢，並鼓勵我們將裝甲師第2旅的剩餘部隊派遣過去。若要完成主要撤退計畫，必須清除這個海岸區域。防線後的入侵者必須被痛擊並窮追。對於難民，應如魏剛建議的那樣，將他們趕到田地並安置在那裡，以便清理道路。你是否與戈特有電話或電報連繫，發送一封密碼電報需要多少時間？請派一名參謀軍官送一張地圖到唐寧街，註明截至今天為止所知英軍9個師的陣地布陣詳情。你無需親自回信。

第四章　撤退至海岸

首相致伊斯梅將軍

1940 年 5 月 24 日

　　我無法理解加來周邊的局勢。德軍正在封鎖所有的出口，我們的坦克圍被困在城中，因為無法承受郊外野戰炮的威脅。然而，我估計包圍我們的敵軍兵力並不強大。那麼，為什麼不主動進攻他們？戈特勳爵為何不在我們從加來出擊時，從背後對敵軍展開攻勢？戈特當然能夠調動一、兩個旅來清理他的補給線，以確保他的部隊獲得所需的物資。一位指揮 9 個師的將軍快要挨餓，卻仍不派兵清理他的運輸線。還有什麼比交通線更為重要？還有什麼地方更適合部署後備隊呢？

　　封鎖加來的部隊，戈特需立即發起攻擊，由敦克爾克的加拿大軍隊進攻，並由被困於城內的坦克突圍。顯然，德軍在任何地方都能隨意行動，他們的坦克可以在我們後方自由活動，甚至在被發現時也未遭到攻擊。而我們的坦克遇到他們的野戰炮便止步不前，但我們的野戰炮卻不願向他們的坦克開火。如果他們的摩托化炮兵能遠離基地封鎖我們，為什麼我們不能利用強大的炮兵封鎖他們呢？……清除通往加來的交通線並保持暢通，主要依賴英國遠征軍。

　　這種說法對我們的軍隊不甚公允，然而我還是要按照我當時的寫法在此呈現。

首相致伊斯梅將軍

1940 年 5 月 24 日

　　海軍副參謀長告知我，（一道）命令已於凌晨 2 時發送至加來，表示原則上已決議撤退；然而，這樣的行動簡直是瘋狂之舉。撤離加來唯一的結果，就是令包圍加來的部隊轉向敦克爾克。堅持守住加來有許多理由，最重要的是牽制敵軍於其戰線上。

　　海軍部表示，他們正籌備 24 門可發射 12 磅炮彈的海軍大炮，這些炮

彈配備半穿甲彈頭，能夠擊穿任何坦克。其中一部分將在今晚準備就緒。

首相致帝國總參謀長

1940 年 5 月 25 日

我需要迅速了解戈特為何放棄阿拉斯，以及他如何部署剩餘的部隊。他是否仍在執行魏剛計畫，抑或已大幅放緩？如是後者，你對未來幾天事態發展的看法是什麼？你有何建議？顯然，他不應在毫無戰鬥的情況下被包圍。他是否應該突圍，向海岸出發，並利用絕對優勢的炮兵摧毀擋在他與海岸之間的敵軍裝甲部隊，同時用強大的後衛部隊掩護自己和同樣需要撤退的比利時部隊？決定必須在明天之前作出。

無論哪個機場，但凡有短暫的寧靜，迪爾就能搭乘班機返回祖國，皇家空軍理應派出整支中隊為其護航。

首相致陸軍大臣和帝國總參謀長

1940 年 5 月 25 日

請查明昨日下令撤出加來的軍官身分，以及今晨我看到的這份令人洩氣的電報究竟由誰起草；電報內容提到「為了盟軍的團結」。這不是激勵士兵戰鬥到最後的方法。你們能確保參謀部之中絕無失敗主義思想嗎？

首相致帝國總參謀長

1940 年 5 月 25 日

對於加來守軍的指揮官，應提供如下指示：當前，盡可能堅守加來，對國家及陸軍至關重要。首先，可牽制敵人大量裝甲部隊，防止其攻擊我們的交通線。其次，保留一個撤退港口，以便部分英軍通過此處撤回。戈特勳爵已派遣增援部隊，並且海軍將全力保障你們的補給。帝國對加來的防禦寄予厚望，英王陛下政府相信，你和勇敢的士兵們將完成一項令英國自豪的任務。

這份電報大概在 5 月 25 日下午 2 點傳送給尼科爾森准將。

第四章　撤退至海岸

最終不調回加來守軍的決定是在 5 月 26 日晚間拍板的。直至那時，驅逐艦一直處於待命狀態。艾登和艾恩賽德與我一起都在海軍部。當晚 9 時，我們 3 人在飯廳外達成共識。這個決定也將艾登的團部納入其中，他曾在上次大戰中長期效力並戰鬥於該團。在戰爭中，人仍需飲食，當我們無言地圍坐在桌旁時，我不禁感到身體有如病痛般沉重。

以下是致准將的電文：

你們每堅持戰鬥的一個小時，都極大幫助了英國遠征軍，政府因此決定，你們必須繼續戰鬥。對你們堅守陣地的輝煌戰績，給予最高的讚揚。不會（我重申不會）撤退你們，原計畫用於撤退的艦隻將返回多佛爾。「真理」號和「溫莎」號將掩護司令官執行掃雷任務並護送其返回。

加來是勝負的決定因素。儘管有許多其他原因可能妨礙從敦克爾克的撤退，但可以確切地說，加來的堅守爭取了 3 天，使得我們能夠保住格拉夫林的洪水防線。否則，即便希特勒猶豫不決，倫德施泰特下達命令，我們的退路也會被切斷，導致全軍覆沒。

除此之外，當前局勢因一件不幸的事件而變得更為明朗。德軍此前一直未對比利時防線發動大規模攻擊，卻在 5 月 24 日成功突破庫爾特累兩側的比利時防線，該地點距奧斯坦德和敦克爾克僅 30 英里。比利時國王很快意識到戰局已無希望，準備投降。

截至 1940 年 5 月 23 日，英國遠征軍的第 1 軍和第 2 軍逐步從比利時撤退，回到了去年冬天在利爾北部和東部邊界構築的防線。與此同時，德軍在我軍南翼進行的包抄已經抵達海岸，因此我們被迫在該側進行防禦。戈特及其司令部在情勢所迫下，已陸續將部隊部署在沿運河的拉巴塞－貝頓－埃爾－聖奧梅爾－瓦當一線陣地。此兵力與法國第 16 軍位於格拉夫林洪水防線處接近海岸處。這個主要由英國第 3 集團軍負責防守的南彎側

翼,並無完整的防線,僅有設定在主要路口的防禦「點」,其中如聖奧梅爾和瓦當,已落入敵手。從卡塞爾往北的幾條重要道路受到威脅。戈特的後備隊僅剩下兩個英國師,即第5師和第50師;如前文所述,這兩個師在阿拉斯向南的反攻中因冒險執行魏剛計畫而幾乎被圍。在這一天,英國遠征軍的防線綿延90英里,幾乎處處與敵軍相距甚近。

英國遠征軍的南側是法軍第1集團軍;除了兩個師駐守在國境防線,其餘的11個師已經潰散不堪,集中在杜埃北面和東面區域。該軍受到德軍包圍線東南部力量的攻擊。在我們的左翼,比利時軍隊已從利斯運河的多處撤退;隨著他們向北撤退,梅嫩以北出現了一個缺口。

25日晚,戈特勳爵做出了一項關鍵決策。他仍然命令遵循魏剛計畫,向南攻至康布雷。在這個攻勢中,第5師和第50師將被調動與法軍協同作戰。儘管此前已與法軍商定從松姆河向北發起進攻,但實現的可能性幾近渺茫。布洛涅的最後一批守軍已撤離,加來仍在堅守中。此時,戈特決定放棄魏剛計畫,認為南進和向松姆河推進已無望。比利時防線的崩潰以及通往北方的缺口對形勢構成新的威脅。從截獲的德軍第6集團軍命令中顯示,一個軍將向西北攻向伊普爾,另一個軍則西進直逼維茨沙特,比利時人如何能抵擋這雙向的攻擊呢?戈特對自己的軍事才能充滿信心,且認為英國和法國政府或法軍最高指揮部對他的指揮已完全中斷,遂決定放棄南下進攻,轉而堵塞因比軍投降而在北面出現的缺口,同時向海岸移動。在此刻,這是避免覆滅或投降的唯一希望。下午6時,他命令第5師和第50師與英國第2軍一道前去封堵比利時方面即將敞開的缺口。他將此行動通知了接替比約特指揮第1集團軍的布朗夏爾將軍;該將軍承認形勢緊急,於下午11時30分下令,在5月26日撤退至里爾以西利斯運河後方的防線,以在敦克爾克周圍建立橋頭堡。

5月26日凌晨,戈特與布朗夏爾制定了向海岸撤退的方案。由於法國

第四章　撤退至海岸

　　第1集團軍需要行進更長的距離，因此英國遠征軍在5月26日至27日夜間的行動是為撤退做準備，而英國第1軍和第2軍的後衛部隊仍需堅守在邊境防禦陣地直至5月27日至28日夜。戈特勳爵獨自承擔了所有決策責任。然而，國內根據情報從不同角度分析後，也得出了相同的結論。5月26日，陸軍部發出電報，認可他的行動，並批准他「與法軍和比利時軍隊協同向海岸撤退」。大量各類海軍艦艇已經在緊急徵集中。

　　5月26日，通向海岸走廊地區西側的陣地基本保持不變。儘管第48師和44師的陣地壓力較小，第2師在埃爾和拉巴塞運河區激戰，堅守住了陣地。往東，在英、法軍隊共同防守的卡爾文附近，德軍發動猛烈攻擊。幸而營地附近的第50師的兩個營反擊，才扭轉了局勢。在英軍防線的左翼，第5師與第48師的143旅連夜行軍，在黎明時接替伊普爾－科明運河防線，封堵了英軍與比利時軍隊之間的缺口，正趕上敵人發動攻擊，激戰持續了一整天。第1師的3個營作為後備隊投入戰鬥。第50師在利爾以南駐紮後，向北轉移，以擴展第5師在伊普爾附近的側翼。比軍整日遭到猛烈攻擊，右翼被突破，報告稱他們無力重新連接英軍防線，也無法撤至伊澤爾運河防線配合英軍行動。

　　與此同時，敦克爾克周邊的橋頭堡工事正在建設中。法國方面意圖堅守格拉夫林至伯格的防線，而從伯格沿運河經弗內斯到尼烏波特再至海岸的防線則由英國軍隊負責防衛。各種不同的部隊從兩側匯聚在這條防線上。為了確認5月26日的命令，陸軍部在5月27日下午1時向戈特勳爵發出電報，告知他未來的任務是「盡可能撤出最大數量的軍隊」。前一天我已經告知雷諾先生，我們的政策是撤退英國遠征軍，並要求他公布相應命令。27日下午2時，法國第1集團軍司令向各部隊下達命令：「在利斯河陣地誓死抵抗，絕不撤退。」電訊到此中斷。

　　4個英國師和整個法國第1集團軍的境地極為險峻，面臨在里爾附近

被切斷的危險。德軍的包圍戰術試圖將他們合圍。儘管當時我們缺乏詳細的階段性地圖室,且無法從倫敦指揮戰局,但我為里爾周圍大量盟軍的困境感到憂慮了3天,其中包括我們自己的4個精銳師。這時,機械化運輸發揮了罕見的關鍵作用,戈特一聲令下,這4個師以驚人的速度幾乎在一夜之間全部撤回。同時,其餘的英軍在走廊地區兩側進行激戰,以保持通往海岸的道路暢通。敵軍的合圍行動,被第2師的牽制延誤,又因第5師的阻擋耽擱了3天,最終在5月29日夜間才完成,當時的情形頗似1942年史達林格勒附近俄國人的偉大戰役。這個包圍圈用了兩天半時間才合攏,在此期間,儘管法軍依賴馬匹運輸,儘管通往敦克爾克的主要公路被切斷,二級公路上擠滿了撤退的部隊、漫長的運輸車隊和大量難民,但英軍的4個師和法國第1集團軍的大部分(除了第5師已損失)仍然有序地通過缺口撤退了。

關於我們單獨繼續作戰的能力問題,我在10天前已要求張伯倫先生與其他大臣共同研究;現在我正式將此問題提交給我們的軍事顧問。我起草了一份參考材料,雖然有意使用了一些啟發性的辭句,但仍然讓三軍參謀長自由發表他們的意見,無論意見為何。我事先明白他們會非常堅定;然而,將此類決策書面化仍是明智之舉,我也希望能使議會感到安心,相信我們的決策得到了專業人員的支持。以下是我撰寫的參考材料及他們的答覆:

根據首相提供的參考材料中的各項原則,我們對關於「英國在特定意外情況下的策略」報告進行了重新審視。

1. 一旦法國無法繼續作戰而轉為中立,德軍穩固其當前陣地,比利時在協助英國遠征軍撤退至海岸後被迫投降;若德國向英國提出解除武裝並割讓奧克尼群島海軍基地等條件,使英國完全受制於德國;在此情境下,我們獨自繼續與德國乃至義大利作戰的前景如何?對於海軍和空軍是否可

第四章　撤退至海岸

以合理期望，要求全力阻止敵人的猛烈入侵，而本島集結的兵力能否對抗從空中與內部發動的襲擊；是否可以認為，英國的持久抵抗對已征服大半個歐洲的德國構成重大威脅？

2. 我們的結論已在下列各段中呈現。

3. 只要我們的空軍依然存在，海軍與空軍的協同應能阻止德軍自海上對英國的猛烈入侵。

4. 若德國完全掌控了制空權，我們認為海軍能在某段時間內抵禦敵軍入侵，但無法持續抵抗。

5. 如果我們的海軍未能阻止敵軍入侵，而空軍也遭到全軍覆沒，德國人若發起進攻，我方的海岸和灘頭防禦將無法阻擋德軍坦克和步兵在我方海岸建立穩固的據點。在此情形下，我方地面部隊將難以抵禦猛烈的入侵。

6. 關鍵在於制空權。一旦德國掌握了制空權，他們可能僅透過空襲來嘗試征服英國。

7. 除非德軍能夠完全摧毀我們位於考文垂和伯明翰的空軍和飛機工業的重要部分，否則他們無法獲得完全的空中優勢。

8. 對飛機工廠的空襲可以在晝夜之間進行。我們認為，白天對敵方飛機工廠展開大規模空襲是必要的，以減少重大損失。然而，無論我們採取何種防禦措施（我們正在迅速實施這些措施），我們仍無法保證夜間空襲不會對我們飛機工業賴以生存的大型工業中心造成嚴重的物質損害。敵人無需進行精確轟炸也能達到這樣的效果。

9. 空襲能否有效摧毀航空工業，不僅依賴於轟炸帶來的物質損失，還在於對工人心理的衝擊，以及他們在面對大規模破壞時是否有繼續工作的決心。

10. 因此，若敵人持續對英國境內的航空工業展開夜間襲擊，他們

或許會在相關工業區引發這種實體與精神的損害，進而使整體運作停滯不前。

11. 務必牢記，德國在飛機數量上擁有4比1的優勢，而德國的飛機製造廠分布廣泛且較難接近。

12. 另一方面，只要我們擁有用於反攻的轟炸機部隊，我們便能對德國的工業核心進行相同的打擊，進而在心理和實質層面產生影響，使其部分工業陷入癱瘓。

13. 總而言之，我們的結論是：表面上，德國人似乎勝券在握；然而，真正的考驗在於：我們的戰鬥人員和人民的士氣能否抵消德國人在數量和物質上的優勢。我們相信可以做到。

這份報告顯然是在敦克爾克救援行動之前最為黯淡的時刻所撰寫的，不僅由紐沃爾、龐德和艾恩賽德3位參謀長聯名簽署，還包括迪爾、菲利普斯和皮爾斯3位副參謀長的簽名。我必須承認，數年後重讀這份報告，仍然感受到情況的極度嚴峻與恐怖。然而，戰時內閣和其他幾位閱覽過這份報告的部長都持有相同的看法。沒有展開討論。我們團結一致。

我此刻正親筆寫信給戈特勳爵：

1940年5月27日

1. 在此危急時刻，我務必祝願你取得成功。對於未來局勢的變化，誰也不敢輕易預測。然而，無論如何，總比被困敵陣、坐以待斃要好得多。我謹大膽提出以下幾點：首先，大炮應當用於摧毀坦克，正如在其他情形中一樣，使用大炮攻擊坦克也可能會遭受損失。其次，在一個配備炮隊的旅占領奧斯坦德之前，我對該地感到非常擔憂。最後，進攻加來的德軍坦克部隊很可能已經疲憊，不論如何，除非攻擊加來，否則難以分心他顧。趁加來仍在我們的掌控之中，派遣一支隊伍向加來進攻或許是一個好時機。也許，向敵人的坦克發起進攻，敵人的坦克就不再那麼可怕了。

第四章　撤退至海岸

2. 此刻應將情況告知比利時人。我正準備將以下電報發給凱斯，但希望你能親自與國王會晤。凱斯會在旁協助。我們要求他們為我們做出犧牲。

3. 我相信，我軍明白正在為返回英國老家開闢道路。這是激勵士氣的最佳時機。我們將用海軍和空軍的所有資源全力支持你。安東尼·艾登此刻在我身邊，他與我一起向你致意。

〔附件〕

首相致凱斯海軍上將

請將下列要點傳達給你的朋友（比利時國王）。我相信，他已知曉英、法聯軍正向格拉夫林和奧斯坦德之間的海岸線出發（包括這兩個地點）。他也了解，我們計劃在緊急撤退時由海軍和空軍提供全力支持。我們能為他做些什麼呢？當然，我們不能因比利時而陷入重圍，被動等待。我們的唯一希望是取得勝利，無論發生什麼事，除非希特勒被擊敗或英國不再存在，否則我們絕不退出戰爭。希望你能在時機尚未過去前，與他一起乘飛機離開。如果我方戰事順利，並建立了有效的橋頭堡，若有需求，我們將嘗試透過海路將一些比利時師調往法國。最重要的是，比利時應繼續戰鬥，國王的人身安全至關重要。

在5月28日返回英國之前，凱斯海軍上將並未收到我發出的這封電報。因此，這封極為重要的電報未能傳達至國王利奧波德。然而，這並無大礙，因為在5月27日下午5、6點鐘，凱斯海軍上將曾與我進行了電話溝通。以下內容摘自他的報告。

5月27日下午約5時，國王向我透露其軍隊已瓦解，並請求終止敵對行為，我隨即用無線電向戈特和陸軍部發出密碼電報。陸軍部在下午5時54分接收了電報。我馬上驅車前往拉潘尼並與首相通話。首相因事前多次收到報告，故對此毫無意外，僅指示我應盡力勸說國王、王后〔母后〕與

我一起前往英國,並口述一封電報,預計我當日下午會接收:

1940 年 5 月 27 日

「從比利時大使館傳來的消息以及國王決定留守的舉動來看,國王似乎已認定戰事無望,準備進行單獨和談。」

為了不受國王決定的束縛,比利時的立憲政府已在外國領土上重建。儘管比利時軍隊如今被迫繳械,但在法國仍有 20 萬比利時適齡服役者,物資也超過 1914 年比利時所擁有的,因此依然能夠抵抗。國王當前的決定正在分裂國家,並將其置於希特勒的庇護之下。請將這些意見轉達給國王,讓他了解他目前的選擇對盟國和比利時帶來的災難性後果。

我將首相的電報呈遞給國王利奧波德,但他表示,已然決定與他的軍隊和人民共進退……

在國內,我頒布了以下通令:

(絕密)

1940 年 5 月 28 日

在此陰霾籠罩的時期,若政府的同事及要員能在其周圍維持高昂士氣,首相將感激不盡;這並非淡化事態的嚴重性,而是要我們對自身能力充滿信心,堅定決心繼續抗戰,直至粉碎敵人統治全歐的野心。

絕不允許法國進行單獨媾和;然而,無論大陸上發生何種事件,我們對於自身職責絕不能有絲毫懷疑,務必竭盡全力捍衛本島、帝國以及我們的事業。

5 月 28 日清晨,戈特勳爵與布朗夏爾將軍再次會晤。我對戈特勳爵的參謀長波納爾在此時刻留下的以下紀錄深表感激:

當布朗夏爾今日與我們會面時,他在卡塞爾會談中的那股熱情已不復存在。他無法提出任何建設性的意見或計畫。我們向他宣讀了命令我們向

第四章　撤退至海岸

海岸推進以便登船的電報。他大驚失色。這著實令人費解，因為他和戈特被指派建立橋頭陣地，除此之外，他還能想到什麼其他原因呢？這樣的準備行動哪能有別的目的呢？我們指出，雙方都曾接到關於建立橋頭陣地的類似命令。當前形勢是：我們已從政府接獲關於下一步合理行動的命令（這命令無疑已通知法國政府），而他迄今未接獲相關命令。他聽後稍稍鎮定，但仍未完全平靜下來。我們接著表示，我們和他一樣，希望在這最後階段英軍與法國第1集團軍仍能並肩作戰。因此，預期法國第1集團軍今夜將繼續撤退，與我們協同行動。此時，他態度堅決，聲稱這無法實現。我們費盡唇舌，盡可能清楚地向他闡明左右局勢的多種因素。德軍在東北翼對我們的威脅，在未來24小時內可能不會增強（但一旦增強，情況將極其嚴峻）。目前最嚴重的是對我們西南翼較長戰線的威脅。正如他所深知，昨日，德國步兵師在炮兵支援下多處發動進攻。雖然沃木、卡塞爾、阿茲布魯克等要地守住，但某些地區已被突破。毫無疑問，德軍將充分利用他們取得的優勢，我們敢斷言，各師主力不久將會分散，全力阻止我們向海岸撤退（雖然已命令我們撤退，但未命令他們）。因此，從利斯河撤退已經刻不容緩，我們必須今夜返回海岸，至少也要到達伊普爾－波珀臨格－卡塞爾一線。如果等到明夜才撤，那就等於給予德國人兩天時間，使他們得以從後方包抄我們，這樣做，簡直是太糊塗。我們認為，即便能到達海岸，能脫困的部隊似乎連30%也達不到，的確，前沿陣地的許多部隊將永遠無法抵達海岸。但即便我們能挽救受過高度訓練的軍官和士兵只是一小部分，這也將對戰爭的延續有所幫助。因此，必須竭盡所能，其中之一就是今夜撤退一段路程，即便只撤一部分也好……

隨後，現任第1集團軍司令普利歐將軍派遣了一名聯絡官前來。這名聯絡官告知布朗夏爾，普利歐已下定決心，今晚絕不再後撤，因此，他計劃駐守在運河的方形區域，其東北角位於阿爾芒蒂埃爾，西南角在貝頓。布朗夏爾似乎堅決反對撤退。我們請求他為了第1集團軍和盟國的利益，命令普利歐至少抽調部分軍隊與我們一起撤退。然而，他指揮的部隊要麼

過於疲憊,要麼距離太遠,無法撤退。因為撤退到海岸的人總有機會登船,而留在後方的人則注定會犧牲。那麼,為什麼不嘗試一下呢?不嘗試就沒有任何好處:因為嘗試的人至少還有一線希望,但這些話並未使他動搖。他聲稱,從海濱撤退是不可能的——無疑,英國海軍部已為英國遠征軍做好準備,但法國海軍部絕不可能為法軍如此安排。因此,嘗試也是徒勞的——得不償失。他同意普利歐的看法。

接著,他毫不拐彎抹角地詢問道,既然戈特已經意識到法軍第 1 集團軍不會一起撤退,那麼他是否仍計劃今夜撤到伊普爾－波珀臨格－卡塞爾一線?戈特回答,他確實要撤。首先,他接到了命令,要求他們登船,因此必須立刻撤退。再拖延 24 小時,就意味著無法執行命令,因為軍隊會被切斷。其次,除了執行命令這個表面理由外,繼續將部隊留在四面受敵的陣地上是極其不明智的行為。他們很快就會被擊潰。因此,基於這些理由,儘管法國第 1 集團軍不撤,英國遠征軍也必須撤退。……

5 月 28 日黎明前,比利時軍隊投降。戈特勳爵在事情發生前僅 1 小時接到正式通知,但 3 天前已預見比軍崩潰,並採取多種措施填補這個空缺。我向議會報告此事,使用的措辭較雷諾先生建議的更為緩和。

議會將得知,比利時國王昨日派遣全權代表前往德軍司令部,尋求在比軍戰線停火。英、法政府已指示其將領,立即切斷與比軍的連繫,並堅守當前陣地作戰。德軍司令部已同意比利時的請求,比軍今晨 4 時起停止抵抗。

我不計劃向議會建議,目前對比利時國王作為比軍總司令的行為進行評判。比軍在戰鬥中表現英勇,雖然遭遇重大傷亡,但也對敵人造成了嚴重打擊。比利時政府已與國王的行動脫離關係,宣稱自身為唯一合法的比利時政府,並正式宣告其決定繼續與盟國並肩作戰。

法國政府表示擔憂,因為我對利奧波德國王行為的描述與雷諾先生的說法形成了鮮明對比。在對當時可獲得的詳細資訊進行全面調查後,我於

第四章　撤退至海岸

6月4日在議會發言，不僅要公正對待我們的法國盟友，還要公正對待目前在英國的比利時政府，我認為有責任坦率地闡述事實真相。

最終時刻，當比利時遭遇入侵時，國王利奧波德請求我們的援助，即便是在最後關頭，我們仍伸出援手。他和他近50萬英勇善戰的軍隊，保衛著我們的左翼，確保我們通往海岸的唯一撤退路線暢通無阻。然而，突然之間，未經協商，未通知任何人，也未徵求大臣們的意見，他擅自決定派一名全權代表向德軍司令部投降，導致我軍整個側翼與退路完全暴露。

我所描述的這支軍隊，確實以其卓越的傳統而聞名。他們面對不可持久抵抗的敵人，最終被擊敗。即便在失敗和被迫投降之時，他們的榮耀與聲譽依然不曾減損。

5月28日整日，英軍能否成功突圍尚難預料。在從科明至伊普爾，以及伊普爾到海岸的防線上，布魯克率領第2軍抵禦東側，努力封堵比利時軍的缺口，打出一場精彩的戰役。過去兩天，第5師堅守科明，擊退敵人多次進攻；然而，由於比利時軍隊向北撤退，隨後投降，缺口擴大到無法封堵的地步。英國遠征軍的側翼掩護任務，現在必須由自己承擔。首先，由第50師前去延長防線；隨後，新從里爾以東撤退的第3師和第4師乘坐摩托車全速推進，加快延伸這條通往敦克爾克的重要走廊。德軍在英軍與比軍之間的突襲無法阻止；但我們已預見到其嚴重後果，即敵軍可能迂迴至伊澤爾河，並沿海濱繞至我軍背後，因此提前採取了各種預防措施。

德軍被擊退，傷亡慘重。英軍的炮兵部隊，包括野戰炮隊和中型炮隊，接到命令將所有炮彈傾瀉向敵人，猛烈的炮火極大地削弱了德軍的攻勢。在布魯克奮戰的前線後方約4英里處，大批車輛和部隊從早到晚源源不斷地湧入持續擴大的敦克爾克橋頭堡，並迅速有序地加入防線。此外，在橋頭堡範圍內，主要的東西向幹道曾一度被車輛完全堵塞，壓路機將堵塞道路的車輛拖入兩旁的溝渠，才開闢出一條單向通道。

5月28日下午，戈特命令全軍撤回橋頭陣地，此時該陣地已擴展至格拉夫林－伯格－弗內斯－尼烏波特一線。在這條防線上的英軍部隊從右至左，依次排列為：46師、42師、第1師、第50師、第3師和第4師。至5月29日，大部分英國遠征軍已進入橋頭陣地範圍，海軍撤退行動開始全面展開。5月30日，總司令部報告稱，所有英國師隊或其餘部隊均已進入橋頭陣地。

　　法軍第1集團軍的大部分已經抵達敦克爾克，並安全登船。然而，至少有5個師的撤退路線被德軍在里爾以西的鉗形攻勢截斷。5月28日，他們試圖向西突圍，但未能成功；敵軍從四面八方圍逼。隨後的3天裡，里爾的法軍在不斷縮小的防線中對越來越多的德軍進行反擊，直至5月31日晚，因彈藥耗盡，不得不投降，約有5萬名法國士兵被德軍俘獲。這些法軍在勇敢的摩里尼埃將軍的指揮下，在關鍵的4天中至少牽制了德軍7個師，否則這些部隊將會參與敦克爾克外圍的戰鬥。這對他們較為幸運的戰友以及英國遠征軍的撤離造成了重大作用。

　　對我而言，這是一次極為不同尋常的體驗，承載著如此重大的全方位責任，在這些日子裡，眼見這幕劇在變幻不定的場景中上演，無法左右局勢，想要干預又擔心得不償失。毫無疑問，如果我們繼續嚴格執行撤退至松姆河的魏剛計畫，勢必加劇我們已面臨的嚴重危險。然而，我們迅速批准了戈特放棄魏剛計畫並轉向海岸的決策；他與他的參謀團隊以卓越的才智成功完成了這個任務，這將在英國軍事史上永遠成為輝煌的典範。

第四章　撤退至海岸

第五章
敦克爾克大撤退

1940 年 5 月 26 日至 6 月 4 日

5 月 26 日，西敏寺內舉辦了一場簡短的祝福與祈禱儀式。英國人素來不擅於外露情感，然而，當我坐在唱詩班的位置上，依然能夠感受到那股壓抑而激昂的情緒。教堂中的信眾心中瀰漫著恐懼，並非懼怕死亡、受傷或物質損失，而是擔憂英國可能面臨的失敗與最終的消亡。

那天是 5 月 28 日，星期二，此時我已經整整一個星期沒有去下議院了。在這段時間裡，發表任何宣告都是徒勞無益的，議員們也沒有對此提出要求，但每個人都明白，我們軍隊的命運，甚至比軍隊命運更為關鍵的事情，很可能在這個星期結束之前就塵埃落定。「下議院，」我說道，「應該為嚴峻的壞消息做好準備。我只想補充一點，在這場戰爭中，無論發生什麼，都不能動搖我們誓死捍衛世界正義的職責，也不能摧毀我們充滿力量的信心，正如我們歷史上許多關鍵時刻一樣，我們有能力衝破重重困難，直至最終戰勝敵人。」自從政府成立以來，除了內閣成員，我僅與少數人會面，因此我認為在下議院辦公室召集戰時內閣之外的所有內閣級大臣進行一次會議是非常有益的。我們大約有 25 人出席。我詳細闡述了事態的發展，並坦率地向他們說明了我們的處境，以及一切成敗難料的情況。然後，我不把這當作一件具有特殊意義的大事，而是隨意說道：

「無論敦克爾克發生了何事，我們都必須繼續戰鬥。」

第五章　敦克爾克大撤退

　　閣員們的反應令我驚訝，這次聚會的 25 名成員，皆為資深的政治家和議員，對戰爭的見解雖不盡相同，但無論對錯，都各持己見。許多人立刻從座位上躍起，奔到我身邊，一邊呼喊一邊拍打我的背部。毫無疑問，在這個關鍵時刻，若我在國家方針的決策上稍有遲疑，必定會被他們推翻。我確信，每位大臣都已下定決心，寧願立即犧牲生命，家庭和財產全遭毀滅，也不願屈膝投降。他們的態度不僅代表下議院，更代表了全體國民。在接下來的日子中，我在適當的場合表達了他們的心情。我能夠清楚的表達他們的心情，因為那也是我的心情。一股不可抵擋的熾熱烈焰燃燒在我們島嶼的每一個角落。

　　關於英國和法國軍隊從敦克爾克撤退的行動，已有詳盡且完備的紀錄。自 5 月 20 日起，艦艇和小型船隻便在多佛爾港司令官拉姆齊海軍上將的指揮下集中。5 月 26 日晚間，海軍部在下午 6 時 57 分下達指令，「發電機」作戰計畫即刻啟動，首批軍隊在當晚被運回國。隨著布洛涅和加來的陷落，敦克爾克港及其與比利時邊境相連的開闊海灘成為僅存的撤退點。此時，我們估算最多只有兩天時間能夠撤出約 4 萬 5 千名士兵。翌日，5 月 27 日，採取緊急措施，搜索更多小型船隻，以滿足「特殊需求」。這需要足夠的船隻才能撤退全部英國遠征軍。顯然，除了大型船隻從敦克爾克港運送士兵外，還需要大量小型船隻在海灘上使用。根據海運部里格斯先生的建議，海軍部官員在特丁頓至布萊特靈西之間的各個船塢找到了 40 艘可用汽艇，並於次日集中在希爾內斯。同時，倫敦各碼頭的定期航輪上的救生艇、泰晤士河的拖船、快艇、漁船、接駁船、平底船和遊艇，凡是可用於海灘的運輸工具，均被徵集備用。5 月 27 日晚，所有小型船隻如潮水般湧向大海，首先抵達我們的海峽港口，再從那裡駛向敦克爾克，抵達我們敬愛的軍隊身邊。

　　一旦戒嚴禁航不再是必要，海軍部立即允許英國南方和東南沿海的船

民自發地展開行動。任何擁有船隻的人,無論是汽船還是帆船,都駛向敦克爾克;幸而在一週前已開始準備,現在又有許多人自願支援。5月29日抵達的小船數量不多,但它們成為隨後近400隻小型船隻的先鋒,這些船隻在5月31日起發揮了關鍵作用,將大約10萬人從海濱轉運到遠離海岸的大船。在這幾天裡,我沒有見到海軍部地圖室主任皮姆上校以及其他幾個常見的人。他們駕駛一艘荷蘭小船,在4天內運送了800人。在敵人不斷空襲下,參與營救的船隻約有860艘,其中近700艘是英國的,其餘則是同盟國的。

在敦克爾克周邊的海岸線上,部署工作正以井然有序且高效率的方式展開。抵達的部隊並未陷入混亂,而是整齊地沿防禦工事集結,僅用兩天就顯著增強了防禦力量。精銳部隊被派去構築防線,而損失較重的第2師和第5師則作為後備隊,駐守在海灘上以便儘早撤離。起初,前線部署了3個師,但到5月29日,隨著法軍接管了更多的防線,兩個師便已足夠。敵軍奮力追擊我方撤退的部隊,激烈的戰鬥從未間斷;尤其是在尼烏波特與伯格附近的兩翼,戰況尤為激烈。隨著撤退的進行,英、法兩軍的數量不斷減少,防線也相應縮短。成千上萬的士兵在海灘的沙丘中連續3到5天遭受無情的空襲。希特勒誤以為德國空軍能夠阻止我們的撤退,因而計劃將裝甲部隊留作最後的決戰;他這個策略雖然錯誤,但並非毫無道理。

有3個因素導致他的希望破滅。首先,沿海集結的大批軍隊遭受的空襲傷亡輕微。炸彈落入鬆軟的沙地,爆炸的碎片被沙子吸收,無法擴散。在最初階段,經過一陣轟鳴的空襲後,軍隊驚訝地發現傷亡幾乎不存在。炸彈四處爆炸,但受傷者寥寥無幾。有岩石的海岸或許會導致較嚴重的後果。沒過多久,士兵們對空襲便不再畏懼。他們沉著地蹲在沙丘之間就有生還的希望。面前的海洋是灰色的,但並不排斥他們。那邊有救援的船隻——回家的路。

第五章　敦克爾克大撤退

　　希特勒未曾預見的第二個因素是其飛行員的傷亡。此時，英國與德國空軍的能力正面臨直接檢驗。英國的戰鬥機群全力以赴，頻繁在戰場上空巡邏，與敵人展開殊死搏鬥。它們不斷衝擊德國的戰鬥機與轟炸機編隊，給予敵機沉重打擊，使其分崩離析，最終被逐出空域。這樣的戰鬥每日持續，直至皇家空軍贏得輝煌勝利。在任何地方遇到德國飛機（有時多達 4、50 架），我方便立即發起攻擊，通常僅一個中隊或更少的飛機便能擊落數十架敵機，敵機的損失很快便達數百架。包含我們的最後一道防線，即首都空軍部隊，也全員出動參戰。戰鬥機飛行員有時一天出動 4 次。戰果顯著。這是一場決定性的戰鬥。遺憾的是，海灘上的部隊很少目睹這場空中的偉大戰鬥，因為戰鬥常在幾英里外或雲層之上進行。他們對空軍給敵人造成的損失毫無所知，只感受到敵機在海灘上投下的炸彈，這些敵機飛過上空，卻可能無法返航。在陸軍中甚至產生了對空軍的強烈憤怒情緒，有些部隊在多佛爾或泰晤士河港口登陸時，由於不清楚情況而侮辱了身著空軍制服的人。他們本應與空軍緊緊握手，但他們怎會知曉這一點呢？在議會中，我竭力向眾人說明這個事實。

　　然而，缺少了海洋，海灘細沙的優勢和空中的激烈戰鬥都將失去意義。10 天或 12 天前下達的指令，在緊迫的局勢和高漲的情緒中結出了豐碩的成果。無論在岸上還是船上，秩序井然。海面風平浪靜。小船在海岸與大船之間來回穿梭，運走涉水而來的士兵，救起落水者，儘管敵人的轟炸頻繁，它們毫不畏懼，雖然常常為此付出犧牲。僅僅是船隻的數量，就足以彌補空襲帶來的損失。整個「蚊式」接駁船艦堪稱為不沉艦隊。在我們面臨失敗之際，光輝的消息傳到了我們團結一致、不可戰勝的島國人民耳中，敦克爾克海灘的戰鬥將永載史冊。

　　儘管小船的表現相當出色，但繁重的任務主要由軍艦承擔，軍艦在英國與敦克爾克港之間穿梭，運送了三分之二的士兵，驅逐艦發揮了關鍵作

用。同時，私人船隻及其商船水手的卓越貢獻亦不可忽視。

人們懷著焦慮的神情和日益高漲的希望注視著撤退過程。5月27日晚，海軍當局判斷戈特勳爵的陣地已處於極度危險的境地；海軍部派往敦克爾克擔任高級海軍軍官的皇家海軍上校坦南特緊急發出電報，請求立即派遣所有可用船隻前往海灘，因為「明天夜晚撤退能否成功將成疑問」。局勢非常嚴峻，幾乎可以說是絕望。為了回應他的請求，我們竭盡全力，派遣了一艘巡洋艦、8艘驅逐艦和26艘其他艦艇。5月28日充滿緊張，但在皇家空軍的強力支援下，我們穩住了陸上的陣地，使得緊張的局勢逐漸緩解。儘管我方在5月29日遭受重大損失（3艘驅逐艦和21艘其他船隻被擊沉，另有多艘受損），海軍的計畫仍按部就班地執行。

整個撤退過程中從未出現將法國士兵棄之不顧的情況。在法國尚未提出任何請求或表達不滿之前，我已公布了以下命令：

首相致函陸軍大臣、帝國總參謀長及伊斯梅將軍

1940年5月29日

（正本送帝國總參謀長）

務必確保法國軍隊與我們一道從敦克爾克撤離，這至關重要。切勿讓他們單靠自己的航運工具。應立即與駐英的法國代表團商討對策，或在必要時與法國政府進行磋商，以免或盡量減少指責。如果我們能從敦克爾克撤離那兩個法國師，並用我方部隊暫時替代，以簡化指揮，這或許是更合適的策略。但請向我提供盡可能完善的建議，並告知我還需要採取哪些措施。

首相致斯皮爾斯將軍（巴黎）

1940年5月29日

請將此信函提交給雷諾，以便通知魏剛和喬治：

我們已從敦克爾克港口和海灘撤離了近5萬人，期望今晚能再撤離3

第五章　敦克爾克大撤退

萬人。前線隨時可能被突破；此外，碼頭、海灘和船隻也可能遭受空襲和來自西南方的炮火襲擊，導致無法使用。沒有人能預測當前順利撤退的局面能維持多久，或未來我們還能撤出多少人。我們希望法國軍隊盡可能與我們一起撤離。已指示海軍部在法國海軍提出請求時提供協助。我們無法預知將來有多少人被迫投降，但我們必須盡可能分擔這個損失，且更重要的是，我們要承受這種損失，不應對不可避免的混亂、勞累和緊張的工作心生怨言。

一旦我們撤退的部隊完成重組，並具備了保護我們生命和抵禦敵人威脅甚至是迫在眉睫的進攻所需的力量，我們將在聖納澤爾籌組一支新的英國遠征軍。我正從印度和巴勒斯坦召集正規軍；澳洲和加拿大的部隊也將很快抵達。目前，我們正在亞眠以南運輸裝備，足以滿足 5 個師的需求。但這僅是為了妥善部署和應對緊急突襲，我們很快會將增援駐法部隊的新計畫送達給你們。我懷著深厚的戰友情誼發出此信。請毫不猶豫地向我坦率表達你們的看法。

1940 年 5 月 30 日，我在海軍部作戰室召集三軍大臣及參謀長會議，探討比利時海岸當日局勢。撤退軍隊總數達 12 萬，僅 6,000 為法國人；參與行動船隻共 860 艘。敦克爾克的海軍上將威克-沃克來電稱，儘管遭遇猛烈轟炸與空襲，過去 1 小時仍有 4,000 人登船。他還擔憂，敦克爾克或許明日便無法守住。我特別強調，急需撤出更多法國軍隊，否則將對我們和盟國的關係產生不可挽回的損害。我還指出，英軍縮減至一個軍時，須通知戈特勛爵撤回本土，留下指揮官負責。英軍應盡力堅守，為法國軍隊爭取撤退時間。

鑑於我對戈特勛爵性格的深入了解，我親自撰寫並於 5 月 30 日下午 2 時透過陸軍部正式發出如下命令：

應盡最大努力堅守當前陣地，以確保正在進行的撤退行動能撤出最多人員。可每隔 3 小時透過比利時西部的拉‧潘尼彙報情況。如果通訊仍然

暢通，當我們判斷你指揮的部隊已縮減至可交給一名軍長時，我們將指示你與適當撤退的軍官一起返回英國。你現在應指定該軍長。如果通訊中斷，當有效戰鬥部隊不超過3個師的人數時，你應移交指揮，並按照規定的流程撤回。這是按正確軍事程序安排的，不能由你個人決定。從政治角度看，當你指揮的部隊僅剩少數時，你被敵俘獲即等同給予敵人不必要的勝利。應命令你選定的司令官繼續與法軍共同防禦，並繼續從敦克爾克或海灘撤退，但當他認為無法進行有組織的撤退且無法對敵造成有效殺傷時，他有權與法軍高級司令官協商正式投降，以避免無謂的犧牲。

這封電報很可能影響了其他重大事件及另一位勇敢指揮官的命運。1941年12月底，我在白宮從總統和史汀生先生處獲悉麥克阿瑟將軍及科雷希多島的美軍駐軍即將面臨的命運。我認為，當一位總司令所指揮的部隊已縮減至其原先指揮的很小一部分時，我們應對他的處理方法做出指示。總統和史汀生先生都仔細閱讀了那封電報。我感到驚訝的是，這封電報似乎給他們留下了深刻印象。當日稍後，史汀生來索要電報的副本，我立刻交給了他。或許（我並不知情）這封電報促使他們做出了正確的決定，命令麥克阿瑟將軍將指揮權移交給一位下屬將軍，進而使得這位偉大的指揮官後來得以建立諸多輝煌戰功，否則他可能會成為日本的俘虜，無法繼續參戰。我希望我這個看法是正確的。

5月30日，戈特勳爵的參謀人員在與位於多佛爾的海軍上將拉姆齊商議後，通知戈特，認為6月1日白天可能是堅守東部外圍陣地的最後期限。因此，必須採取極為緊急的措施，以盡可能確保當時仍留在海岸的約4,000名英國後衛部隊得以撤退。後來的發現證實，這支兵力不足以防衛最終的掩護陣地，於是決定將英軍的防禦區域維持至6月1日與2日之間的午夜，同時在完全平等的基礎上撤退法軍和英軍。

5月31日晚，戈特勳爵依照命令交出指揮權給亞歷山大少將並返回英

第五章　敦克爾克大撤退

國時，情形正是如此。

　　為了維持個人連繫並避免誤解，我必須在 5 月 31 日前往巴黎，參加盟國最高軍事會議的一次例會。同行者包括艾德禮先生、迪爾將軍和伊斯梅將軍。我也帶上了斯皮爾斯將軍，他在 5 月 30 日從巴黎帶回最新消息。這位出色的軍官同時也是議員，自第一次世界大戰起便是我的朋友。作為法軍左翼和英軍右翼之間的聯絡官，他曾在 1916 年陪著我巡視維密嶺，並介紹我認識法國第 33 軍司令法約爾將軍。他的法語發音極佳，且擁有五條軍傷榮譽帶，因此是處理我們兩國之間緊張關係的合適人選。當法、英兩國面臨問題和爭論時，法國人總是滔滔不絕、情緒激動，而英國人則顯得遲鈍甚至粗魯。然而，斯皮爾斯能夠從容而有力地與法國重要人物對話，我從未見過有誰能勝過他。

　　這次我們並未前往外交部，而是前往聖多米尼克街的陸軍部，拜訪雷諾先生的辦公室。艾德禮和我發現，前來與我們會面的法國政府成員僅有雷諾和貝當元帥。這是貝當首次參與我們的會議，當時他是最高軍事會議的副主席，身著便裝。與我們同行的有駐法大使、迪爾、伊斯梅和斯皮爾斯。代表法國出席的有魏剛、達爾朗、雷諾的私人辦公室主任德馬爾熱里上尉以及法國戰時內閣祕書博杜安先生。

　　首先要解決的是挪威的現狀。經過深思熟慮，英國政府決定：應立即從納維克地區撤軍。我們在那裡部署的軍隊、驅逐艦和 100 門高射炮在其他地方極為需要，因此計劃從 6 月 2 日開始撤退。英國海軍可以負責將法國軍隊運送回國，並護送挪威國王以及任何願意前往法國的挪威部隊。雷諾表示，法國政府同意這個決定。一旦與義大利爆發戰爭，地中海將需要這些驅逐艦，將 1 萬 6 千人投入埃納河和松姆河的防線也將極為有利。此事就此敲定。

　　於是，我將話題轉向了敦克爾克。法國方面對北方兵團的狀況似乎了

解得並不比我們多。當我告知他們已有 16 萬 5 千人撤退，其中包括 1 萬 5 千名法軍時，他們感到非常震驚。他們自然注意到，撤退的英軍人數顯然多於法軍。我解釋說，這主要是因為後方有許多英軍的行政單位，這些人員能夠在戰鬥部隊從前線撤下之前先行登船。此外，法軍至今尚未收到撤退命令。我來巴黎的主要目的是確認：是否英軍的命令也同樣發給了法軍。目前防守中央陣地的英軍 3 個師可以掩護所有盟軍的撤退。這樣的部署和海上運輸，是英國為彌補盟軍現在必然遭受的重大損失而做出的貢獻。英王陛下政府已經意識到，在危急時刻，有必要命令戈特勛爵撤出戰鬥人員而將傷員留在後方。如果這個希望得以實現，可能會撤退 20 萬健壯的士兵。這幾乎是一個奇蹟。4 天前，我還不敢保證能撤出超過 5 萬人。我反覆提及我們裝備遭受的巨大損失。雷諾對英國海軍和空軍表示讚賞，我對此表示感謝。隨後，我們相當詳細地討論了如何重建駐法國的英國部隊。

與此同時，達爾朗海軍上將起草了一封致駐紮在敦克爾克的海軍上將阿布里亞爾的電報：

1. 你所指揮的幾個師以及英軍司令所指揮的幾個師應在敦克爾克周圍固守一處橋頭堡陣地。

2. 若你確信橋頭陣地外無軍隊能向登船地點推進，防守橋頭陣地的部隊應立刻撤退並登船，優先讓英國軍隊登船。

我立刻插話道，英軍絕不應率先登船；英軍與法軍應以相同數量撤退——「挽臂同行」。英軍負責殿後。此提議獲得一致認可。

我們繼續討論義大利問題。我陳述了英國的立場，即若義大利參戰，我們必須以最有效的手段迅速反擊。許多義大利人反對戰爭，需讓所有義大利人意識到戰爭的殘酷。我建議空襲米蘭、都靈、熱那亞組成的西北工業三角區。雷諾贊成同盟國應立即採取行動；達爾朗海軍上將表示，他已

第五章　敦克爾克大撤退

擬定計畫，準備透過海空力量轟炸義大利的石油供應系統，義大利的石油大多儲備在法、義邊境與那不勒斯之間的沿海地區；必要的技術磋商也已安排。

之後，我表達了自己的願望，指出我最近籌組的政府應有更多的閣員盡快與他們的法國內閣對等成員建立連繫。例如，我希望勞工大臣和工會領袖貝文先生能訪問巴黎。貝文先生展現了出色的才能，在他的帶領下，英國的工人階級現今放棄的假期和特權，比上次大戰期間放棄的還要多。雷諾熱切地表示同意。

在簡要提及丹吉爾及其使西班牙避免捲入戰爭的重大意義之後，我闡述了一下總體局勢。我指出，盟國必須以堅定不移的態度對待所有敵對勢力。……美國因近期事件而憤怒，即便他們尚未參戰，但很快將大力支援我們。如果敵人入侵英國，美國的影響力將變得更加深遠。英國不懼怕入侵，每個村莊都會進行頑強的抵抗。英國軍隊在滿足本國基本需求後，其餘力量將用於支援盟友法國。……我堅信，我們只能透過取得勝利來結束戰爭。即便我們之中有一個被擊敗，另一個也絕不能放棄戰鬥。如果英國本土遭遇浩劫，淪為一片焦土，英國政府將準備從「新大陸」繼續發動戰爭。如果德國擊敗兩個盟國中的一個，或兩國都被擊敗，它不會對我們仁慈；我們將永遠成為附庸和奴隸。寧願讓西歐文明及其所有成就走向悲慘而壯烈的終局，也不願讓兩大民主國家苟延殘喘，被剝奪一切值得為之生存的事物。

艾德禮先生繼續表示，他完全同意我的觀點。「英國人民現在已經意識到他們所面臨的危險，並且明白，一旦德國獲勝，他們所建立的一切將被徹底摧毀。德國人不僅僅是殺戮，還在消滅思想。英國人民所展現的決心在他們的歷史中是前所未有的。」雷諾對我們所說的話表示感謝。他堅信，德國人民的士氣並不像他們軍隊暫時勝利時表現得那樣高昂。如果法

國在英國的支援下能夠守住松姆河,而美國工業能夠彌補我們軍火的不足,我們就能確保勝利。他表示,他非常感激我重申的保證——如果一國戰敗,另一國絕不放棄鬥爭。

會議正式結束。

會議結束後,幾位重要人士在窗邊聚集,神情異樣,正在交談。貝當元帥居於首位。斯皮爾斯陪在我身邊,協助我用法語溝通,並發表自己的看法。年輕的法國軍官德馬爾熱里上尉表示要在非洲堅持戰鬥。然而,貝當元帥的態度顯得模稜兩可而且陰沉,使我懷疑他有單獨媾和的意圖。除了他所用的語言,他的人格、威望以及在逆境中從容應對的態度,對信任他的人產生了難以抗拒的影響。有位法國人,我不記得是誰,委婉地指出,持續的軍事失敗可能迫使法國在某個時刻調整其外交政策。此時,斯皮爾斯立刻轉向貝當元帥,用流利的法語說道:「元帥先生,我想您明白,那不就意味著將面對封鎖嗎?」另一人說:「那或許無法避免。」隨後,斯皮爾斯對著貝當說:「那不僅意味著面對封鎖,還包括轟炸所有被德國人占領的法國港口。」我對他能指出這一點感到非常滿意。我一如既往地堅持:無論發生什麼,無論有誰掉隊,我們都必須繼續戰鬥。

在經歷了一夜的小規模空襲後,翌日清晨我便離開了巴黎。回國後,我立即發出了以下電報:

首相致魏剛將軍

1940 年 6 月 1 日

撤退的最後時刻已然逼近。5 個戰鬥機中隊幾乎輪番出動,未曾間斷,我們的能力已至極限,而今晨被炸沉的艦艇已有 6 艘,其中幾艘滿載軍隊。炮火只對實際通行的航道構成威脅。敵方逐漸逼近並縮小了橋頭陣地。如果堅持到明日,我們可能全軍覆沒。若今夜撤退,雖會損失不少人,但仍能拯救許多人。現在橋頭陣地上可作戰的法軍,遠不如你所言那

第五章　敦克爾克大撤退

般多,並且我們懷疑留在該地區的人數是否如預估數量。海軍上將阿布里亞爾在碉堡中無法完全掌握情況,你也無法,我們在此地亦然。因此,我們命令橋頭陣地英國防區司令亞歷山大將軍與海軍上將阿布里亞爾共同協商,做出判斷:是否能堅持到明日。相信你會同意。

5月31日和6月1日,儘管敦克爾克的戰鬥尚未結束,但已進入最後的關鍵時刻。在這兩天中,超過132,000名士兵成功抵達英國,其中近三分之一是在猛烈的空襲和炮火下透過小船從海灘撤離的。6月1日,自清晨起,敵方轟炸機猛烈轟炸,每當我們的戰鬥機需要返航加油時,他們便趁機發動攻擊。敵機的襲擊對密集的船隻造成了嚴重損失,幾乎等同於過去一週的總損失。僅在這一天,由於空襲、水雷、快速魚雷艇的攻擊或其他不幸事件,沉沒的船隻達31艘,另有11艘被擊毀。在陸地上,敵人加大了對橋頭堡的壓力,企圖突破,但遭到盟軍後衛部隊的頑強抵抗,最終被全部擊退。

在撤退的最終階段,行動變得更加熟練和嚴謹。這是首次能夠事先制定計畫,而非像以往那樣即興應對。6月2日拂曉時分,大約4,000名英軍裝備7門高射炮、12門反坦克炮以及相當數量的法軍堅守在縮小的敦克爾克外圍防線。撤退只能在夜間進行,海軍上將拉姆齊決定當晚將所有可用船隻調往敦克爾克港。包括11艘驅逐艦和14艘掃雷艇在內的44艘艦艇於當晚從英國啟航,另外還有40艘法國和比利時船隻參與其中。午夜之前,英國後衛部隊已登船。

但敦克爾克戰役的故事並未就此結束。我們計劃在那天夜間撤離更多的法軍,其人數遠超出他們自身的請求。結果,當我們的船隻(其中許多仍是空的)在黎明時分撤退時,仍有大量法軍留在岸上,其中不少仍與敵軍交戰。必須繼續努力接運剩餘部隊。儘管船員們這些天來連續工作,未曾休息,早已筋疲力盡,但他們仍然響應了號召。6月4日,英國接納了

26,175名法國士兵,其中超過21,000人由英國艦艇運送。不幸的是,仍有數千人未能撤離,他們在不斷縮小的灘頭陣地上奮戰至6月4日清晨,此時敵軍已逼近城鎮外圍,他們的力量耗盡。他們英勇作戰多日,為英國和法國同伴的撤退提供掩護。他們將被迫在戰俘營中度過餘生。讓我們銘記:若非敦克爾克後衛部隊的頑強抵抗,我們在英國重建一支保衛本土和爭取最終勝利的軍隊的工作,將會遭受重大挫折。

最終,在6月4日下午2點23分,海軍部在法國的同意下宣告「發電機」作戰計畫已經完成。

議會在6月4日召開,我必須先行公開,再於閉門會議中向議員們詳述所有過程。我的演講稿尚存於此,現僅摘錄部分段落。迫在眉睫的是,不僅需要向我們的人民解釋,也需要向全球表明,我們堅持戰鬥的信心是有據可依的,而非絕望的抗爭。同時,闡明我本身信心的理由也是必要的。

我們必須極為謹慎,不應將此次援救稱為勝利。撤退並非贏得戰爭的方式。然而,這次援救中蘊含的勝利不容忽視,這個勝利屬於空軍。返回的眾多士兵未曾親眼目睹空軍的行動;他們只看到逃過空軍掩護攻擊的敵方轟炸機,因此低估了空軍的成就。我對此事聽到了許多討論;我現在偏離主題談及此事的原因正是如此。我必須向你們講述這一點。

這是英國與德國空軍力量的一次重大考驗。德國空軍的目標是讓我們從海灘撤退變得無法實現,並且擊沉所有聚集在那裡的數千艘船隻。除此之外,你能想像他們還有更大的目標嗎?從整個戰爭的目的來看,還有什麼更大的軍事重要性與意義呢?他們曾竭盡全力,但最終被擊退;他們在執行任務時遭遇挫敗。我們成功撤退了陸軍;他們空軍的損失是我們損失的4倍。……事實證明,我們所有種類的飛機和飛行員比他們當前面對的敵人更為優秀。

第五章　敦克爾克大撤退

當我們提及在英倫上空抵禦海外襲擊對我們更為有利時，我必須強調，從這些事實中，我找到了一個可靠的依據，並基於此依據制定了一個切實可行且萬無一失的策略。我向這些年輕的飛行員致以敬意。強大的法國陸軍在數千輛裝甲車的衝擊下大部分潰敗撤退了。難道不可以說，文明的事業本身將由數千名飛行員的技藝和忠誠來保衛嗎？

有人告訴我們，希特勒先生計劃入侵英倫三島。歷史上也有人曾這樣打算。當年拿破崙帶著他的平底船和大軍在布洛涅駐紮了一年後，有人對他說，「英國那邊的雜草很頑強。」自從英國遠征軍歸來後，這種「雜草」顯然更多了。

目前，我們在英國的兵力遠超本次及上次大戰中的任何時期，這個事實無疑對抵抗入侵的本土防禦大有裨益，但不能止步於此。我們不能僅僅滿足於防禦戰。我們對盟國肩負著責任，必須重建並重組由勇敢的戈特勳爵指揮的英國遠征軍。這一切正在進行中；然而，在此期間，我們必須將本土的防禦組織得更為嚴密，以便以最少的人力確保安全，同時最大限度地推動攻勢行動。我們正在落實這方面的計畫。

在結束語中，我提到了一段話，正如未來將會見證的，它對美國的決策產生了及時且重要的影響。

儘管廣袤的歐洲土地及眾多古老而著名的國家已陷入或可能淪陷於祕密警察的掌控及納粹統治的邪惡機構之中，我們依然堅定不移，無所畏懼。我們將戰鬥到底。我們將在法國奮戰，在鄰近海域與無垠大洋中奮戰，以愈加堅定的信心和愈加強大的力量在空中奮戰；我們將不惜一切代價保衛我們的家園，我們將在海灘奮戰，在敵軍登陸之處奮戰，在田野和街道上奮戰，在山區奮戰；我們絕不投降；即便我們的島嶼或大部分地區被征服並陷入飢餓——我從未相信這樣的事會發生——我們的海外帝國臣民，在英國海軍的武裝和庇護下，將繼續抗爭，直至新大陸在上帝認為合適的時刻，傾盡全力，拯救並解放這片舊大陸。

第六章
戰場競逐

　　自加里波第和加富爾時代起，英國與義大利之間的友誼便已萌芽。每當義大利北部逐步從奧地利的統治下解放，以及義大利朝向統一和獨立邁進的每個階段，維多利亞時代的自由主義者都表示了深切的關注和支持。這種情感已發展為一種長久而緊密的連繫。在義大利、德國和奧匈帝國之間最初簽訂的三國同盟條約中明確規定，無論何種情形，義大利都不會與大不列顛交戰。在第一次世界大戰中，義大利加入協約國的決定受到英國影響最大。墨索里尼的上臺及其作為反布爾什維克主義而主張的法西斯主義，在最初階段，引起了英國輿論的分歧，但這並未動搖兩國人民之間深厚的友誼。我們曾看到，在墨索里尼計劃侵略衣索比亞之前，他曾與英國共同反對希特勒和德國的野心。我之前曾提及，鮑德溫和張伯倫對衣索比亞的政策帶來了最糟糕的後果；我們與義大利的獨裁者關係疏遠但未削弱其權力；未能援救衣索比亞對國際聯盟的損害有多大。在姑息政策期間，張伯倫、塞繆爾·霍爾爵士和哈利福克斯勳爵曾真誠地嘗試與墨索里尼重修舊好，但最終無果。最終，墨索里尼愈加自信，認為英國已走向衰落，義大利在德國的幫助下可以在大英帝國的廢墟上重建未來。隨後，柏林－羅馬軸心形成，顯然預示著義大利將在戰爭爆發的首日加入對抗英國和法國的行列。

　　倘若墨索里尼在讓自己和他的國家決定應許承諾之前稍稍謹慎一些，他必定會先觀察戰爭的走向。等待策略絕非毫無益處。交戰雙方都爭取義大利的支持，義大利的利益獲得了其他國家的充分尊重，並簽署了多項有

第六章　戰場競逐

利協定，同時也贏得了加強軍備的時間。如此，局勢不明的幾個月就這樣過去了。如果義大利繼續維持這種政策，其命運究竟如何，仍值得我們揣測。美國可以利用其大量美籍義大利人的選票，清楚地向希特勒示意：若以武力強迫義大利站在他一邊，將引發極其嚴重的後果。保持中立可帶來和平、繁榮及持續的國力成長。若希特勒與蘇聯發生衝突，這種良好狀態幾乎可以無限期延續，益處愈加顯著；無論在和平時期或戰爭結束的那一年，墨索里尼都將成為這個陽光普照的半島及其勤勞富裕人民歷史上唯一稱得上最賢明的政治家。此種情形遠比他後來遭遇的實際情況要好得多。

在 1924 年後的數年間，擔任鮑得溫內閣財政大臣期間，我竭盡全力維護義大利與英國之間的傳統友誼。我與沃爾皮伯爵達成的債務結算協定，比對法國的條件要寬厚得多。伯爵對此表示了最誠摯的感謝，我也費盡心力才婉拒了他授予的最高榮譽勳章。此外，在法西斯主義與布爾什維克主義的衝突中，我的立場和信念毫無疑問。當我於 1927 年兩度會晤墨索里尼時，我們的個人關係親密和諧。在衣索比亞問題上，除非最終走向極端並準備開戰，否則我絕不會鼓勵英國與他決裂，或推動國際聯盟反對他。儘管英國輿論不支持我倡導的重整軍備主張，墨索里尼和希特勒都理解並尊重這個立場。

目前我們正面臨法國戰事慘敗的危機，作為首相，我顯然有責任全力以赴，力求讓義大利置身於戰爭之外；儘管我對此不抱太大希望，但我仍立即動用了所有可用的手段與影響來實現這個目標。在我擔任政府首腦 6 天後，按照內閣的意願，我給墨索里尼寫了一封呼籲信；這封信連同他的回信一起，在兩年後於不同的背景下被公布。

首相致墨索里尼先生

1940 年 5 月 16 日

如今我已擔任首相與國防大臣，回想我們在羅馬的會晤，我十分希望

跨越這日益擴大的裂隙，向你這位義大利領袖表達我的友好意願。是否還有機會阻止英、義兩國人民之間的流血衝突呢？我們之間的敵對關係，無疑會導致雙方的慘重損失，並使地中海上空烏雲密布。若你堅持如此行事，結果將如預料般慘烈；然而我向你宣告，我從未視偉大的義大利為敵，也從未想過與義大利的統治者為敵。目前歐洲的激烈戰爭局勢難以預測，但我堅信，無論歐洲大陸上發生何事，英國必將堅持到底，即使孤軍奮戰，也會堅持下去。我有信心，我們將獲得美國，甚至整個美洲越來越多的支持。

我鄭重發出這個呼籲，並非由於力量的薄弱或內心的恐懼，這將被歷史銘記。超越幾個世紀以來所有其他訴求的，是這樣一種呼聲：拉丁文明和基督教文明的共同繼承者不應陷入你死我活的對抗。請在可怕的訊號發出之前傾聽這一點，我以一切的榮譽和尊重懇請你。我們絕不應發出這樣的訊號。

這封信雖然冷淡，但至少坦率直言。

墨索里尼先生致首相

1940 年 5 月 18 日

我之所以回覆你的信件，是為了告知你，你必然了解使我們兩國處於敵對狀態的歷史性和偶然性的重要原因。不需追溯太久，我願意在此提醒你，貴國政府於 1935 年在日內瓦率先提議對義大利實施制裁，而當時義大利僅僅是為了在非洲的陽光下獲得一塊小空間，並未損害貴國或其他國家的利益和領土。我也提醒你關注義大利在自身領海中被奴役的真實狀況。如果貴國政府對德宣戰是為了提升你們的聲譽，那麼，你應當清楚，無論發生何事，我們對義、德條約的同樣榮譽感和尊嚴感也將引領義大利當前和未來的政策。

第六章　戰場競逐

　　從這一刻起，我們對墨索里尼計劃在對他最有利的時機加入戰爭已無疑問。事實上，當法國軍隊的失敗顯而易見時，他便下定了決心。5月13日，他告知齊亞諾，他將在一個月內對法國和英國宣戰。5月29日，他通知義大利三軍參謀長，他已正式決定在6月5日之後的任何合適時機宣戰。應希特勒的要求，宣戰日期被推遲到6月10日。

　　1940年5月26日，北方各集團軍的前景岌岌可危，誰能成功突圍尚無人敢下斷言；此時，雷諾飛抵英國，與我們商討這個令我們憂慮的問題。必須預見義大利隨時可能宣戰的局面，這將為法國增添一條新的戰線，一個新的敵人將如凶猛的餓狼般自南方襲來。如何勸阻墨索里尼改變決策呢？這成為當前的難題。我認為無計可施，而法國總理則認為可嘗試，但他提出的每個論述反倒讓我更加確信無望。然而，雷諾在國內承受著巨大的壓力，而我們則願意充分考慮盟國的處境，其唯一的防衛力量——陸軍，正在崩潰。雷諾詳細披露了他訪英的整個過程，尤其是他的談話內容。哈利福克斯勳爵、張伯倫先生、艾德禮先生和艾登先生也參與了會談。儘管無需陳述嚴峻的事實，雷諾先生卻明確表示法國可能退出戰爭。他本人願意繼續抗爭，但始終存在這樣的可能性：不久後他或許會被一個性格迥異的人替代。

　　依照法國政府的建議，我們於5月25日共同請求羅斯福總統進行調解。在寫給羅斯福的信中，英、法兩國授權他表示：我們意識到義大利在地中海地區的領土問題上對我們心存怨恨，並計劃立即考慮接受任何合理的訴求；盟國將允許義大利以與其他交戰國平等的身分參與和平會議；同時，我們將邀請總統監督當前已簽訂所有協定的執行狀況。總統接受了請求，但他提出的意見遭到義大利獨裁者的粗暴拒絕。在我們與雷諾會談時，已收到總統的回覆。法國總理提出了更明確的建議。顯然，若依其建議糾正義大利在「其領海中被奴役的狀況」，勢必影響直布羅陀和蘇伊士

的地位。法國亦願就突尼西亞問題作相對讓步。

我們對這種觀點完全無法認同。這並非因為它們不值得考慮，也不是因為此時此刻義大利參戰與否似乎不值得花費如此巨大的代價。依我之見，鑑於我們當前的處境，若我們失敗，墨索里尼可以自行索取任何他想要的東西，或由希特勒贈予。在瀕臨絕境時，與人談判是相當困難的。一旦我們開始與對方進行友好的調解，我們就可能削弱繼續戰鬥的能力。我發現我的同僚們非常堅定，毫不動搖。我們的計畫傾向於在墨索里尼宣戰之際，立即轟炸米蘭和都靈，以觀察他的反應。雷諾內心並不反對這樣的行動，他似乎被我們的論點說服了，或者至少對我們的意見感到滿意。我們能對他承諾的，最多是將此事提交內閣討論，並在次日給他明確的答覆。雷諾和我在海軍部單獨共進晚餐。

下述電文（大部分由我措辭）反映了戰時內閣的決議：

首相致雷諾先生

1940 年 5 月 28 日

1. 我與同事們以極其謹慎且富有同情心的態度審視了你今日提交給我關於對墨索里尼先生進行某些具體讓步的建議，我們完全理解雙方當前所面臨的嚴峻形勢。

2. 自從我們上次討論此事後，發生了新的事態：比利時軍隊的投降，這使得我們的形勢大為不利，因為顯然，從海峽港口撤退布朗夏爾將軍和戈特將軍的部隊，已成為一大難題。此不幸事件的首個影響是：在此時刻，德國不可能提出任何可接受的條件，並且無論是我們還是你們都不願在戰爭進行到最後關頭之前犧牲我們的獨立。

3. 上星期日，哈利福克斯勳爵所制定的計畫中提議，如果墨索里尼願意與我們合作以推動歐洲問題的解決，確保我們的獨立並為歐洲建立公正且持久的和平基礎，我們便準備討論他在地中海的要求。為了吸引他擔任

第六章　戰場競逐

調停者，你目前提出增加某些特別的讓步條件，我認為這些條件無法打動墨索里尼先生，而且，一旦這些條件被提出，往後將很難撤回。

4. 我和我的同事們堅信，墨索里尼先生早已預見到他將在最後關頭扮演這個角色；毫無疑問，他希望透過調停為義大利爭取豐厚的利益。然而，我們認為，在此時此刻，當希特勒因勝利而得意忘形，並確信盟軍的抵抗即將迅速而徹底崩潰時，墨索里尼建議召開會議的提議難以奏效。我還要提醒你，我們聯合請求美國總統的建議已經被完全拒絕，另外，哈利福克斯勳爵上週六向義大利駐英國大使提出的方案也未獲答覆。

5. 因此，雖然我們不完全排除未來某個時機與墨索里尼洽談的可能，但我們認為當前時機並不合適。此外，我必須補充說明，在我看來，這對英國人民當前堅定不屈的士氣將帶來極其危險的影響。至於對法國的影響，你自己應能作出最佳判斷。

6. 你或許會詢問如何扭轉這個局面？我的回答是：即便失去了兩個北方集團軍和比利時盟國的支持，只要我們展現出堅定的信念，便能立即增強談判的地位，並贏得美國的讚賞，甚至可能獲得物質援助。此外，我們相信，只要我們兩國團結一致，我們無敵的海軍和空軍（空軍每天摧毀大量德國戰鬥機和轟炸機）便可以持續對德國的國內生活施加壓力，以維護我們的共同利益。

7. 我們有理由相信，德國人也在爭取時間。他們所遭受的損失、面臨的困境以及對我們空襲的恐懼，正在削弱他們的勇氣。若我們倉促承認失敗，就將失去即將贏得戰爭光榮結果的良機，導致一場悲劇。

8. 在我看來，若我們兩國能堅持到底，便能避免步上丹麥或波蘭的命運。我們的成功首先取決於團結，其次需要勇氣和耐心。

這並未阻止法國政府在數日後直接向義大利提出領土讓步，而墨索里尼對此表現出輕蔑態度。6月3日，齊亞諾告訴法國大使：「墨索里尼對透過和平談判從法國收回任何領土的建議不感興趣。他已決定對法宣戰。」

這正如我們所預料。

目前，我每天都發出一系列指令，確保一旦墨索里尼發起這種卑劣的攻擊時，能夠立刻進行反擊。

首相致伊斯梅將軍

1940 年 5 月 28 日

請將以下指令提交給參謀長聯席會議：

1. 一旦義大利參戰，我們在攻擊駐紮於衣索比亞的義大利軍隊、支援衣索比亞起義軍以步槍與金錢，以及全面擾亂該國方面，究竟採取了哪些行動？

我知悉史末資將軍已派遣一支南非聯邦旅前往東非。該旅抵達了嗎？何時能到？還有什麼其他安排？包括青尼羅州軍隊在內，喀土穆駐軍的實力如何？這正是衣索比亞人在盟軍協助下自我解放的良機。

2. 在義大利宣戰之後，如果法國仍然是我們的盟友，那麼由英、法組成的聯合艦隊從地中海兩端發動攻勢，對義大利進行正面的打擊，顯然是最為合適的策略。在戰爭初期，應與義大利的海軍和空軍同時交戰，以評估它們的能力究竟如何，並觀察自上次大戰以來是否有任何變化，這一點至關重要。不應接受地中海艦隊總司令所考慮的純防禦性策略。除非義大利展現出強大的戰鬥力，駐紮在亞歷山大港的艦隊應迅速採取突襲和冒險行動，這遠比維持明顯的防禦姿態更為優越。在這個關鍵時刻，必須在各個戰場上實施冒險行動。

3. 我估計，若法國宣布中立，海軍部定有相應的對策。

首相致伊斯梅將軍（及其他人）

1940 年 5 月 29 日

我們必須盡快從巴勒斯坦撤回 8 個營。我認為運兵船已經無法通過地中海。因此只能在紅海和波斯灣之間做出選擇。今天下午可以研究這兩條

第六章　戰場競逐

路線的其中一條（穿越沙漠到波斯灣），並應諮詢海軍部的意見，請將所需時間和安全情況向我報告。澳洲軍隊可暫時留在巴勒斯坦，但高級專員及其他人員必須服從國家的最高需求。

這批士兵是否可以由大郵輪以極高速從好望角運送，應交由海軍部裁定。

首相致海軍大臣

1940 年 5 月 30 日

一旦義大利宣戰，我們將採取什麼措施去扣押它的所有船隻？在英國港口有多少義大利船隻，海上和外國港口的義大利船隻應如何處理？請你立即將此信轉交有關部門。

在前述 5 月 31 日於巴黎召開的最高軍事會議上，雙方一致認為盟軍應迅速對義大利境內選定的目標發起攻勢，並決定法國與英國的海軍及空軍人員應協調他們的計畫。我們還達成共識，若義大利侵略希臘（已有此跡象），必須確保克里特島不被敵軍占據。我在備忘錄中進一步闡明了這一點。

首相致空軍大臣和空軍參謀長

1940 年 6 月 2 日

鑑於對里昂和馬賽的潛在襲擊，我們在對義大利宣戰時，必須用重型轟炸機予以回擊。因此，我認為，這些重型轟炸機中隊應在得到法國的許可並且後勤部隊準備妥善後，盡快飛往法國南部機場。

請在今晚的會議中告訴我你們的建議。

首相致空軍大臣和空軍參謀長

1940 年 6 月 6 日

若戰爭爆發，或接到無禮的最後通牒，我們應立刻對義大利發動攻擊，這點至關重要。請向我報告開往法國南部機場後勤部隊的具體位置。

齊亞諾尤為支持義大利早期所制定的一項計畫，即在歐洲的軍事行動應以對南斯拉夫的進攻為界限，這樣不僅能鞏固義大利在東歐的影響力，還能提升潛在的經濟地位。墨索里尼本人也曾經一度對這個構想表示贊同。格拉齊亞尼記述道，領袖在 4 月底告訴他：「我們必須迫使南斯拉夫屈服；我們需要原材料，必須從它的礦藏中獲取。因此，我的策略指示是：在西方（法國）採取防禦姿態，而在東方（南斯拉夫）發動進攻。請準備對此問題進行研究。」格拉齊亞尼表示，他曾極力勸告，義大利軍隊裝備不足，尤其是大炮短缺，切勿重蹈 1915 年伊松佐戰役的覆轍。也有政治上的論述反對這個計畫，德國當時竭力避免在東歐引發動盪，擔心激怒英國在巴爾幹的行動，並可能無意間促使俄國在東歐採取進一步行動。那時，我對義大利政策的這個情況並不知情。

首相致外交大臣

1940 年 6 月 6 日

此前，我反對因義大利可能攻擊南斯拉夫而與之開戰。我想觀察這是否會對南斯拉夫的獨立構成重大威脅，或者義大利僅僅想在亞得里亞海獲取一些海軍基地。然而，局勢已然改變。義大利不斷威脅要與英國和法國直接對抗，而非透過「後門」進行。我們與義大利的關係破裂已迫在眉睫，與南斯拉夫無關。因此，似乎我們的最佳策略是在此時機動員巴爾幹。你是否對此進行過思考？

儘管美國竭盡全力（赫爾在其回憶錄中對此有感人描述），但未能使墨索里尼改變立場。當最後時刻來臨時，我們已經為應付這個新的攻擊和

第六章　戰場競逐

　　爭端做好了充分準備。1940 年 6 月 10 日下午 4 點 45 分，義大利外交部長通知英國大使，義大利自當日午夜起與英國處於戰爭狀態。法國政府也收到了相同的照會。當齊亞諾將照會遞給法國大使法蘭索瓦-蓬塞時，法蘭索瓦-蓬塞先生邊走向門口邊說：「你們將會發現德國人是個難以伺候的主人。」墨索里尼在羅馬陽臺上向組織好的群眾宣布，義大利與法國和英國已經交戰。據說，齊亞諾後來聲稱這是「5,000 年才有一次的機會」。這樣的機會雖屬稀有，但不一定是良機。

　　義大利迅速對駐紮在阿爾卑斯地區的法軍發起進攻，而大不列顛則立刻向義大利宣戰。被困在直布羅陀的 5 艘義大利艦艇被扣押，海軍接到命令，截獲所有義大利船隻並將其引至我方港口。6 月 12 日晚，我方轟炸機從英國起飛，經過長途飛行（輕載飛行）後，在都靈和米蘭投下首批炸彈。我們預期，一旦可以使用法國馬賽的機場，就能投放更強力的炸彈。

　　在此簡要論述法、義戰役或許較為便利。法國僅能動員 3 個師的軍隊和略多於 3 個師的要塞部隊，抵擋義大利西部集團軍從阿爾卑斯山口及里維埃拉海岸發起的進攻。該集團軍在翁貝托親王的指揮下共有 32 個師。此外，德國強大的裝甲師團迅速沿羅納河谷南下，即將切斷法國的後方。儘管如此，義大利人遭遇了抵抗，甚至在新陣線的每一處都被法國的阿爾卑斯部隊牽制住，巴黎已經陷落、里昂也落入德軍之手後，義軍仍無法推進。當希特勒與墨索里尼於 6 月 18 日在慕尼黑會晤時，這位義大利領袖毫無戰功可以誇耀。因此，義大利於 6 月 21 日發起新攻勢。然而，法軍的阿爾卑斯陣地難以攻破，義軍對尼斯的主力攻擊停滯在芒通的郊外。儘管法軍在東南邊境保住了榮譽，德國卻從南面切斷了法軍後路，使其無法繼續戰鬥，同時，與德國簽訂的停戰協定也附帶法國要求義大利停止敵對行動的條款。

　　或許，我可以用不幸的齊亞諾在被他的岳父下令處決前不久寫給我的

一封信來結束我對義大利悲劇的敘述。

邱吉爾先生：

維羅納，1943 年 12 月 23 日

或許你不會感到意外：在我生命即將結束之際，我想向你傾訴心聲，因為我對你的敬佩無以復加，把你視作十字軍的勇士，儘管曾有段時間你對我說過不公正的話。

在背棄祖國和違反人道的罪行中，以及與德國人並肩作戰時，我從來不是墨索里尼的同謀。事實正好相反，若說我去年 8 月在羅馬失聯，那是因為德國人讓我相信我的孩子們正處於極大的危險中。他們口頭承諾將我送往西班牙，但卻違背我的意願，將我與家人流放至巴伐利亞。如今，我在維羅納的牢獄中已近 3 個月，遭受黨衛軍的殘酷折磨。我的末日已然逼近。有人告知我，數日之內我的死期將被決定，而在我看來，這正好能使我免於每日的痛苦。我寧願死去，也不願見到義大利在德國軍隊的統治下遭受恥辱與無法彌補的損害。

我如今要為自己的過失贖罪：我曾親眼目睹並極度厭惡希特勒及德國人為了發動這場戰爭而進行所有冷酷無情的準備。在祕密會議中，只有我這個外國人親眼見證了這些惡徒如何策劃將世界拖入戰火。他們現在計劃除掉這個危險的目擊者，但他們判斷錯誤，因為我早已將我的日記和文件存放在一個安全之處。相比於我本人，這些紀錄更能揭示他們的罪行，並證明後來墨索里尼因虛榮和對道德價值的漠視而加入他們的行徑。

我已經安排妥當，在我去世後，這些文件（佩西·洛恩爵士出使羅馬時已知曉這些文件的存在）將迅速由盟國的報紙刊登。

或許我今日所能提供給你的只不過是微不足道的一點忠告，但這已是我所有的全部意識，以及我願將生命奉獻於自由與正義事業的決心，我堅信這份事業終將取得勝利。

第六章　戰場競逐

　　我的證詞應當公諸於眾，使世界了解、銘記並憎惡，並且使那些對未來將紀載這段歷史的人不容忽視的這個事實：義大利的不幸並非其人民的過錯，而是由於某個人的可恥行為。

耑此、順頌　格‧齊亞諾

　　1940 年 6 月 10 日晚間，羅斯福總統發表了一次演說。接近午夜，我與幾名軍官在海軍部的作戰室中聆聽，當時我仍在海軍部工作。他猛烈譴責義大利，稱「1940 年 6 月 10 日這天，持刀者將匕首刺入鄰居的背後。」室內隨即響起了滿意的歡呼聲。我不清楚即將到來的總統選舉中，美籍義大利人的投票會如何，但我明白，羅斯福是一位經驗豐富的美國政治家，為達成他的目標，從不畏懼冒險。這篇演說極為出色，充滿情感，帶來了希望的消息。在印象深刻之際，我在入睡前寫信給總統表達謝意。

前海軍人員致羅斯福總統

1940 年 6 月 11 日

　　昨夜，我們都傾聽了你的演講，你宣言中展現的宏偉願景增強了我們的信心。你關於美國將向正在鬥爭中的盟國提供物質援助的宣告，為那些處於黑暗但尚未絕望的盟國帶來了強而有力的激勵。我們務必全力以赴並確保法國繼續奮戰，避免有任何一絲認為巴黎一旦陷落就是談判時機的念頭。你激發的希望將賦予他們堅持的力量。他們應繼續保衛每一寸土地，充分發揮陸軍的戰鬥力。這樣，希特勒的速戰速決策略將被挫敗，戰爭的氣勢就會轉向有利於我方，我們已經做好準備，全力抵禦他的侵略，捍衛我們的國土。由於成功撤離英國遠征軍，我們並不缺乏士兵，一旦各師獲得更適合於歐洲大陸作戰的裝備後，就將派遣至法國。

　　我們的計畫是在法國部署一支強大的軍隊，進行 1941 年的戰事。關於航空器，包括飛船，我已向你發去電報，它們在大不列顛當前的生死存亡之戰中是我們急需的，然而驅逐艦的需求更為緊迫。義大利的暴行迫使

我們必須擁有驅逐艦來應付更多可能進入大西洋的潛艇，且這些潛艇可能在西班牙的港口設立基地。唯一能夠有效對抗潛艇的艦艇就是驅逐艦。對我們而言，最為重要的是獲取你們為我們重新裝備的 30 或 40 艘舊式驅逐艦。我們可以迅速為它們裝備我們的潛艇探測器，以在我們戰時新建艦艇下水前的 6 個月內彌補我們艦艇數量上的不足。無論何時你需要這些艦艇，請提前 6 個月告知，我們定會將原艦或價值相當的艦艇歸還，絕不延誤。未來的 6 個月至關重要。如果我們既要防衛東海岸免受敵軍入侵，又須應付德、義潛艇對商船的新一輪猛烈攻擊，我們將難以勝任，海上交通，關乎生存，可能被切斷。我們不能損失任何一日。我與同僚對你們為共同事業所做的努力與付出深表感謝。

競逐的場面展開了，然而墨索里尼並非唯一的掠食者。與狼共謀的還有熊。

我之前曾經提及英、蘇關係在戰爭爆發及敵對行動開始前的狀況。在俄國入侵芬蘭期間，蘇聯與英、法的關係實際上已接近破裂。此時，德國與俄國在其利害衝突的允許範圍內密切合作。作為極權主義者，希特勒與史達林有許多相似之處，兩國的政府體制也相當雷同。在每個重要場合，莫洛托夫總是對德國大使舒倫堡伯爵面露微笑，冒失地贊同德國的政策，並稱讚希特勒的軍事行動。當德國進攻挪威時，他於 1940 年 4 月 7 日表示，蘇聯政府理解德國是被迫採取此舉；稱英國人確實做得太過分，完全忽視了中立國的權利……「我們希望德國在其防禦措施中取得完全成功。」

1940 年 5 月 10 日上午，希特勒費盡心思將其對法國及中立的荷蘭、比利時、盧森堡三國的進攻通知了史達林。舒倫堡寫道：「我拜訪了莫洛托夫。他對這個消息表示讚賞，並表示理解德國必須反抗英、法的攻擊以自衛。他毫不懷疑我們將會取得成功。」

第六章　戰場競逐

儘管在戰爭結束之前，他們說話內容的真正含義無法得知，但我們對俄國的態度並不抱有幻想。我們仍舊採取一種耐心的政策，試圖與俄國重建互信，將希望寄託於事態的發展和俄、德之間的根本對立。我們認為，聰明的策略是利用斯塔福·克里普斯爵士的才幹，任命他為駐莫斯科大使。他願意接受這個前途黯淡且無成功希望的任務。當時，我們尚未充分意識到，蘇聯共產黨對極左翼政治家的厭惡甚至超過對保守黨或自由黨人士的厭惡。一個人在情感上越接近共產主義，便越受蘇聯人的排斥，除非他加入了黨。蘇聯政府同意接納克里普斯為大使，並向他們的納粹夥伴解釋了此舉。5月29日，舒倫堡向柏林報告稱，「蘇聯非常願意用木材交換英國的橡膠和錫。克里普斯出使蘇聯，沒有值得擔憂的理由，因為沒有理由懷疑蘇聯對我們的忠誠態度，並且蘇聯不改變其對英政策的方向，因此對德國或德國的重大利益絕無危害。此間沒有任何跡象表明，最近德國的成功在蘇聯政府中引發了對德國的驚慌或恐懼。」

法國的崩潰和法軍的覆滅，以及西方力量均勢的瓦解，本應在史達林的心中引發某種迴響，然而，蘇聯的領導層似乎對潛在的危機毫無警覺。在6月18日法國全面失利之際，舒倫堡報告稱，「莫洛托夫今晚邀我前往他的辦公室，代表蘇聯政府對德國武裝力量的輝煌成就致以最熱烈的祝賀。」自此，幾乎整整一年後，同樣的武裝力量，出乎蘇聯政府的預料，將猛烈的炮火和鋼鐵傾瀉在俄羅斯的國土上。我們現在才知曉，希特勒在1940年擊敗法國僅4個月後，便果斷決定對蘇聯發動殲滅戰，那些曾被蘇聯熱情祝賀的德軍，向東展開了漫長、龐大且祕密的進攻。蘇聯政府及其共產黨代理人，以及他們在全球的盟友，在反思他們的誤判和過往行為後，不得不呼籲開闢第二戰場；而曾被他們視為必將滅亡和受奴役的英國，卻將在這個第二戰場中扮演關鍵角色。

然而，我們比那些無情的策劃者更能準確地預見未來，比他們更清楚

他們所面臨的危險和利益。這是我首次致信史達林。

首相致史達林先生

1940 年 6 月 25 日

在歐洲局勢瞬息萬變之際，我欲借你接見英王陛下新任大使之機，請其代為呈遞一封我親筆致你的信函。

從地理位置上來說，我們兩國處於歐洲的兩端；從政治制度的角度看，可以說我們兩國象徵著截然不同的政治思想體系。然而，我堅信，這些事實並不會阻礙我們兩國在國際舞臺上實現和諧與互惠的關係。

必須承認，最近一段時間內，我們的關係因彼此猜忌而遭受損害。去年 8 月，蘇聯政府出於本身利益的考量，決定終止與我們的交流，並與德國建立緊密關係，因此，德國在幾乎成為英國敵人的同時也成了貴國的盟友。

然而，自那時起，一個新因素出現，使我有理由設想，兩國或許願意重建先前的連繫，以便在需要時，我們可以就那些必然對雙方都有利害關係的歐洲事務進行討論。目前，全歐洲（包括我們兩國）面臨的問題在於歐洲的國家和人民將如何回應德國在大陸建立霸權的局勢。

由於我們兩國位於歐洲兩端而非中心，所以我們享有獨特的地位。其他國家在地理上不如我們幸運，因此我們更能有效地抵禦德國的霸權；正如你所知，英國政府確實希望利用其地理優勢和豐富資源實現這個目標。

事實上，大不列顛的政策主要集中在兩個目標：一是防止英國受到納粹政府試圖施加的日耳曼統治；二是解放歐洲其他地區，擺脫德國正在進行的全面控制。

德國在歐洲建立霸權是否會對蘇聯的利益構成威脅，這個問題只能由蘇聯自行判斷。如果確實構成威脅，那麼如何有效地進行防衛，也需由蘇聯自行決定。然而，我已感受到當前歐洲（實際上是全球）所面臨的嚴重

第六章　戰場競逐

危機，因此，我認為有必要向你坦誠地傳達英國政府的感受。我希望透過這樣的方式，能夠確保蘇聯政府在與斯塔福‧克里普斯爵士進行任何談判時，不會誤解英王陛下政府的政策，或對英國政府願意就德國在歐洲推行階段性征服和吞併的嚴密計畫進行廣泛問題磋商的意願。

毫無意外，我沒有收到回覆，而我也不曾指望能有回覆。斯塔福‧克里普斯爵士已安全抵達莫斯科，並與史達林進行了一場完全禮儀性的冷淡會晤。

在此時，蘇聯政府全力以赴地獲取戰利品。1940 年 6 月 14 日，恰逢巴黎陷落之日，莫斯科向立陶宛發出最後通牒，指責其與其他波羅的海國家策劃反蘇的軍事陰謀，要求其全面改組政府並在軍事上作出讓步。次日，紅軍入侵立陶宛，斯梅托納總統逃往東普魯士。拉脫維亞和愛沙尼亞也遭遇相同命運。親蘇政府必須立刻建立，並允許蘇軍駐紮在這些小國境內，抵抗無從談起。拉脫維亞總統被流放至俄國，維辛斯基先生抵達里加，任命了一個臨時政府，進行新的選舉。在愛沙尼亞同樣如法炮製。6 月 19 日，日丹諾夫抵達塔林，建立了相似的政權。從 8 月 3 日至 6 日，克里姆林宮將波羅的海各國納入蘇聯體系，拋棄了親蘇、友好和民主政府的假象。

1940 年 6 月 26 日晚上 10 時，俄國向羅馬尼亞駐莫斯科公使遞交了最後通牒，要求割讓比薩拉比亞和布科維納省北部，並要求次日立即回應。儘管俄國此舉威脅了德國在羅馬尼亞的經濟利益，德國卻受制於 1939 年 8 月簽訂的德、蘇條約而無法採取任何行動；該條約承認俄國在東南歐這些地區的獨占政治利益。因此，德國政府勸說羅馬尼亞屈從。6 月 27 日，羅馬尼亞軍隊從上述兩省撤出，領土落入俄國之手。蘇聯軍隊現已穩固駐紮於波羅的海沿岸和多瑙河河口。

第七章
重返法國戰局

1940年6月4日至6月12日

當人們得知有多少人已經成功從敦克爾克撤離時,整個島嶼和大英帝國都籠罩在一種如釋重負的氛圍中。那種強烈的寬慰之情幾乎讓人誤以為取得了勝利。25萬陸軍菁英安然回國,這代表著我們多年遭遇挫敗旅程中的一個重要里程碑。南方鐵路局、陸軍部調動司以及泰晤士河口各港口的工作人員,尤其是多佛爾港的員工,進行了卓越的安排,使得20多萬人能夠在此登陸,並迅速被分送至全國各地,這無疑是一個值得高度讚揚的成就。軍隊返回時,除了攜帶步槍、刺刀和幾百挺機關槍之外,幾乎一無所有,我們立即給予他們7天假期,讓他們返回家中。與家人團聚的喜悅並未超過他們渴望盡快與敵人再次交鋒的堅定決心。那些曾在戰場上與德軍交手的人堅信:如果有機會,他們定能擊敗敵人。他們士氣高昂,很快便重返各自的團和營。

所有的大臣和各部官員,無論是常任的或新選拔的,都以滿腔信心和活力不分晝夜地工作,除此之外,還有許多感人至深的故事。我個人感到精神振奮,能夠遊刃有餘地運用我一生累積的知識。陸軍的得救讓我欣喜若狂。我每天向各部下達應完成的任務,並向戰時內閣呈交報告。伊斯梅將指示傳遞給參謀長委員會,布里奇斯則將報告和指示分別送到戰時內閣和相關部門。錯誤被糾正了,缺陷也得到了彌補。雖然修改是常態,但大約有90%的內容得以實施,其速度和效率是任何獨裁制度無法企及的。

第七章　重返法國戰局

以下是我在確認陸軍已經成功撤離敦克爾克時的最初念頭。

首相致伊斯梅將軍

1940 年 6 月 2 日

國防部長向參謀長聯席會議發送的備忘錄。

隨著英國遠征軍的成功撤退，國內防禦態勢發生了根本性轉變。一旦遠征軍各單位按照本土防衛計畫重組，我們將擁有一支數量龐大且訓練有素的軍隊，足以應付大規模的襲擊。即便敵軍來襲人數達到 20 萬，我們也能應付自如。基於首批 1 萬人的基礎，每增加一次人數，敵人入侵的難度、風險和損失也會相對增加。我們必須立即以新的視角審視局勢。某些問題需要審慎考慮，主要由陸軍部負責，但聯合參謀部也應參與其中：

1. 需要多長時間才能賦予英國遠征軍新的作戰能力？

2. 應以何種方案進行改編？是否應首先在本土實施，然後再考慮派遣至法國？從整體角度來看，我支持這個方案。

3. 在法國的英國遠征軍需要立即整編，否則法軍將停止作戰。即便巴黎陷落，仍需敦促他們繼續大規模游擊戰。應當策劃在布列塔尼半島建立橋頭堡和登陸區，以便展開大規模軍力。我們必須制定計畫，向法國人展示，只要他們堅持，就會有希望。

4. 在英國遠征軍完成國內防禦重組後，立即派遣 3 個師前往法國，與我們在松姆河以南的兩個師會合，或前往任何法軍撤退的地點。是否立即派遣加拿大師則仍需考慮。請提供一個方案。

5. 若我們能在一週前預見敦克爾克撤退的狀況，納維克的局勢將會有所不同。即便是現今，是否讓一支部隊在當地自給自足地駐留數週，仍需重新審視。我對頻繁調整策略的弊端與風險印象深刻。對經濟作戰大臣的信件及幾日前總司令的電報，必須進行最終的權衡。

6. 請海軍部提供驅逐艦隊的最新報告，並註明 6 月分已抵達或預計抵

達的增援艦數量，以及預計完成維修的艦隻數量。

7. 目前，可以安排在巴勒斯坦的 8 個正規營由從印度調來的 8 個土著士兵營接替，以便這些正規營能調回國內，成為新英國遠征軍的核心力量。

8. 一旦澳洲軍隊登陸後，大船需即刻返航，運送 8 至 10 個營的本土防衛隊至孟買。這些船隻應從印度帶回第二批 8 個營的正規軍，然後從英國運送第二批 8 至 10 個營的本土防衛隊至印度。應考慮將同一原則適用於駐印度炮兵的調動。

9. 我軍裝備的損失將迫使英國遠征軍原計劃在 12 個月內擴充 20 個師的目標，調整為在 18 個月內最多增加 15 個師。然而，我們必須制定一項計畫，向法國人提議。該部隊的主力應包括裝甲師、第 51 師、加拿大師和兩個師的本土防衛隊，並於 7 月中旬交由戈特勳爵指揮；此外，再增加 6 個師，這 6 個師由 24 個營的正規軍，加上本土防衛隊、第 2 加拿大師、一個澳洲師和兩個師的本土防衛隊在 18 個月內編成。或許我們還能在此基礎上有所優化。

10. 當前的優先任務是：至少應有 6 個由英國遠征軍（正規軍）組成的旅負責本土防禦。

11. 為了掩護今晚的最終撤退，是否已安排空軍的合作？此刻應能在這危急關頭減輕後衛部隊所承受的壓力。

最後，我想談談我對局勢的總體看法。由於我個人並不畏懼德軍試圖進攻英國，而是擔心德軍可能突破松姆河或埃納河的法軍防線並攻占巴黎，因此我自然地認為，德軍將會選擇後者。這種可能性因為以下事實而顯著增加：他們知道，現在大不列顛的武裝力量比以往任何時候都更為強大，他們的進攻部隊將面對的，不再是僅僅經過短期訓練的士兵，而是那些他們曾經領教過其銳不可當的士兵，這些士兵曾讓他們節節敗退，甚至在這些士兵撤退時，他們也不敢過於干擾。在未來的幾天內，當英國遠

第七章　重返法國戰局

征軍或其任何一支英國境內的部隊完成整編之前，局勢仍然必須被視為危急。

敦克爾克的撤退無疑有其較為陰暗的一面。我們失去了遠征軍的所有裝備，以及工廠此前為陸軍製造的首批武器。

即便當前計畫未遭逢敵方干擾並能按時完成，仍需耗費數個月來彌補這些損失。

與此同時，在大西洋彼岸的美國，一種強烈的情緒已經在它的領導人物心中激盪不已。斯退丁紐斯——一位在第一次世界大戰中與我在軍需部共事過的同僚的優秀兒子，我們的摯友——對於當時的情勢曾有過精準而卓越的描述。美國迅速意識到，英國陸軍的大部分已成功撤退，只是丟失了所有裝備。早在1940年6月1日，總統便指示陸軍部和海軍部向他報告，有哪些武器可以提供給英國和法國。美國陸軍的最高指揮官是參謀長馬歇爾將軍，他不僅是一位才華橫溢的軍人，同時也是一位目光遠大的領袖。他立即命令他的軍需署長和助理參謀長檢查美國所有軍械與彈藥儲備的清單。他們在48小時內便給出了答覆；6月3日，馬歇爾批准了列出的清單。第一批清單包含50萬支0.30英寸口徑的步槍，這些步槍從1917年和1918年製造後便用油脂封存了20多年。每支步槍配有250發子彈。還有900門75公釐的野戰炮，附帶100萬發炮彈，8萬挺機槍，以及其他各類軍火。斯退丁紐斯先生在他關於美國供應的鉅著中寫道：「由於時間緊迫，決定由陸軍部將清單中的物品以3,700萬美元的價格賣給一家公司，由該公司迅速轉售給英國和法國。」軍械署署長韋森少將被指派處理此事，從6月3日起，美國陸軍的所有軍械庫和兵工廠開始包裝，準備海運。那個週末，600多輛載重卡車開往紐澤西州的拉里坦陸軍碼頭，從那裡沿河而下至格雷夫森德灣。6月11日，12艘英國商船駛入該灣停泊，開始從接駁船裝貨入艙。

由於採取了這些緊急措施，當時美國僅能為180萬人提供裝備，這是美國陸軍動員計畫所規定的最低標準。雖然現今看來此舉微不足道，但在當時卻是非凡的壯舉，彰顯了美國的誠信與領導力，從本身的軍火儲備中調撥如此多的武器，援助一個許多人視為已露敗象的國家。他們對此舉永不後悔。正如下文將再次提及的，我們在7月中旬成功地將這些珍貴的武器運送過大西洋，這不僅是物質上的收益，而且在敵友雙方對英國入侵的評估中也被視為一個重要因素。

在他的回憶錄中，科德爾·赫爾先生就此事有過一段論述：

為了回應雷諾近乎哀求的支持請求，總統曾呼籲邱吉爾先生向法國提供飛機，但首相予以拒絕。布利特（美國駐巴黎大使）對此決策極為憤怒，並於6月5日向總統和我表達了他的憂慮：英國可能是在儲備其空軍和艦隊，以便在與希特勒談判時作為籌碼。

然而，總統和我對此持不同看法。法國已無力再戰，但我們堅信，在邱吉爾頑強領導下，英國將繼續奮戰。倫敦絕不會與柏林談判。就在布利特發來電報的前一天，邱吉爾在下議院發表了一篇精采的演講。……

總統和我堅信，邱吉爾的話是誠摯的。若我們對英國堅持戰鬥的決心存有疑慮，就不會採取措施給予物質援助。假如我們曾認為：在那些武器抵達英國之前，邱吉爾政府便已經向德國投降，那麼，運送武器至英國便不合情理。

6月對我們每個人而言都是極為艱難的，因為我們必須在資源匱乏的情況下同時承擔兩項互不相容的任務：一方面履行我們對法國的責任，另一方面則是在國內建立一支強大的軍隊以鞏固本土防禦。這種雙重壓力，令人感到生死攸關，嚴重至極。然而，我們始終堅持一項堅定的政策，因此內心並不感到過分緊張。首先，我們優先將訓練有素且裝備齊全的軍隊派往法國，重新編組在法國的英國遠征軍。其次，我們專注於本土防禦：

第七章 重返法國戰局

第一，重新組織和裝備常規部隊；第二，在可能的登陸點構築防禦工事；第三，盡可能進行民眾的武裝和組織；當然，還要將英帝國各地可調動的部隊盡數運回國內。當時，最緊迫的威脅似乎是德國以規模較小但機動性很強的坦克部隊在英國登陸，擾亂我們的部署，破壞我們的防禦，此外還有德國傘兵的空降。在與新任陸軍大臣安東尼・艾登密切合作中，我全力以赴地進行安排。

以下是陸軍大臣和陸軍部依據我的指示制定的陸軍整編計畫。至今已有 7 個機動旅。從敦克爾克撤離的各師已迅速完成整編，重新裝備，並已部署到各自職位。7 個旅已成功編入經過改編的師中。本土防衛隊可動員 14 個師，這些人員均在戰時接受了 9 個月的嚴格訓練，並已獲得部分裝備。其中，第 52 師已具備海外作戰能力。第 2 個裝甲師和 4 個陸軍坦克旅正在籌組，但面臨坦克短缺的問題。第 1 加拿大師則已完全裝備。

短缺的不是人力，而是武器。從塞納河南部的交通線和基地撤回的步槍超過 8 萬支，到 6 月中旬，正規軍的每位士兵至少配備一件武器。我們的野戰炮數量稀少，即使是正規軍的野戰炮也不多。所有能夠發射 25 磅重炮彈的新式大炮幾乎全部遺留在法國。能夠發射 18 磅重炮彈的炮、4.5 英寸口徑和 6 英寸口徑的榴彈炮僅剩約 500 門。巡邏戰車僅有 103 輛，步兵坦克 114 輛，輕坦克 252 輛。在步兵坦克中，有 50 輛隸屬於國內皇家坦克團的一個營，其他則在訓練學校。從未有一個大國在其敵人面前如此裝備匱乏。

自始至終，我與現任加拿大政府首腦及南非聯邦政府首腦的舊識保持著最緊密的連繫。

首相致麥肯齊·金

1940 年 6 月 5 日

　　因為英國遠征軍奇蹟般的撤退，英國的局勢顯著改善。這些部隊在重新裝備後，英國本土將擁有一支足以應付任何可能入侵的強大軍隊。敦克爾克的撤退也是英、德空軍力量的一次重要較量。儘管德國在飛機數量上占有絕對優勢，但仍未能阻止撤退，且其損失至少是我方的 3 倍。從技術角度看，英國空軍在本土防禦上空較之海外作戰享有更多便利。主要威脅當然是飛機工廠，但如果我們的空防足夠強大，使敵機只能在夜間來襲，那麼準確轟炸將變得困難。因此，我對英國在繼續作戰、防禦本土和帝國實施封鎖方面的能力充滿信心。

　　我不確定是否能夠激勵法國繼續作戰。我希望，即使在最不利的情況下，他們也能發動大規模的游擊戰。我們正在將其他部隊改編為英國遠征軍。

　　我們務必留意，不能讓美國人輕易地認為英國的瓦解近在眼前，進而相信英國的崩潰將使他們獲得英國艦隊以及大英帝國（不含大不列顛）的守護者地位。若美國參戰而英國部分領土被敵軍占領，情況自然會如上述所言演變。然而，若美國保持中立且我們戰敗，我很難預測即將上臺的親德政權會採取何種政策。

　　儘管總統與我們關係密切，但美國至今尚未提供實質性援助。我們並不期望軍事援助，但在驅逐艦或飛機領域，他們尚無重大貢獻，甚至海軍分遣艦隊也未曾造訪愛爾蘭南部港口。若能對此施壓，將大有裨益。

　　我們對您給予我們的所有支持，以及對已經參與德國潛艇戰鬥的 4 艘加拿大驅逐艦，表示由衷的感激。謹致最誠摯的問候。

　　史末資身在南非，對於島國防空的專門問題尚未掌握最新動態，因此難免仍以傳統原則解讀法國的悲劇。「將所有資源集中於關鍵點。」我有多種便利，能夠掌握事實，了解空戰司令道丁空軍上將的詳細計畫。若史末

第七章　重返法國戰局

資與我能共處半小時,讓我展示這些資料,我們的意見便會趨於一致,正如以往在處理重大軍事問題時我們常能達成共識。

首相致史末資將軍

1940 年 6 月 9 日

我們必須竭盡全力,同時採取行動:從空中打擊敵人,並迅速裝備軍隊派往法國。然而,大量派遣我們的戰鬥機參與法國的戰事是一個錯誤;若遭遇損失(當前極有可能),我們將無法繼續作戰。我認為,我們有一個更艱難、更長遠且更有希望的任務等待我們去完成。在本土抵禦德國空襲比在法國更為有利:我們可以集中強大的戰鬥機力量,並期望以一架損失換取敵人 4 至 5 架的損失,而在法國,敵人的戰機數量必然超過我們,敵人的損失不太可能超過 2 比 1,而且我們的飛機常在沒有防空設施的機場被擊毀。法國戰事的成敗,不在於下月派去的 20 個附有維修裝置的戰鬥機中隊。即便我們的戰鬥機中隊能牽制敵人,希特勒仍可集中其全部空軍力量攻擊我們缺乏空防的本土,並透過白晝空襲摧毀我們未來生產飛機的設施。你提到的傳統戰爭原則,在此情形下已被大量現實改變。我認為現在只有一種可行方法:若希特勒攻擊英國,就在其攻擊過程中摧毀他的空中力量。如果他這樣做,當冬季來臨時,歐洲將在他腳下動盪,美國可能在總統選舉後對他宣戰。

我對你寄來的電報深表感謝。勇敢的老友,請經常提供你的見解給我。

除了我們堅決拒絕派遣最後的 25 個戰鬥機中隊外,我們認為協助法軍的責任是至高無上的。根據先前的命令,第 52 蘇格蘭低地師應於 6 月 7 日啟程前往法國。這些命令已獲得批准。在蒙哥馬利將軍指揮下的第 3 師是最早裝備並計劃派往法國的。今年初集結在英國裝備精良的加拿大集團軍主力師,在自治領政府的完全同意下,派往布雷斯特,並從 6 月 11 日起開始抵達,而在此時,這已顯得毫無意義。從挪威撤退的兩個法國輕裝備師,連同我們從敦克爾克撤出的所有法國部隊和人員,均已送回法國。

當德國即將集中火力攻擊我們之際，在這生死攸關的時刻，我們仍派遣僅有的兩個新編師——第52蘇格蘭低地師和第1加拿大師，支援節節敗退的法國盟友。考慮到在戰爭頭8個月中我們能派往法國的武裝力量極為有限，這可以說是我們的成就。回想起來，當我們決心戰鬥到底，面臨敵人入侵的威脅，而法國顯然在崩潰時，我對我們為何有勇氣調走僅有的戰鬥力部隊感到驚訝。這可能是因為我們明白：在沒有制海權、制空權或必要的登陸艇的情況下，渡過海峽是非常困難的。

　　在松姆河的另一側，法國境內還有從馬奇諾防線撤退完整的第51蘇格蘭高地師，並且第52蘇格蘭低地師正抵達諾曼第。此外，我們的第1（也是唯一的）裝甲師被調往加來，儘管缺少坦克營和補給隊。然而，當這個師嘗試渡過松姆河時（這是魏剛計畫的一部分），遭受了嚴重損失。到6月1日，該師的戰力已減少至三分之一，因此被調至塞納河對岸進行重組。同時，被稱為「波曼部隊」的混合部隊從法國的基地和交通線集結而來，這支部隊由9個臨時步兵營組成，主要裝備是步槍，反坦克武器極少，且缺乏運輸和通訊部隊。

　　法國第10集團軍與英國分遣隊試圖堅守松姆河防線。第51師單獨負責長達16英里的防線，其他部隊的任務同樣繁重。6月4日，他們與法軍1師及法軍坦克對德軍在阿布維爾的橋頭堡發起攻擊，但未能成功。

　　6月5日，法國戰爭進入了最後階段。法軍陣線由第2、第3和第4三個集團軍組成。第2集團軍負責防守萊茵河和馬奇諾防線；第4集團軍據守埃納河沿岸；第3集團軍則負責從埃納河到松姆河河口的防線。第3集團軍包括第6、第7和第10軍；所有駐法國的英軍被編入第10軍。此刻，這條廣闊的戰線上擁有將近150萬人，即約65個師，即將面臨124個德國師的攻擊。這124個德國師同樣被編成3個集團軍，分別由博克指揮沿海戰區；倫德施泰特指揮中央戰區；勒布指揮東方戰區。這些德軍戰

第七章　重返法國戰局

區分別於 6 月 5 日、6 月 9 日和 6 月 15 日展開攻勢。在 6 月 5 日夜間，我們得知德軍已在當天早晨於亞眠到拉昂–蘇瓦松公路 70 英里長的戰線上發起了攻擊。這是最大規模的會戰。

在敦克爾克戰役期間，德國裝甲部隊曾經暫停進攻，儲備實力以用於法國戰爭的最後階段。如今，這些裝甲部隊全線出擊，猛攻巴黎與海岸之間防禦薄弱、臨時設定或岌岌可危的法軍陣地。在本書中，我只能敘述涉及我軍參與的海岸翼側的戰鬥。德軍於 6 月 7 日再次發起攻勢，裝甲部隊兩個師向魯昂推進，試圖將法國第 10 集團軍一分為二。法軍左翼的第 9 軍，包括蘇格蘭高地師、兩個法國步兵師和兩個騎兵師，或者說所有該軍剩餘部隊，與第 10 集團軍的其他部隊被隔開。當時，由 30 輛英國坦克支援的「波曼部隊」試圖掩護魯昂。6 月 8 日，該部隊被迫撤回塞納河，德軍當晚占領魯昂城。第 51 師和法國第 9 軍的殘部被困在魯昂至迪埃普之間的三面受敵區域。

我們極為關注第 51 師，擔心它可能被迫退回勒阿弗爾半島，進而與主力部隊失去連繫。該師的指揮官福瓊少將曾接到命令，在必要時向魯昂方向撤退。然而，已經崩潰的法軍指揮部卻禁止採取這個行動。儘管我們多次緊急表達我們的意見，但都無濟於事。他們頑固地拒絕面對現實，導致法軍第 9 軍和我們的第 51 師全軍覆沒。6 月 9 日，當魯昂已被德軍占領時，我們的部隊才抵達其北部 35 英里的迪埃普。此時才接到撤退至勒阿弗爾的命令。儘管派出了一支部隊掩護這個行動，但在主力部隊能夠行動之前，德軍已經插入。德軍從東面進攻，抵達海岸，第 51 師的大部分和許多法國軍隊被切斷。這顯然是一個嚴重的決策錯誤，因為這個危險在整整 3 天前就已顯而易見。

6 月 10 日，經過一場激烈的戰鬥，該師與法國第 9 軍一起退至聖伐勒里外圍，計劃從海上撤離。此時，勒阿弗爾半島的其他部隊已經迅速安

全地撤離上船。6月11日至12日夜間，濃霧瀰漫，艦隻無法從聖伐勒里撤離部隊。12日清晨，德軍抵達南部懸崖，海灘直接暴露在德軍炮火之下。城市中出現了白旗。法國第9軍於上午8時投降，蘇格蘭高地師的餘部也被迫於上午10時30分投降。僅有1,350名英軍官兵和930名法軍逃脫；8,000名英軍和4,000名法軍落入隆美爾將軍指揮的第7坦克師之手。我非常惱怒法國人未能及時將我們的部隊撤至魯昂，而使其一再等待，直到既無法到達勒阿弗爾也無法向南撤退，最終不得不與他們的部隊一起投降。蘇格蘭高地師的命運是艱難的，但在接下來的幾年中，補充該師缺額的蘇格蘭人替他們報了仇，他們與第9蘇格蘭師合併重新籌組為蘇格蘭高地師，轉戰各個戰場。從阿拉曼開始，打過萊茵河，直至獲得最終勝利。

我回想起查爾斯·默里博士在第一次世界大戰期間寫下的幾行詩句，正好適合在此引用：

> 城堡裡下了半旗，
> 昨晚奏起了城堡首領的輓歌，
> 許許多多被奪走丈夫的村婦，
> 孤獨地為她們的征人祈禱。
> 為了自由，為了尚未達到的目的，
> 將山谷裡的人們聚集起來，送往前方，
> 砍掉那惡毒的鷹爪，
> 將那羽毛投入海中。
> 城堡和市鎮上英勇的人們，
> 離開他們的店鋪和作坊，
> 愉快地告別友人，果敢地迎戰敵人，
> 蘇格蘭依舊不容小覷。

第七章　重返法國戰局

1940 年 6 月 11 日上午 11 時左右，雷諾發來一封電報，表明他已經與羅斯福總統進行了通話。法國的局勢愈加嚴峻。幾天前我曾要求召開最高軍事會議。我們已經無法在巴黎舉行會議。那裡的具體情況我們一無所知。德軍的先頭部隊必定已經非常接近。我費盡心力才與他們會面，但現在不是講客氣話的時候。我們必須了解法國的打算。雷諾告訴我，他可以在奧爾良附近的布里阿爾接待我們。政府已經從巴黎遷至圖爾。法軍總司令部設在布里阿爾附近。他指明了我應該降落的機場。我欣然接受，並命令午餐後「紅鶴」式飛機在亨頓機場做好準備。在上午的內閣會議上獲得同僚們的同意後，我們大約在下午 2 點啟程。臨行前我曾發電報給羅斯福總統。

前海軍人員致羅斯福總統

1940 年 6 月 11 日

法國人再次邀請我前去，這表明危機已經降臨。我正準備出發。此時若能在言論或行動上給予他們幫助，局勢便可能因此扭轉。

我們同樣對愛爾蘭感到憂慮。我確信，如果美國派遣一支分艦隊訪問貝雷黑文，將極具益處。

這是我第 4 次踏上法國的土地，此次行程的主要目的是考察軍事動態，因此我邀請了陸軍大臣艾登先生隨行，還包括現任帝國總參謀長迪爾將軍，當然還有伊斯梅同行。由於德國空軍已經深入海峽，我們不得不採取較大的繞飛策略。和之前幾次一樣，乘坐的「紅鶴」式飛機由 12 架「噴火」式戰鬥機護航。數小時後，我們在一個小型機場降落。現場的法國人並不多，不久一位上校駕車抵達。我面帶微笑，盡顯自信；我認為在局勢極為不利的情況下，這種表現是合適的，然而這位法國軍官神情陰鬱，態度冷淡。我立刻意識到，自我們一週前訪問巴黎以來，情勢已經急遽惡化。稍作休息後，我們被帶到一座別墅，在那裡與雷諾先生、貝當元帥、

魏剛將軍、空軍上將維耶曼,以及其他幾位會面,其中包括剛被任命為國防部副部長的將軍戴高樂。鄰近鐵路上停著一列總司令部的車廂,我們一行中有些人計劃在那部列車上過夜。別墅裡只有一部電話,安裝在盥洗室內。電話十分繁忙,撥打一個電話需要等待許久,電話中的喊叫聲不絕於耳。

7點鐘,我們走進會議室。伊斯梅將軍負責記錄。我只是重申了我一貫的看法,這一點無可爭議。沒有責難或相互指責。我們必須面對殘酷的現實。我們英國人不清楚前線的確切狀況,我們擔心德軍裝甲部隊會從某個地方突然出現,甚至可能直逼我們。事實上,討論的核心在於這些方面:我極力勸說法國政府保衛巴黎。我強調在大城市中進行巷戰防禦會對入侵部隊造成巨大消耗。我向貝當元帥提及1918年英國第5集團軍慘敗後,在博韋他的列車中我們共度的那些夜晚;我故意不提福煦元帥,而專注於他如何扭轉局勢。我還提醒他,克里蒙梭曾說過:「我決定在巴黎前線戰鬥,在巴黎城內戰鬥,在巴黎後方戰鬥。」貝當元帥以平靜而莊嚴的態度回答道,那時他可以調動60個以上的師,而現在一個也沒有。他補充說當時戰線上有60個師的英軍。即便巴黎被夷為平地,也不會改變最終的結局。

魏剛將軍隨後詳細說明了他所掌握到關於正在距離此地5、60英里外戰事的動態。他對法軍的英勇表現給予高度讚揚,並呼籲各方,尤其是英國的所有戰鬥機隊,立即支援。他表示:「這裡是關鍵點。現在是關鍵時刻。因此,任何一個空軍中隊留在英國都是錯誤的。」然而,我依據特別邀請空軍上將道丁參加的內閣會議上所作的決定回應:「這裡不是關鍵點,現在也不是關鍵時刻。那個時刻即將來臨,那就是希特勒大規模動用空軍進攻大不列顛的時候。只要我們能維持制空權,保持海上交通暢通無阻,(我們必須做到這一點)我們將為你們贏回一切。」為防衛大不列顛和英吉

第七章　重返法國戰局

利海峽，我們將不惜任何代價保留 25 個戰鬥機中隊，無論發生什麼，我們都不會放棄。我們計劃在任何情況下繼續作戰，並相信能無限期地堅持下去，但若放棄這些空軍中隊，我們將失去生存的機會。說到這裡，我請求召見西北戰線總司令喬治將軍；他就在附近，於是他們立即派人去請喬治。

不久之後，喬治將軍抵達。當我們向他彙報近期事態時，他證實了魏剛將軍所描述的法國防線狀況。我再次極力推銷我的游擊計畫。德軍在接觸點上並不如預期般強大。如果所有法國部隊，每個師、每個旅，在他們的防線上全力以赴作戰，就能使敵軍的行動陷入停滯。然而他們卻回應我說：道路狀況極其糟糕，難民擁擠，遭到無情的德軍機槍掃射，大批平民逃亡，政府和軍事機構繼續崩潰。談到某一點時魏剛將軍表示，法國或許不得不請求停戰。雷諾立刻制止他：「那是政治問題。」根據伊斯梅的紀錄，我曾表示：「如果法國在困境中認為最好的辦法是讓陸軍投降，那就不必為了我們而猶豫，因為無論你們如何抉擇，我們將永遠、永遠、永遠地繼續戰鬥。」當我提到法軍若在任何地點繼續作戰就能牽制或消耗德軍 100 個師時，魏剛將軍回答，「即便如此，他們也能再派出 100 個師來進攻並征服你們。到時你們該怎麼辦？」對此我回答，我非軍事專家，但我的技術顧問認為，抵禦德軍入侵不列顛的最佳策略是在途中盡可能多地淹死他們，對剩下的人，一旦他們上岸，就立即擊斃。魏剛苦笑著回應：「無論如何，我必須承認，你們有一道很好的反坦克屏障。」在我的記憶中，這是他在這次令人沮喪的會談中最後一句值得注意的話。須知，在整個過程中，我不斷感到內疚，覺得擁有 4,800 萬人口的英國在對德地面作戰中未能貢獻更多，且讓九成的屠殺和幾乎所有的損失都降臨在法國，尤其是僅僅一個國家身上。

大約過了 1 小時，我們起身洗手，那時飯菜已經在會議桌上布置好。

在這個間隙，我與喬治將軍進行了一次私下交談，並向他提出：首先，在國內戰線上，無論何地都應繼續堅持戰鬥，並在山區開展長期的游擊戰；其次，前往非洲，這個策略在一週前我還視為「失敗主義」的做法。這位可敬的朋友，雖然肩負許多直接責任，但在指揮法軍方面從未能按其自身意願行事，因此對這兩個策略似乎並不抱很大希望。

我以簡潔的筆觸記錄了這幾天的狀況，但這對我們所有人而言是心靈上的深切痛苦。

大約在10點鐘，大家紛紛入座用餐。我坐在雷諾的右側，而戴高樂將軍則在我的右側。餐桌上有湯、一種蛋捲及其他菜餚，還有咖啡和淡酒。儘管我們正身處於德軍的嚴重威脅之下，此時的氣氛依舊十分友好，然而不久後便出現了一個不和諧的插曲。讀者或許記得，我曾經強調在義大利參戰時需立即猛烈進攻的重要性。我們與法國完全達成一致，安排將英國的重型轟炸機隊部署到馬賽附近的法國機場，以便攻擊米蘭和都靈。如今一切已經準備就緒，只待行動。我們剛入座，指揮英國空軍的空軍中將巴拉特便致電伊斯梅，稱當地當局反對英國轟炸機起飛，理由是轟炸義大利會導致對法國南部的報復，而這種報復非英國所能抵擋或阻止。雷諾、魏剛、艾登、迪爾和我離席，經過一番商討後，雷諾同意向法國有關當局下達指令，要求他們不要阻止轟炸機起飛。然而，當天夜裡，巴拉特空軍中將再次報告，稱機場附近的法國居民用各種各式的車輛堵塞了機場，導致轟炸機無法執行任務。

在我們離開餐桌，坐下享用咖啡和白蘭地時，雷諾向我透露，貝當元帥已通知他，法國必須尋求停戰，並已擬好相關文件供他審閱。雷諾說道，「他還沒有將這個文件交給我，他還不好意思這麼做。」當他內心確信一切已結束、法國應當投降時，卻在暗中支持魏剛要求我們調派最後的25個戰鬥機中隊，就此事而言，他應感到羞愧。因此，當我們在這座混亂的

第七章　重返法國戰局

別墅中或數英里外的軍車上休息時，心情都非常不快。德軍於 6 月 14 日進入巴黎。

清晨，我們再次召開會議，空軍中將巴拉特出席了。雷諾重申他主張增派 5 個戰鬥機中隊部署在法國基地；魏剛將軍表示，他急需轟炸機以彌補其部隊的不足。我向他們承諾，一旦我返回倫敦，戰時內閣將立即仔細而認真地考慮法國有關增加空軍援助的各種請求；然而，我再次強調，調動英國本土的基本防禦力量將是一個嚴重的錯誤。

當這場短暫的會議接近尾聲時，我提出了幾個具體的問題：

1. 巴黎及其周邊地區的民眾難道無法如 1914 年那般，或者如馬德里一般，成為分散敵人和延緩敵人行動的障礙嗎？

2. 是否有可能讓英國和法國的部隊在塞納河下游發起反攻？

3. 若協同作戰的時機已經過去，這是否意味著敵人的力量也幾乎是均勻分布的？難道無法進行縱深作戰以及攻擊敵人的交通線路嗎？當敵人同時與法國陸軍和大不列顛作戰時，其人力物力是否足以長期掌控當前所征服的各國和法國的大部分領土呢？

4. 那麼，這是否意味著無法透過延長抵抗來等待美國的參戰？

魏剛將軍同意在塞納河下游發動反攻的構想，但同時提到他並沒有足夠的軍力來實施這個計畫。他補充道，依照他的判斷，德國人已經具備足夠的資源與人力來掌控他們目前所佔領的國家以及法國的大部分領土。雷諾接著指出，德國自戰爭開始以來已籌組了 55 個師，並製造了 4,000 到 5,000 輛重型坦克。這顯然是對他們的建造數量進行了極度的誇大。

在結尾時，我非常鄭重地表達了我的願望：如若情況有所變化，法國政府應當立刻告知英國政府，以便在英國政府作出指導戰爭第二階段行動的最終決定之前，派遣代表前往法國，在任何合適的地點與法國政府會晤。

我們隨即向貝當、魏剛及法國最高統帥部的成員告別，這是我們與他們的最後一次會面。最後，我將海軍上將達爾朗請到一旁，私下對他說：「達爾朗，千萬不要讓他們得到法國的艦隊。」他鄭重承諾，絕不會這樣做。

由於缺乏合適的汽油，12架「噴火」戰鬥機無法護送我們。我們面臨兩種選擇：等天氣放晴，或乘坐「紅鶴」飛機碰碰運氣。我們已經確認整個航程都有雲層，而我們急於返程。最終，我們的飛機單獨起飛。出發前曾電告英國指揮本部，如可能，請派遣護航機在海峽上空迎接。當我們接近海岸時，天空突然放晴，瞬間萬里無雲。右側8,000英尺下的勒阿弗爾正在燃燒，濃煙向東飄去。新的護航機未見蹤影。不久，我看到有人與機長交談片刻，飛機隨即俯衝至距平靜海面約100英尺的低空，飛機在此處通常不易被發現。發生了什麼？後來我才知道，他們看到兩架德機在我們下方向漁船開火。我們很幸運，德機的駕駛員未向上看。當我們接近英國海岸時，新護航機跟上我們，忠實的「紅鶴」飛機在亨頓機場安全降落。

當日下午5時，我向戰時內閣彙報了此行的成果。

依照魏剛將軍於會議中的描述，我描繪了法軍的狀況。法軍已經連續奮戰6天6夜，如今已經完全疲憊不堪。敵軍以120個師的兵力，並有裝甲部隊支援，向法軍40個師發動攻勢；法軍在各個戰線上都喪失了主動權，屢戰屢敗。敵軍的裝甲部隊導致法軍高級指揮部陷入極度混亂，指揮系統失效，無法有效掌控下級指揮部的行動。法軍目前處於最後一道能夠進行有組織抵抗的防線。然而，這道防線已有兩、三處被突破；若這條防線徹底崩潰，魏剛將軍將不再承擔繼續作戰的責任。

魏剛將軍顯然對法國繼續抵抗的前景持悲觀態度，而貝當元帥則堅定地追求和平。他認為，法國正遭受德軍有計畫的破壞，他的職責是將國家的其餘部分從這種命運中拯救出來。我提到他那份關於和談的備忘錄；這

第七章　重返法國戰局

份文件他只給雷諾看過，卻未提交給雷諾。「毫無疑問，」我說，「貝當在這個關鍵時刻是個危險人物，他一直是個失敗主義者，上次大戰中也是如此。」另一方面，雷諾先生似乎決心繼續戰鬥，與他共同參加會議的戴高樂將軍支持游擊戰。他年輕而充滿活力，讓我留下了深刻印象。我認為，如果當前的戰線崩潰，雷諾可能會要求他指揮法軍。達爾朗海軍上將也表示，他絕不會讓法國海軍向敵人投降；他曾說過，他最後的手段是將海軍轉移到加拿大，但他的計畫很可能會被法國的政客們否決。

顯而易見，法國正接近有組織抵抗的終點，戰爭的一個階段即將結束。法國人可能會以其他方式繼續戰鬥。未來甚至可能出現兩個法國政府，一個選擇媾和，另一個則從法國的殖民地進行有組織的抵抗，利用法國海軍在海上繼續作戰，並在法國本土展開游擊戰。是否會發生這些情況，現在看來還為時尚早。儘管在一段時間內我們仍需對法國提供某些援助，但我們現在必須將主要力量集中在本島的防禦上。

第八章
本土防禦計畫

1940 年 6 月

在未來的歲月中,當讀者翻閱這些章節時,他們可能會感受到那掩蓋著未知因素的帷幕是何等嚴密且令人迷惑。如今,從事後諸葛的視角下,我們更容易辨識出本身曾有的愚鈍或驚慌失措,以及那些疏忽和笨拙之處。在短短兩個月中,我們經歷了兩次巨大的震驚。德國對挪威的入侵、色當的突破,以及隨之而來的各種變化,持續證明了德國掌握了強大的先發制人能力。他們是否還進行了其他詳盡的準備和組織呢?在我們這個幾乎完全缺乏武力裝備且基本上已經是武裝解除的島嶼上,他們是否會在 10 幾個或 20 多個可能的登陸點,利用新式武器,以周密計畫和絕對優勢的兵力突然降臨呢?或者,他們是否會入侵愛爾蘭呢?一個人的推理無論多麼清楚、看似多麼可靠,但若不做好應付意外的準備,那就顯得極為愚蠢。

「請你相信,」強生博士說道,「一個人若得知自己將在兩週內被絞死,他的心思肯定會異常集中。」我始終堅信我們一定能獲勝,儘管形勢緊迫,我的工作非常繁忙;令人欣慰的是,我能夠將我的觀點付諸實踐。6 月 6 日對我而言是一段極為充實而不虛度的時光。清晨,我躺在床上思考著嚴峻的局勢,並向祕書口述了當天需完成事務的備忘錄,詳細列出我需要公布指示的事項。

首先,我要求軍需大臣赫伯特·莫里森先生彙報關於防空飛彈及其引

第八章　本土防禦計畫

爆裝置部件研發的進展情況；經了解在此領域已經有所突破。我還要求飛機生產大臣比弗布魯克勳爵，每週更新設計和生產自動轟炸瞄準器、低空無線電導航裝置以及空中攔截機的進度。我之所以這樣要求，是為了引導這兩位新任大臣及其龐大部門關注我一直以來特別重視的這些事項。我請求海軍部暫時調動至少 50 名已訓練或部分訓練的飛行員至空戰司令部。有 55 名事實上已經參與空中作戰。我要求制定一項計畫：若義大利參戰並成為敵人，應對都靈和米蘭進行空襲。我請求陸軍部根據荷蘭流亡政府的願望，制定籌組荷蘭旅級部隊的計畫；我敦促外交大臣，承認不受被俘比利時國王控制的比利時政府為該國唯一合法政權，並要求外交大臣鼓勵南斯拉夫進行動員，以抵禦義大利的威脅。我要求在我們於納維克地區修築但準備放棄的巴爾多弗斯和斯卡恩蘭機場埋設定時炸彈，目的在於使得這兩個機場於盡可能長的時間內無法使用。我記得，德軍在 1918 年最後撤退時，曾多麼有效地利用這種方法使我們無法使用鐵路。遺憾的是，我們沒有一顆定時炸彈！鑑於即將面臨義大利的敵對行動，我對停泊在馬爾他港進行維修的多艘艦隻感到擔憂。我曾就英國本土伐木和木材生產事宜給軍需大臣寫過一份詳細的備忘錄。這是減少木材進口噸數的最重要方法之一。此外，未來我們將長期無法從挪威進口木材。

　　我希望能夠增加正規的部隊，以便重建和擴充陸軍。戰爭並非僅憑勇敢的民兵就能取勝。

首相致陸軍大臣

1940 年 6 月 6 日

　　1. 兩個多星期前，我得知有 8 個營的士兵將在命令下達後的 42 天內從印度啟程前往英國。命令已經下達。直到 6 月 6 日（也就是今天），首批 8 個營才從印度出發，經好望角，預計 7 月 25 日抵達。

2. 澳洲軍隊正乘坐巨輪前來，然而，他們似乎在開普敦耽擱了約一週的時間，並且目前以 18 海里的速度行進，而非 20 海里，我相信 20 海里是可以實現的。我期望他們在 15 日前後抵達。？無論如何，他們一旦抵達，應立即用原船運送本土防衛隊 —— 愈多愈好 —— 最好是 12 個營，以最快速度前往印度。抵達印度後，接著迅速將第二批的 8 個正規營全速運回英國。然後再運送另一批本土防衛隊去印度。將來的調動可以稍後再討論。……我現在的要求是：巨輪往返都要全速行駛。

3. 我得知，由於當地的反對，從巴勒斯坦抽調幾個營的計畫實際上已經停滯不前，我對此深感遺憾。韋維爾將軍僅根據他自己的觀點來判斷形勢，這是合乎常理的，而我們則必須著眼於籌組一支強大的軍隊，以盡可能彌補在戰爭第一年未能以合適的英國遠征軍支援法國的遺憾。你是否了解：在上次大戰的頭一年，我們有 47 個師投入戰鬥，當時每個師有 12 個營，外加 1 個工兵營，而現在每個師只有 9 個營？我們確實受到了拖沓的官僚作風所影響。

4. 為了不抽調英國遠征軍，我願意等候 8 個印度土著營來接替從巴勒斯坦調走 8 個營的防務，前提是這些部隊能立即前往巴勒斯坦；不過你無需為此提供時間表。至於是否可以透過巴士和波斯灣運輸這些不列顛軍營及其印度接替者，我尚未收到任何報告。請務必儘早將報告交給我。

5. 我正打算考慮另一種方案，即直接實施這個計畫：將剩餘的澳洲軍隊運回國內（即運至不列顛）。希望你能為此事準備一份備忘錄，特別指出可能的出發日期。

6. 請不要誤以為我忽視了中東的狀況。恰恰相反，我認為我們必須更加依賴印度，源源不絕的印度部隊應從孟買出發，經由卡拉奇穿越沙漠，抵達巴勒斯坦和埃及。目前，印度尚未採取任何顯著行動。在上次大戰的前 9 個月中，不僅我們所有的正規軍來自印度（人數比現在多得多），而且在聖誕節時，還有一支印度軍隊在法國參戰。與 25 年前相比，我們顯然

第八章　本土防禦計畫

顯得軟弱、行動遲緩，缺乏活力和果敢。我確實覺得你、勞埃德和艾默里應該讓我們在東方和中東的事務擺脫停滯狀態。

在這個階段，英國的每一個公民都全力投入工作，表現出前所未有的團結一致。男女工人在工廠的車床和機器旁邊辛勤勞作，直到筋疲力盡，最終倒在地上，不得不被攙扶回家，而他們的職位立刻被提前到崗的同事接替。所有男性和許多女性唯一的心願就是親手持槍上戰場。戰時內閣和政府團結一致，緊密合作，所有人對此仍記憶猶新。民眾沒有絲毫恐懼，而他們在議會的代表也恰如其分地表達了他們的情感。在德國的攻擊下，我們的損失沒有法國那麼慘重。沒有什麼比敵人的入侵威脅更能激發英國人的行動力，因為英國已有千年未遭外敵入侵。廣大民眾決心贏得這場戰爭，否則寧願犧牲生命。無需發表演說來激發他們的士氣。他們樂於聽我表達他們的情感，並為他們決心去做和計劃去做的事情提供充分的理由。可能出現的唯一分歧是，有些人甚至想去實現不可能的目標，並認為狂熱的激情可以增強行動力。

我們計劃派遣僅有的兩個裝備精良的菁英師重返法國，這個決定迫使我們更加需要採取一切可能的措施，以防備抵禦敵人對本土的直接攻擊。

首相致伊斯梅將軍

1940 年 6 月 18 日

我希望了解以下事項：

（1）沿海的觀察哨和炮兵部署；

（2）港口及設防海灣的封鎖設施；

（3）為上述區域提供直接支援的部隊；

（4）機動部隊和旅團；

（5）一般後備部隊。

應派遣人員為我詳細解說各部隊的狀況，包括各地區可用的大炮。我已下達指令，要求立刻用步兵坦克和巡邏戰車裝備第 8 坦克團，直至他們擁有 52 輛全裝甲且配備大炮的新型坦克。上個月和本月的軍需品產量如何？務必確保：這些產品應盡快送達部隊，而非滯留在倉庫。此事由卡爾將軍負責。讓他提交報告。

關於籌組衝鋒隊的提議，本土部隊總司令的看法如何？我們一向對這個構想不以為然，然而在上次大戰中，德國因採用此策略而確有成效，在這次大戰中，這也是他們勝利的關鍵因素。因此，至少應籌組兩萬人的衝鋒隊，即「豹隊」〔最終定名為「突擊隊」〕，人員可從現有部隊中抽調，做好就地殲滅小規模登陸部隊或傘兵的準備。這些官兵應配備最新式的武器，如手提機關槍、手榴彈等，並在摩托車和裝甲車方面給予最大支持。

5 月 13 日，艾登先生在內閣中提議成立地方防衛志願軍的計畫，迅速獲得了全國各地的正面響應。

首相致陸軍大臣

1940 年 6 月 22 日

請遞交一份關於地方防衛志願軍現況的簡要報告，闡述徵募和裝備志願軍的程序，說明他們是用於敵情監視還是正式參戰？他們與警察、軍事指揮部及地方長官的關係如何？他們遵循誰的指令，向誰彙報工作？如能將這些資訊整理成一至兩頁的簡要報告，我將十分感激。

我早在 1939 年 10 月便提出過使用「國民自衛軍」這個名稱的建議。

首相致陸軍大臣

1940 年 6 月 26 日

我對你新籌組的隊伍名稱「地方防衛志願軍」不太認同。「地方」一詞缺乏鼓動力。赫伯特・莫里森今天建議使用「民防隊」這個名稱，而我則

第八章　本土防禦計畫

傾向於「國民自衛軍」。如果「國民自衛軍」更具力量感，就不應因為已製作臂章等原因而猶豫更改名稱。

首相致陸軍大臣

1940 年 6 月 27 日

我希望你支持我把「地方防衛志願軍」更名為「國民自衛軍」的提議，因為「地方防衛志願軍」讓我想到地方政府和地方選擇權。昨天巡視時，我發現每個人都同意這個名字。

因此當更名後，這個強大的組織迅速發展到 150 萬人，並逐步裝備精良的武器，持續擴張。

這些日子裡，我的主要憂慮是德國坦克部隊會在海岸登陸。因我曾設想我們的坦克可能在德國沿海進行登陸，自然想到敵方也可能採取類似策略。我們幾乎沒有反坦克炮或反坦克彈藥，甚至連普通野戰炮也匱乏。下面的事件可以說明我們在應付這種威脅時的窘境。我曾巡視靠近多佛爾的聖馬加里特灣海灘。旅長告知，他的旅負責守衛這段長達 4、5 英里的危險海岸線，但僅有 3 門反坦克炮。他告訴我，每門炮僅配有 6 發炮彈，並以略帶質疑的語氣詢問，是否可以讓士兵發射一發以進行練習，使他們至少了解武器的效果。我回答說，我們無法提供演習炮彈，並建議在最後一刻、進入有效射程時再開火。

因此，時間不再允許我們按照傳統方法尋求解決方案。為了確保任何新穎構思或發明能迅速實施而不被官僚程序束縛，我決定以國防大臣的身分直接領導傑弗斯少校在懷特丘奇的實驗場。1939 年，我在漂浮水雷研究期間與這位能力卓越的軍官合作，從中受益良多。正如下文所述，他的聰慧與創造力為整個戰爭做出了貢獻。林德曼與傑弗斯和我保持密切連繫。我利用他們的智力資源和我的權力。傑弗斯少校和團隊正在開發一種可投擲到坦克上的炸彈，從窗口投出後可黏附在坦克上。爆炸性強的炸藥在接

觸鋼板時效果尤為顯著。我們可以想像這樣的場景：忠誠的士兵或平民冒著生命危險接近坦克投擲炸彈，儘管他們可能因此犧牲。毫無疑問，許多人會這樣做。我還設想過將這種炸彈安裝在短棒上，以少量炸藥透過來福槍發射出去。

首相致伊斯梅將軍

1940 年 6 月 6 日

目前的重點在於開發能從來福槍射擊坦克的彈藥，如同槍榴彈，或使用反坦克槍發射，類似於迫擊炮彈。黏爆彈可能適用於前者，但也可能不然。無論如何，應專注於研究能從反坦克槍或普通來福槍發射的彈藥。

我對此事極為急切。

首相致伊斯梅將軍

1940 年 6 月 16 日

誰負責製造黏性炸彈？有人告知我此事進展遲緩。請卡爾將軍今日對此情況進行彙報，並為我準備一份簡要說明，從最初提出問題的時間點開始敘述整個情景。

此事應每日跟進，我希望每隔 3 天收到一份報告。

首相致伊斯梅將軍

1940 年 6 月 24 日

幾天前，我提到了關於黏性炸彈的討論。應在事前完成所有製造相關的準備工作，以確保後續實驗的成功。請提供一份時間表，解釋為何在如此緊張的程序中會出現延遲。

第八章　本土防禦計畫

首相致伊斯梅將軍

1940 年 6 月 24 日

據我所知，試驗的結果並不理想。炸彈無法黏附在覆蓋灰塵和泥土的坦克車上。無疑，可以研發出黏性更強的混合物，傑弗斯少校應該繼續努力。

我對那些過去未積極推動此類炸彈製造、如今卻譏諷其未果的軍官感到極為厭惡。

最終，這種黏性炸彈被廣泛認為是我們最有效的應急武器之一。雖然在國內從未使用過，但在依然處於原始狀態的敘利亞，它的效用得到了證實。

顯然，我們必須竭盡所能籌組法國部隊，以協助戴高樂將軍確保真正的法國得以延續。

首相致海軍大臣和陸軍大臣、空軍大臣

1940 年 6 月 27 日

1. 應立即利用當前掌握的法國艦艇，將駐紮在愛恩特里營的 13,600 名法國海軍人員、特倫特姆公園的 5,530 名陸軍、阿羅公園的 1,900 名士兵以及布拉克普爾的分遣隊運送至法國領土——摩洛哥。

2. 應該告知他們之所以派遣他們前往法屬非洲，是由於法國的所有主要港口均被德軍控制，且法國政府將負責他們未來行動的安排。

3. 然而，若有人希望留在此地繼續對德作戰，須立即表明意圖。務必確保不違背任何軍官或士兵的意願而強迫他們返回法國控制區域。運輸船隻需於明日準備就緒。部隊應在各級軍官的指揮下行動，攜帶個人武器，但盡量減少彈藥的數量。應妥善安排他們的軍餉。來自納維克艦船上的法國物資以及「倫巴底」號和其他艦隻上的彈藥，應由我方接收，以抵償我們支付的費用。

4. 特別關注法國傷員的照顧。凡是能夠安全轉移的，盡量直接送回法國。應徵詢法國政府的意見，了解他們希望將這些人送往何處。若希望送至法國的主要港口，則應與德方協調安全入港的安排；否則，送往卡薩布蘭卡。所有病情危重者需留在當地接受照料。

5. 除了上述部隊中自願留下的成員外，必定還有一些個別人員來到這裡，希望繼續參戰。應讓這些人自行選擇：是返回法國，還是在戴高樂將軍指揮下的法國部隊中服役。我們需將決定告知戴高樂將軍，並為他提供適當的便利，以便召集他的人。我對戴高樂將軍能對組織好的隊伍演講已不抱希望，因為他們的士氣消沉得太快了。

我期望我們的陸軍恢復常態並重振戰鬥能力，然而，由於眾多部隊忙於在各自地區或沿海區域修築防禦工事，我的願景從一開始便遭到阻礙。

首相致陸軍大臣

1940 年 6 月 25 日

用 5 萬 7 千名非戰鬥人員修築所有防禦工事，實在令人驚訝。此外，我擔心大量軍隊被用於修築防禦工事。在當前階段，部隊每天至少應接受 8 小時的訓練，並在每天早晨進行嚴格的檢閱。所有必要的勞動力應從非戰鬥人員中調配。我在視察東安格里亞時，幾乎看不到一個營在列隊操練。旅團的作戰部隊不應用於防守薄弱環節或修築防禦工事。雖然這種情況無法立即改變，但請向我建議如何盡快實現這個目標。

首相致新聞大臣

1940 年 6 月 26 日

應當告知新聞界和廣播電臺：以冷靜的態度和逐步讓公眾適應的語氣報導敵人的空襲。公布此類消息不應採用過於聳動的版面或標題。應讓人民習慣於將空襲視作日常。不要明確標出空襲發生的具體地點。除非有極其特殊的情況或能展示家庭防空掩體的有效性，否則不應刊登房屋倒塌的

第八章　本土防禦計畫

照片。也應提醒大眾，大多數人不會受到任何單次空襲的影響；如果空襲沒有直接威脅到他們，他們就不會對空襲產生恐懼。每個人都應該學會將空襲或警報視作當今的日常。請向新聞界權威傳達這些觀點，勸說他們給予支持。如果這樣做有困難，我願意親自會見報業媒體的領導人，但我希望不必親自出面。截至目前，報紙在這方面的處理是值得稱讚的。

首相致陸軍大臣

1940 年 6 月 27 日

附件〔自印度運送部隊的日程表〕使我急於了解你計劃如何部署這 8 個精銳的正規營。顯然，他們將增強你們的突擊部隊。有人建議，可以將他們組成兩個步兵師，每個師再加上 5 個營的精銳本土防衛隊，數量總額就可達 18 個營。是否也應當從這些正規部隊中選派一定數量的軍官和軍士，以加強撥補給本土防衛隊呢？這樣，您很快便會擁有 6 個步兵旅了。唉！我擔心炮兵的籌組可能會滯後，不過我相信他們不會滯後太久。

鑑於和談謠言愈演愈烈，且梵蒂岡透過伯恩傳遞了一封信函，我認為應當將以下備忘錄呈送給外交大臣：

1940 年 6 月 28 日

我想向羅馬教皇的使節闡明：我們無意探討與希特勒和解的條件，並且所有外交官都被嚴令禁止接受此類建議。

然而，下面的信件揭示了我們內心的憂慮。

首相致林德曼教授

1940 年 6 月 29 日

當我們全力以赴爭取制空權時，德國也必然在整合被占領國家的工業資源，用以生產進攻英國的飛機和其他軍用物資。因此，這是一場速度競賽。目前德國或許無法立即讓占領地區的工廠投入生產，而在此期間，隨

著我們防禦能力和陸軍力量的增強，我們有能力抵禦德國的入侵。然而，若不摧毀德國新占領地區的軍事生產工廠，明年敵我雙方的生產力對比將會如何？由於不再需要維持一支龐大的部隊與法軍對峙，德國人在空軍和其他領域上也會有餘力來攻擊我們。我們難道不應預想這種情況發生的可能性嗎？他們何時會發起攻擊？截至目前，由於形勢急迫，我預計在未來3個月內德國會採取行動，但到了1941年又會如何？在我看來，唯有美國的大規模援助才能幫助我們度過難關。

隨著1940年6月的結束，我們越發強烈地感受到德國隨時可能進攻英國。

首相致伊斯梅將軍

1940年6月30日

應對海軍部的潮汐時間表、月光狀況，以及漢堡河、泰晤士河口和灘頭堡的條件進行研究，以確定哪些日子最適合海上登陸。應諮詢海軍部的建議。

參謀長委員會一直對敵方在愛爾蘭登陸或空投傘兵表示極大憂慮。我認為，我們的人力和物力都極其有限，難以進行適當的軍事部署。

首相致伊斯梅將軍

1940年6月30日

在這個關鍵時刻，若將我們僅有的兩個裝備齊全的師，其中的任何一支從大不列顛調出，都是一種極為不明智的冒險。因此，我深感懷疑：愛爾蘭的局勢是否真的需要動用完整的師以及所屬資源進行作戰？據說，即使事先做好一切準備，從這裡運送一個師到愛爾蘭也需要花費十天，這樣的時間安排令人難以接受。應該制定一個計畫，使2到3個輕裝旅在接到命令後能夠迅速出發，並在3天內抵達北愛爾蘭。備用的運輸工具應預先安排到位。派遣大量炮兵前往愛爾蘭是錯誤的，因為海軍似乎不會在那裡

第八章　本土防禦計畫

登陸，而空降傘兵也無法攜帶大量火炮。最後，無論愛爾蘭的局勢如何變化，都不會有直接的決定性影響。

在將部隊從巴勒斯坦撤回的這個問題上，我曾遭遇兩位老友的反對——印度事務大臣艾默里先生和殖民大臣勞埃德勳爵。勞埃德勳爵持堅定的反猶太和親阿拉伯立場，而我希望武裝具有猶太血統的當地殖民者。艾默里先生對於印度應扮演的角色上，與我的觀點有所不同。我主張立即將印度部隊調往巴勒斯坦和中東，而總督及印度事務部則偏向於制定長期計畫，依託印度軍需工廠的生產，建立一支龐大的印度軍隊。

首相致印度事務大臣

1940 年 6 月 22 日

1. 我們已經在印度部署了大量部隊，但尚未充分利用它們來實現戰爭的總體目標。相比 1914～1918 年間，印度對這次戰爭的支持顯然不足。……在我看來，戰火很有可能蔓延至中東地區，伊拉克、巴勒斯坦和埃及的氣候非常適合印度部隊。我建議將這些部隊編成旅團，按照英國的新編制，每個旅團應配備一定比例的炮兵。我希望在今年冬季能夠籌組 6 到 8 個這樣的旅團。這些旅團中也應該包括一些廓爾喀人旅。

2. 應繼續執行派遣英國正規營的任務，而調送後本土防衛隊將被迫推遲兩週才能到達，對此我深感遺憾。請再次向總督確認，此事正在進行中。

首相致殖民地事務大臣

1940 年 6 月 28 日

你所倡導的政策存在錯誤，這一點經由我們不得不在巴勒斯坦部署我們急需的大量部隊這個事實得以證明：

　　6 個步兵營

　　9 個義勇騎兵團

8個澳洲步兵營

總人數可能達到兩萬餘人。這是多年來堅持反猶政策所需付出的代價。如果戰火嚴重波及埃及，則必須撤回所有這些部隊，那樣一來，猶太血統殖民地人民的處境就極為危險。儘管這些部隊中有些是我們最精銳的，且其他地方急需，但我確信你會告訴我們：這些部隊不能撤出。如果猶太人得到適當的武裝，我們即可調動自己的軍隊，也不會出現猶太人攻擊阿拉伯人的情況，因為他們完全依賴於我們，依賴於我們的制海權。當我們都為生存而戰時，為了支持部分保守黨人所主張的政策而不動用這支龐大的軍隊，我認為實在是可恥。

我曾經希望你能從整體角度看待巴勒斯坦的局勢，並將撤出英國駐軍視為首要任務。我無疑無法同意你為我擬定的答覆。我完全不認可你所說的近東和印度的阿拉伯人的情感會因此受到影響。如今，我們與土耳其人維持著如此友好的關係，我們的地位更加穩固了。

125年來，英吉利海峽的狹窄航道終於需要對面首次出現的強大敵人。我們必須對重建的正規軍和數量較多但訓練不足的本土防衛隊進行改編和部署，以形成嚴密的防禦體系，為可能的入侵做好準備，並將其消滅——因為逃避是不可能的。雙方都面臨「生死攸關」的局勢。國民自衛軍現在已經能夠融入整體防禦系統之中。6月25日，本土部隊總司令艾恩賽德將他的計畫提交給總參謀長。這些計畫當然經過專家們的仔細檢查，我也親自謹慎地審核過。這些計畫大體上是可行的。在這個龐大防衛計畫的初步框架中有3個主要要點：首先，在沿海敵軍可能進犯的海灘上構築「覆蓋式」戰壕，讓海濱的士兵在原地作戰，並由機動後備隊支援，以便能立即發起反擊；其次，設立一條穿越英國東部中心的反坦克障礙線，由國民自衛軍防守，以保護倫敦和大型工業中心免受敵軍裝甲車的襲擊；最後，在反坦克障礙線後方布署主要的後備軍，以能夠準備進行大規模的反攻。

第八章　本土防禦計畫

隨著歲月的推移與情勢的發展，最初的計畫經過無數次的補充和修訂，但其核心精神始終不變。若遭遇攻擊，所有部隊應立即堅守，不僅要進行線狀防禦，還應多方設防。同時，其他部隊應迅速行動，消滅無論是從海上還是空中的入侵者。被切斷補給線的人們不應停留在原地，而應積極行動，從背後騷擾敵人，擾亂其交通，破壞其物資。一年後，當德軍如潮水般湧入俄國時，俄國人正是如此應對，效果顯著。許多人因周圍活動頻繁而感到困惑，但他們能理解這些行動的必要性，如在海灘上架設鐵絲網、埋設地雷，在狹窄的道路上設定防禦障礙，在十字路口建立碉堡，闖入民居在閣樓上堆滿沙袋，在高爾夫球場或肥沃的土地和花園中挖掘寬廣的反坦克壕溝等。所有這些繁瑣的事情，以及比這些更繁瑣的，他們都欣然接受。然而，他們有時可能疑惑，是否有一個統一的計畫，或者是否有少數人濫用新獲得干涉公民財產的權力。

我們制定了一個詳盡的、協調一致且涵蓋各個方面的總體方案。這個方案最終演變為以下形式：倫敦總司令部擁有全面的指揮權。整個大不列顛和北愛爾蘭被劃分為 7 個指揮部，進一步細分為軍管區和師管區。每個指揮部、軍和師必須保留一定比例的兵力作為機動後備隊，僅派遣最少的兵力守衛其特定的防區。這樣，沿海的後方在每個師管區內逐漸形成了防禦地帶，之後是類似的軍管區和指揮部防禦地帶，整個防禦體系的縱深達到或超過 100 英里。在此之後，從南英格蘭穿過北部一直到諾丁漢郡境內建立了一條反坦克障礙線。最重要的是，屬於國民自衛軍總司令直接指揮的最終後備軍。這就是我們維持一支盡可能龐大且高度機動軍隊的策略。

在這龐大的組織中，還存在著各種不同的形式。對於我們東部和南部沿海的港口，都進行了個別的安排。敵人似乎不太可能直接進攻一個設防的港口，因為所有港口都已成為堅固的據點，可以從陸地和海上進行防禦。當我們的軍事當局普遍接受並嚴格執行港灣防禦的原則時，在新加坡

的歷任高級軍官卻未採取相同措施，這令我感到驚訝，但這是後來的事情。在英國，數千平方英里的土地上布置了障礙以阻止空降部隊登陸。到1940年夏天，我們的機場、雷達站和油庫已有375處，這些地點需要特別的守備隊和飛行人員進行防守。數千個「薄弱點」——如橋梁、發電站、倉庫、重要工廠等，需日夜守衛，以防止破壞和突襲。我們還制定計畫，一旦敵人占領這些地方，立即銷毀對敵有利的物資。我們也制定了詳細計畫，在失去交通控制前，破壞港口設施，炸毀重要道路，使汽車運輸、電報、電話、鐵路和車輛癱瘓。不過，儘管有許多明智且必要的預防措施（在這些工作中，民政部門給予了軍事部門極大的幫助），但不能稱之為「焦土政策」；英國人民目的在保衛英國，而非摧毀它。

第八章　本土防禦計畫

第九章
法國的苦難與抉擇

　　後世可能會注意到一個重要的事實：我們從未將是否繼續單獨作戰這個關鍵問題列入戰時內閣的議程。這是因為當時政府的各黨派一致認為這是毫無爭議且理所當然的，同時，我們實在忙得不可開交，不用在這種不切實際或沒有意義的問題上浪費時間。此外，我們對於新的局勢充滿信心。我們決定向各自治領公布所有事實。戰時內閣要求我給羅斯福總統寫一封內容相同的信，並由我表達對法國政府的支持，向他們保證我們將提供最大的援助。

前海軍人員致羅斯福總統

1940 年 6 月 12 日

　　昨夜與今天早晨，我在法國最高統帥部度過，魏剛將軍和喬治將軍以極為嚴肅的言辭向我闡述了當前的形勢。毫無疑問，你應已從布利特先生那裡知曉所有細節。如果法國前線崩潰，巴黎陷落，魏剛將軍已正式向政府建議法國無法繼續所謂的「協同作戰」，此時，局勢如何發展，成為一個切實的問題。年邁的貝當元帥在 1918 年的 4 月和 7 月表現平平，我憂慮他或許會借用個人的聲望為法國締結和約。反觀雷諾，他主張繼續戰鬥，並擁有年輕的戴高樂將軍支持，後者我個人認為有很大潛力。同時，達爾朗海軍上將宣稱會將法國艦隊轉移至加拿大。兩艘現代鉅艦若落入惡人之手，將帶來巨大威脅。我認為，法國境內或法屬殖民地中，定有不少人願意繼續奮戰。因此，現在是你竭力支持雷諾的關鍵時刻，希望你能扭

第九章　法國的苦難與抉擇

轉局勢，使法國能夠進行最有效且持久的抵抗。雖然我知道你和我一樣深知這一點，但我仍斗膽提醒你。

1940年6月13日，幾乎4年後的同一天，我對法國進行了最後一次訪問。此時，法國政府已撤至圖爾，局勢日益緊張。我與愛德華‧哈利福克斯和伊斯梅將軍同行，馬克斯‧比弗布魯克勳爵也主動加入。在困難時期，他總是保持精神奕奕。當天晴空萬里，我們伴隨著一隊「噴火」式戰鬥機護航，以較大弧度向南繞行。飛抵圖爾時，發現機場昨夜遭到猛烈轟炸。儘管機場布滿巨大的彈坑，我們和護航機均順利降落。我們立刻感受到事態更加惡化。機場上無人迎接，也似乎無人期待我們的到來。我們從機場衛戍司令部借了一輛軍用汽車，驅車進城，前往市政府，據稱法國政府總部設在那裡。那裡沒有重要人物，據說雷諾即將從鄉下趕來，曼德爾也不久將到達。

此時已近兩點。我提議先用餐，經過一番討論後，我們駕車穿過幾條被難民車輛擠滿的街道，車頂大多置放床墊，車內塞得滿滿的行李。我們找到了一家咖啡館，雖然已經關門，但經過溝通後，成功弄到一頓飯。用餐時，博杜安先生前來拜訪，他的勢力最近日益增加。他立刻彬彬有禮地暗示，法國的抵抗已無望。若美國對德宣戰，法國還可繼續作戰。我對此事有何看法？我未與他深入討論，只表示希望美國參戰，並認為我們應該繼續戰鬥。有人告訴我，他事後四處宣揚，說我同意：除非美國參戰，否則法國可以投降。

接著，我們前往市政府，內政部部長曼德爾在那裡等候。這位曾擔任克里蒙梭忠實祕書並延續其事業的人，顯得神采奕奕，彷彿是精力與抗爭的化身。他的午餐是一份尚未動過的豐盛烤雞，擺在他面前。他猶如一束陽光，兩手各握一個電話筒，持續透過電話發號施令。他的思路十分明確：在法國戰鬥到最後一刻，以便為盡可能多的人撤往非洲爭取時間。這

是我最後一次見到這位英勇的法國人。法蘭西共和國復興後，派來暗殺他的刺客被處決，這是完全正當的。他的同胞和盟國都極為敬佩他的一生。

不久後，雷諾先生也抵達現場。起初，他顯得有些沮喪。魏剛將軍曾向他報告，法國的軍隊已經疲憊不堪。多處前線已被突破；全國各地的公路上擠滿了如潮水般的難民，許多部隊也已陷入混亂。最高統帥認為，應在法國尚有足夠軍力維持秩序直至和平來臨之際，尋求停戰。

這即是軍方的立場。他當天還計劃再向羅斯福先生發送一封電報，指出最後的時刻已然來臨，盟國的命運掌握在美國手中。接下來，不是停戰就是和談，二者必取其一。

雷諾先生接著表示，內閣會議前一天曾要求他詢問：在最壞情況下，英國將採取何種立場。他深知這個莊嚴承諾：任何盟國都不得單獨媾和。魏剛將軍及其他一些人則指出：法國已為共同事業付出一切。它已無所剩餘；然而，它成功地極大削弱了我們共同的敵人。在此情形下，若英國不承認法國在力量上已無法繼續作戰，仍希望能堅持下去，進而使法國人民被那些操弄手段的無情專家牽制，陷入必然的墮落與惡化，那將是令人震驚的。這就是他當前要提出的問題。大不列顛是否會承認法國所面臨的艱難現實呢？

以下是英國的官方紀錄：

邱吉爾先生指出，大不列顛深刻理解法國所遭受的巨大犧牲。如今，輪到英國承擔起犧牲的責任，英國對此早已做好準備。因雙方在法國北方的戰略選擇，導致戰事受挫，英國意識到其在地面作戰中的貢獻甚微，倍感痛心。儘管英國尚未直接感受到德國的威脅，但完全明白其嚴重性。然而，英國人的唯一目標是贏得戰爭，消滅希特勒主義。所有事物都必須服從這個目標；沒有任何困難和顧慮能阻擋英國民眾。他堅信，英國人民有能力忍受一切、堅持下去、對抗敵人，最終取得勝利。因此，他們希望法

第九章　法國的苦難與抉擇

國從巴黎以南直至地中海的區域能繼續作戰，如果必要，就從北非繼續戰鬥。必須不惜一切代價爭取時間。等待的時間不會是無止境的：只要等到美國的一句話就能大大的縮短時間。反之，法國則將會面臨毀滅。希特勒不會遵守任何承諾。另一方面，若法國繼續戰鬥，憑藉其強大的海軍、廣大的法蘭西帝國以及仍有能力進行大規模游擊戰的陸軍繼續戰鬥，若德國未能摧毀英國（德國若不摧毀英國，必會失敗），若德國的空軍力量被削弱，那麼，這個邪惡的納粹帝國必將崩潰。如果美國立即提供援助，或僅發表戰爭宣言，勝利將不再遙遠。無論形勢如何，英國將繼續戰鬥。英國沒有改變，也不會改變其決心：絕不妥協，絕不投降。對英國而言，不戰勝毋寧死。這是他對雷諾先生問題的回答。

雷諾先生表示，他從未對英國的決心產生過懷疑。然而，他渴望了解在某些意外情況下，英國會作何反應。法國政府，無論是當前的政府還是未來的政府，可能會說：「我們明白你們會繼續戰鬥。如果我們看到勝利的希望，我們也會堅持下去。然而，我們沒有看到迅速勝利的充分希望。我們無法指望美國的支援。在隧道的盡頭沒有光明。我們不能拋棄我們的人民，讓他們永遠在德國統治下生活。我們必須妥協。我們別無選擇。⋯⋯」時間已晚，無法在布列塔尼半島設立防禦基地。在法國本土，沒有任何地方可以讓真正的法國政府逃脫敵人的俘虜。因此，必須向英國提出如下問題：「法國已經竭盡全力，奉獻了它的青春和鮮血；法國已無力再戰；法國已無法再為共同事業貢獻任何力量，因此它有權單獨媾和，這並不違背3個月前簽訂莊嚴協定中所承載的團結精神，你是否認可呢？」

邱吉爾先生表示，無論何種情形，英國都不會耗費時間和精力在責難和互相指責上，但這不意味著英國會認同與近期所簽協定相悖的行為。雷諾先生應首先再致信羅斯福總統，真實告知當前局勢。在採取任何行動前，先等待回信。如果英國贏得這場戰爭，法國將重獲其尊嚴與偉大。

儘管如此，我認為在此刻提出這個問題是極其嚴峻的，因此，在我作出答覆之前，請允許我與我的同僚商議一番。於是，哈利福克斯勳爵、比弗布魯克勳爵及其他隨行人員走出會議室，來到一個灑滿陽光但仍然濕漉漉的花園中，進行了半個小時的討論。返回後，我再次重申我們的立場。無論局勢如何，我們都不能同意單獨媾和。我們的作戰目標是徹底擊敗希特勒，我們相信仍有能力實現這個目標，因此我們無法支持解除法國的義務。無論發生什麼情況，我們都不會責怪法國；但這與同意解除其履行承諾的責任是截然不同的。我強烈建議法國向羅斯福總統發出新的呼籲，我們將在倫敦對此給予支持。雷諾先生對此表示同意，並承諾法國將堅持到最後呼籲的結果明朗為止。

出發前，我向雷諾先生提出了一個特別請求。現有 400 餘名德國飛行員（大多數由英國皇家空軍擊落）被拘留在法國。鑑於當前局勢，理應將他們交由我們監管。雷諾先生愉快地答應了，但不久後，他已無力兌現此承諾。那些德國飛行員隨後又參與了不列顛之戰，我們不得不再次擊落他們。

我們談話結束的時候，雷諾先生把我們帶到隔壁的房間裡，眾院議長赫里歐先生和參院議長讓納內先生都坐在屋裡。這兩位法國愛國者都非常激動地說，一定要誓死戰鬥。當我們順著擠滿人群的過道走進庭院的時候，我看見戴高樂將軍毫無表情地呆立在門口。我低聲向他用法語致意，叫他「應運而生的人」，他依然是毫無感覺的樣子。院子裡大約有 100 多位法國的領導人物，樣子都很悲慘。有人把克里蒙梭的兒子領來見我。我和他緊緊握手。「噴火」式飛機已經升空，我在平安而迅速的歸途中睡得十分香甜。這樣做非常理智，因為在晚間就寢前還有很多的事要做呢。

在大約 5 點半離開圖爾之後，雷諾在康熱（Château de Cangé）與及其閣員舉行會議。他們對我和同僚未能出席感到不滿。儘管回國的時間可能

第九章　法國的苦難與抉擇

很晚，我們仍然願意與會。然而，沒有人邀請我們，我們也不知曉法國內閣會議的召開。

會議批准了法國政府遷移至波爾多的決定。雷諾致電羅斯福，強烈請求美國參戰，至少要求美國海軍參與行動。

晚上10時15分，我向戰時內閣提交了最新報告，得到了兩位同事的一致贊同。我們正討論時，甘迺迪大使帶來了羅斯福總統對雷諾6月10日呼籲的回電。

羅斯福總統致雷諾先生

1940年6月13日

6月10日的電報令我深受感動。我已向你和邱吉爾先生表達，美國政府正竭盡全力向盟國政府提供急需的物資。我們正在加倍努力以期能提供更大的援助。我們的行動源於對盟國所捍衛理想的信任與支持。

法國和英國軍隊的英勇抵抗深深打動了美國人民。尤其令我感動的是，你宣稱：法國將為了捍衛民主而繼續奮戰，即便因此需要逐步撤退，甚至撤至北非和大西洋，也要堅持戰鬥。必須牢記，法國和英國的艦隊應該繼續掌控大西洋及其他海洋，這一點極為關鍵；還需銘記，外部的重要資源對於維持全軍士氣至關重要。

邱吉爾首相日前關於大英帝國堅持抗戰的演講深深鼓舞了我。這種決心似乎同樣適用於領土遍及全球的法蘭西帝國。在國際事務中，海軍的力量仍然驗證了歷史的教訓，達爾朗海軍上將對此非常明瞭。

我們一致認為，總統已經提供了極大的支持。他授權雷諾公開6月10日的電報，詳細闡述了全部含義，如今又發送了如此有力的回電。如果因此法國決定繼續承受戰爭之苦，美國將進一步承擔參戰的責任。不論如何，總統的回電中包含兩個等同於交戰狀態的重要點：首先，承諾提供各種物資援助，顯然這是正面的支持；其次，號召法國即便政府被迫撤離，

也要繼續作戰。我立即發電向總統表達我們的感謝，並竭力以極其讚許的語調評論總統致雷諾的電報。或許我不應該過分強調這些點，但我們必須盡可能利用一切現有或可獲得的有利因素。

前海軍人員致羅斯福總統

1940 年 6 月 13 日

甘迺迪大使應該已經向您彙報了今日在圖爾舉行的英國和法國會議情況，我已將會議紀錄給他過目。我無法忽視此次會議的重要性，他們幾乎已經達成共識。魏剛堅持在尚有足夠軍力以免法國陷入混亂之際，請求停戰。雷諾詢問我們，考慮到法國的巨大犧牲和苦難，我們是否能解除法國不單獨媾和的義務。儘管因為這場不可避免的戰敗而心情沉重，我仍毫不猶豫地以英國政府名義拒絕了法國的停戰或單獨媾和。我強烈建議，在雷諾向您和美國再次發出求援呼籲後，再討論此事；我支持他的呼籲。我們在這一點上達成一致，目前雷諾及其部長們的情緒有所好轉。

雷諾深刻意識到，若無最終勝利的希望，他無法激勵法國人民繼續抗爭，而這種希望只能透過促使美國以最大程度的介入來實現。正如他所言，他們期盼在隧道盡頭看到光明。

當我們乘坐飛機返回祖國時，你已發來這封莊重的電報，我一到達，甘迺迪大使便將其送至我手。英國內閣被這封電報深深打動。並要求我代為表達謝意。然而，總統先生，我必須告知，為了讓這封電報在改變世界的歷史上發揮關鍵作用，我認為在明日──6 月 14 日──公布此電報是絕對必要的。我確信，這將使法國拒絕希特勒的虛假和平。希特勒需要這樣的和平來毀滅我們，以便向其稱霸全球的目標邁進重大的一步。如果法國此時退出戰爭，那麼，您在電報中所闡述的在策略、經濟、政治及道義上具有深遠影響的計畫將全部落空。因此，我強烈主張立即發表這封電報。我們充分意識到，一旦希特勒發現無法在巴黎強制實現納粹和平，他將把怒火轉向我們。我們會竭盡全力抵抗，如果我們成功，通向未來的新

第九章　法國的苦難與抉擇

途徑將非常廣闊，所有的希望將在成功之日得以實現。

我向雷諾先生發送了這樣一封電報：

1940 年 6 月 13 日

在我們返回時，收到羅斯福總統就你 6 月 10 日呼籲的回信副本。內閣一致認為，這份莊重的信函極為有利於法國依據你 6 月 10 日宣言的精神繼續抵抗。該宣言曾表示，法國將在巴黎周圍、在各省，或者必要時，在非洲或跨越大西洋繼續抵抗。這份信件一方面承諾加倍提供物資援助，另一方面給予明確的建議，鼓勵法國即便面臨你所描述的最困難境地也要堅持戰鬥。如果法國根據羅斯福總統的電報繼續戰鬥，我相信美國將不可避免地承擔起責任，採取最後一步，即正式成為交戰國，而事實上它已經是交戰國了。正如你所預見的，根據美國憲法，總統無法單方面決定宣戰，但如果你遵循現收到的總統回信，我確信，這一步將不可避免地隨之而來。我們正在請求總統允許公開這封電報，然而即便他短期內不同意，這也已經記錄在案，可作為你採取行動的依據。我們深深欽佩你和同仁們的決心，懇請你們不要錯過促成全球跨洋與經濟聯合的良機，這種聯合必將對納粹統治造成致命打擊。我們面前有了明確的行動計畫，也見到了你所提及隧道盡頭的光明。

最終，依據內閣的建議，我向法國政府發出了一封正式的電報，勉勵法國再接再厲，並在這封電報中首次提及我們兩國之間的永久聯盟。

首相致雷諾先生

1940 年 6 月 13 日

在英、法兩國面臨存亡之際，為捍衛兩國所珍視的自由與民主，英王政府特向法蘭西共和國政府致敬，頌揚法國軍隊在以少勝多的戰鬥中展現的英雄氣概和堅定不屈的精神。法國軍隊的努力無愧於法國最輝煌的傳統，使敵軍遭受了嚴峻而持久的打擊。大不列顛將竭盡全力繼續提供最大

的援助。我們藉此機會重申兩國人民和兩大帝國之間的團結是牢不可破的。儘管我們無法預估即將降臨在兩國人民頭上的種種苦難，但我們堅信，這次戰火的考驗只會將我們兩國融為一體，成為不可戰勝的整體。我們再次向法蘭西共和國保證，我們將不惜一切代價繼續戰鬥，無論是在法國、在我們這座島嶼、在海洋上還是在天空中，戰爭蔓延到哪裡，我們就戰鬥到哪裡。我們將最大限度地利用我們的人力、物力，承擔治癒創傷的重任。我們絕不放棄戰鬥，直到法國重獲昔日的輝煌，直到受壓迫和奴役的國家和人民獲得自由，直到文明擺脫納粹統治的恐怖。我們比以往更加確信這一天終將到來，而這一天可能比我們預期的還要早。

這3份電報皆於13日午夜後至我就寢前由我親自撰寫，確切而言，是在14日零點之後的數小時內完成的。

次日，總統發來一封電報，表示他無法同意公布他致雷諾的電報。甘迺迪先生指出，總統個人願意公布，但國務院雖然在某種程度上同情總統的立場，卻認為這存在極大的風險。總統對我表示感謝，感謝我向他彙報了圖爾會議的情況，並向英、法兩國政府祝賀其部隊的英勇作戰。總統再次承諾，將提供一切物資援助和支持。然而，他又補充說，他已經告知甘迺迪大使，讓他通知我，他在6月13日發出的電報並無意讓美國政府承擔戰爭義務，也沒有讓美國政府承擔這樣的責任。根據美國憲法，除了國會，任何人都無權承擔這種性質的義務。他特別關心法國艦隊的問題。美國國會應總統要求，已同意撥款5,000萬美元，為在法國境內的難民提供食物和衣物。最後，他向我表示，他重視我在信中提出的事項之意義和作用。

這是一則令人沮喪的電報。

圍繞在我們桌旁的人們都深知，總統面臨被控超越憲法許可權的風險，因此可能在即將到來的選舉中失去職位，而我們的命運，以及比我們

第九章　法國的苦難與抉擇

命運更重要的事務,都將取決於這次選舉的結果。我堅信,為了挽救陷於極度危險中的世界自由事業,總統甚至願意犧牲生命,但這樣做有何益處?即便隔著大西洋,我也能感受到他的痛苦,白宮的困擾在性質上與波爾多或倫敦的不同,但個人的痛苦程度卻無異。

在我的回覆中,我曾經就歐洲一旦淪陷、英國戰敗後美國將面臨的危險提出了一些論點,以供總統用來說服他人。這不僅是情感上的問題,而是關乎生死存亡。

前海軍人員致羅斯福總統

1940 年 6 月 14 至 15 日

我對你的來電深表感謝,我已將其中的要點傳達給雷諾,並向他表達了樂觀的看法。我相信,他會因你不同意發表而感到失望。我理解你在美國輿論和國會中面臨的諸多困難,但局勢變化迅速,等到局勢最終成熟時,將不再受美國輿論的控制。你是否考慮過希特勒可能向法國提出的條件?他或許會說:「法國艦隊全部投降,我就讓你們保留阿爾薩斯——洛林。」否則就是:「如果你們不交出艦船,我就摧毀你們的城市。」我個人堅信,美國遲早會採取最後一步行動,但目前對法國而言,正是生死攸關的時刻。如果美國宣布在必要時參戰的宣告,可能會拯救法國。否則,法國的抵抗將在數日內崩潰,那時我們將不得不單獨作戰。

如果我們在此地的抵抗失敗,現任政府和我個人雖然必然將艦隊轉移至大西洋彼岸,但戰鬥局勢的發展可能演變至如下的地步:現任大臣們屆時無力掌控局勢,只要英國願意成為希特勒帝國的附庸,和談條件將變得極為簡單。那時必定會有一個親德政府成立,進行和談,使一個滿目瘡痍或飢寒交迫的民族不可抗拒地完全屈服於納粹的意志。正如我過去曾向你提到的,英國艦隊的命運將決定美國的未來,因為如果英國艦隊與日本、法國和義大利的艦隊聯合,再加上德國龐大的工業資源,那麼,絕對優勢的海上力量將由希特勒掌控。當然,希特勒可能會適度使用這個力量。但

另一方面，他也未必如此。海上力量的對比可能迅速改變，而且必定在美國做好準備應對之前發生。如果我們戰敗，展現在你們面前的，將是一個在納粹統治下的歐洲聯邦，它遠比新大陸的人數多、力量強，並且擁有更強大的武裝。

總統先生，我深知您早已洞悉這些深奧之處，但我認為我有權將以下觀點記錄在案：美國的利益與我們的戰鬥以及法國的戰鬥息息相關。

我透過甘迺迪大使遞交給你一份由海軍參謀部編制關於驅逐艦實力的報告，供你參考。如果我們必須將大部分驅逐艦留在東岸以防止入侵（我們將這樣做），那麼我們如何應對德國和義大利對我們賴以生存的食物和商品運輸船的攻擊呢？正如我之前所述，派遣35艘驅逐艦可以填補在今年年底我們新造艦隻下水之前這一段時間內的艦隻不足。這是一個可以立即採取的步驟，既具體可行，而且可能具有決定性意義，我深切希望你能權衡我這幾句話的含義。

此時，法國前線的局勢愈加嚴峻。在德軍於巴黎西北的軍事行動中，法國第51師遭遇了失利，6月9日敵軍推進至塞納河和瓦茲河的下游。南岸，潰敗的法國第10和第7集團軍的殘餘部隊急忙組織防禦；他們被敵軍從中央突破；為填補這個缺口，駐守首都的巴黎兵團離開巴黎，加入戰鬥。

沿著埃納河向東，第6、第4和第2集團軍的局勢明顯改善。他們有3週時間來設防，同時得到了增援。在敦克爾克戰役及敵軍向魯昂進軍期間，相對安定，但面對長達100英里的防線，兵力仍顯不足。而敵軍則利用這段時間集結大量兵力，準備發動最後的攻擊。6月9日，防線被突破。儘管法國軍隊進行了頑強抵抗──當時法軍作戰極為堅決──德軍依然在埃納河南岸的蘇瓦松至雷代爾一帶建立了橋頭堡，並在隨後兩天內擴展至馬恩河。曾在沿海戰役中發揮決定性作用的德國裝甲師，被調過河參與

第九章　法國的苦難與抉擇

這場新戰役。8個裝甲師的兩次猛烈進攻使得已經受挫的法軍陷入混亂，無法抵擋在人數、裝備和技術上占據優勢的強大敵軍。在4天內，到6月16日，敵軍推進至奧爾良和盧瓦爾河；在東部，德軍猛烈進攻，越過迪戎和貝桑松，幾乎抵達瑞士邊界。

在巴黎以西，第10集團軍的殘部不足兩師，被迫向西南撤退，沿塞納河向阿朗松退卻。首都於6月14日失陷；負責巴黎防衛的第7集團軍和巴黎兵團被擊敗潰散；西部的英、法少量兵力與其餘部隊及曾經引以為傲的法軍殘部被隔斷。

馬奇諾防線——法國的防護盾與捍衛者——的狀況如何？直到6月14日，德軍尚未直接攻擊它，而此時，一些作戰單位已經從守備位置中撤出，所有能參與的部隊都加入了中部的快速撤退，但為時已晚。就在那一天，馬奇諾防線在薩爾布呂肯前被突破，敵軍在科爾馬附近渡過萊茵河；撤退的法軍被敵軍追擊，陷入交戰，無法脫身。兩天後，德軍進入貝桑松，切斷了法軍的退路。40多萬法軍被圍困，毫無逃生的可能。許多被圍的守軍拚死抵抗，直到停戰後，派遣法國軍官傳達命令後才投降。最後一批堡壘在6月30日遵從命令投降，但堡壘指揮官仍抗議聲稱，他的防禦工事每個據點依然完好無損。

在法國戰場上，這場規模龐大但組織不善的戰役就此結束。英軍所發揮的微小作用將在後文詳述。

在敦克爾克撤退行動中，布魯克將軍表現卓越，尤其是在比利時軍隊投降後形成的防線缺口處，他的指揮尤為出色。因此，我們決定任命他負責指揮駐留法國的英國軍隊及所有的增援部隊，直至足夠的軍力集結後由戈特勳爵擔任集團軍司令官。布魯克此時已抵達法國，並於6月14日與魏剛將軍和喬治將軍會面。魏剛表示，法國軍隊已失去進行有組織抵抗或協同行動的能力，且已被分割成為4個部分，其中最西端是法軍第10集

團軍。他還告知布魯克，同盟國政府已同意在布列塔尼半島建立橋頭堡，由英、法軍隊沿雷恩一線從南至北共同防禦。他命令布魯克將他的部隊部署在這個市鎮的防線上。布魯克指出，這條防線長達150公里，至少需要15個師的兵力。魏剛則表示，他應將接收到的指示視為命令。

1940年6月11日，雷諾與我在布里阿爾達成共識，決定在布列塔尼半島下方設定類似「托里希－佛德臘希戰線」的防線。然而，這個計畫當時被擱置，儘管其具有一定價值，卻始終未能實施。計畫本身無疑是合理的，但事態發展已使其難以實現。一旦法國主力被擊潰或消滅，雖然這個橋頭堡具有相當重要性，但在德軍猛烈進攻下難以持久防守。然而，即便能在此處抵抗數週，也能維持與英國的連繫，並允許大量法國部隊從崩潰的戰線撤往非洲。若要在法國繼續作戰，只能選擇布雷斯特半島或孚日等林木繁茂或多山之地。否則，法國將不得不投降。因此，沒有理由嘲笑在布列塔尼半島建立橋頭堡的設想。後來，盟軍在艾森豪的指揮下費了很大力氣才重新奪回這個地區。

布魯克將軍與法國指揮官們會晤後，從他的司令部視角評估了日益惡化的戰局，隨即向陸軍部報告，並透過電話告知艾登先生局勢已無法逆轉。所有的後續增援應立即停止，留在法國的英國遠征軍（共計15萬人）應迅速撤離。他認為我過於固執，於是在6月14日深夜撥通電話，幸運的是，他費了一番功夫終於接通電話，並竭力勸說我採納他的建議。我聽得很清楚，10分鐘後，我同意他的判斷，我軍必須撤離。因此，我根據他的建議下達命令。他從此不再接受法軍指揮官的指揮。撤運大量物資、裝備和士兵的行動開始了。已經登陸的加拿大師先頭部隊重新上船，第52師，除第157旅外，由於尚未參戰，也撤回布雷斯特。在法國第10集團軍指揮下作戰的英國部隊沒有撤回，但我們所有其他部隊均在布雷斯特、瑟堡、聖馬洛和聖納澤爾登船。6月15日，我們的部隊不再接受法國第

第九章　法國的苦難與抉擇

10 集團軍的指揮，次日，當第 10 集團軍繼續向南撤退時，我軍便向瑟堡移動。第 157 旅經過激戰後，當夜突圍，乘卡車撤退，於 6 月 17-18 日夜間登船。17 日，貝當政府宣布請求停戰，命令所有法國軍隊停止戰鬥，然而此一資訊卻未告知我軍。因此，我們命令布魯克將軍盡量搶救裝備，並盡量帶領士兵登船歸國。

當時，我們再次重現了敦克爾克撤退的情景，規模頗為宏大，所用船隻較之以往更加龐大。有兩萬餘名波蘭士兵拒絕投降，直奔海岸，並最終搭乘我們的軍艦抵達英國。德軍從多個方向追擊我方。在瑟堡半島，德軍於 6 月 18 日凌晨與我方後衛部隊在港口以南 10 英里處交火。最後 1 艘船於下午 4 時離開法國，此時隆美爾指揮的敵軍第 7 裝甲師距離港口不足 3 英里。我方被俘的士兵寥寥無幾。

從法國各港口撤離的英軍人數達到 13 萬 6 千人，大炮數量為 310 門；加上波蘭軍隊則總計 15 萬 6 千人。這項行動展現了布魯克將軍麾下負責組織登船人員的卓越成就，尤其是英國軍官德‧方布蘭克將軍，他因操勞過度，不久後便去世了。

在布雷斯特及西部港口撤退的人潮湧動。德軍猛烈轟炸英軍運輸艦。6 月 17 日，聖‧納澤爾發生了一場悲劇。兩萬噸級的郵船「蘭卡斯翠亞」號載有 5,000 人，正要啟航時遭敵機轟炸。船上超過 3,000 人遇難，其餘人員則在小船的奮力營救下，從持續不斷的空襲中脫險。下午，我在寂靜的內閣辦公室得知這個消息，我禁止公布，並說：「今天報紙上的壞消息已經夠多了。」我原計劃幾天後公布此消息，但意外事件接踵而至，令人沮喪且來得如此之快，以至於我忘記解除禁令，公眾過了很久才得知這樁駭人聽聞的事件。

為了減輕人們對即將聽聞到法國投降所帶來的震驚程度，此刻必須向各自治領的總理發出電報，表明即便單獨作戰，我們仍有繼續戰鬥的決

心,而這個決心絕非出於固執或絕望。我們要以他們可能不太了解的實際狀況和技術理由說服他們,使他們相信我們目前的軍事力量。因此,6月16日那天,儘管工作繁忙,我還是在下午口授了以下信件。

首相致函加拿大、澳洲、紐西蘭及南非聯邦各位總理

1940年6月16日

〔開篇包含幾句分別致每位總理的獨立言辭。〕

我並不認為我們對當前的局勢已經束手無策。法國是否會繼續在非洲或海洋上作戰,這一點尚難以確定。然而,無論法國採取何種行動,希特勒已經下定決心要在這個島嶼上擊敗我們,否則他將面臨失敗。我們所面臨的主要威脅在於:希特勒可能集中空襲,與傘兵和空運部隊的降落配合,並嘗試透過陸軍渡海進行入侵。從戰爭伊始,我們就面臨這個威脅,法國無法使我們免於此險,因為希特勒始終能夠將這個危險施加於我們身上。毫無疑問,由於希特勒已經征服了鄰近我們海岸的歐洲沿海區域,這個威脅變得更為嚴重,但其本質並未改變。我不明白我們為何不能應對。海軍從未聲稱他們能阻擋5千至1萬人的襲擊;然而我們仍然不明白,例如,一支8萬到10萬人的大軍,如何能橫渡海峽,更不用說在我們占據優勢的海軍火力下立足了。只要我們的空軍仍在,便能為艦隊提供火力支持,阻止敵軍從海上登陸,並消滅大量空運著陸的敵軍。

儘管我們在援助法國及敦克爾克撤退的過程中遭受了嚴重損失,但我們仍然成功地保留了空軍的戰鬥力,也沒有因為法國的強烈請求而將空軍輕率地捲入這場尚未決定勝負的地面戰役。我們欣慰地宣布,如今我們的空軍依然強大,飛機的生產速度超過以往任何時期;事實上,目前駕駛員的人數成為了限制因素。即便在法國那樣不利的環境中作戰,我們的戰鬥機也常常能使敵人遭受一1比2或1比2.5的損失。在敦克爾克撤退期間,即便在那片無人區,我們也使敵人遭受了1比3或4的損失,德國的編隊常常在面對數量僅為其四分之一的我方飛機時望風而逃。所有的空軍

第九章　法國的苦難與抉擇

專家一致認為，在防止英國遭受來自海外的空襲方面，我們具備顯著的優勢，因為，首先，我們擁有多種裝置，能夠清楚地探測敵機的來襲方向；其次，我們各空軍中隊駐地相距甚近，能夠集中力量攻擊入侵的敵機，並且可以調動足夠的飛機，同時對敵人的轟炸機及其護航戰鬥機展開攻擊。所有被擊落的敵機都是徹底的損失，而我們被擊落的飛機和駕駛員有許多能夠重返戰鬥。因此，我認為，透過嚴厲打擊，可以讓他們意識到白天入侵的代價過於高昂。而我方最大的威脅將是敵人在夜間襲擊我們的飛機製造廠，然而，夜間襲擊沒有白天的精準，而我們也已經制定了多項計畫，足以將敵機襲擊所造成的傷害降至最低。當然，他們的飛機數量遠多於我們，但這並不足以讓我們放棄這樣一個美好而合理的希望：經過數週甚至數月的空戰後，將他們打得精疲力竭，無力再戰。同時，我們的轟炸機必將持續不斷地轟炸他們的重要目標，尤其是煉油廠、飛機製造廠以及集中在魯爾地區的軍需工廠。我們期望，英國人民能夠承受敵機的轟炸與襲擊。敵我雙方都將以空前的規模進行轟炸。所有情報顯示，德國人對於迄今為止所遭受的損失感到相當沮喪。

請牢記，目前英國遠征軍已經歸國，大部分部隊已完成重新裝備或正在進行這個過程，雖然可能尚未達到前往歐洲大陸作戰的標準，但足以保衛本土。我們當前在本土的軍事力量比以往任何時期都強大得多，因此，我們期望能夠徹底消滅從空中降落或從海上來襲的敵軍，並給那些企圖跟隨他們侵略的敵人警示。我們當然必須預見敵人將採用新的攻擊形式，並可能嘗試將坦克渡海。對於我們所能預見的一切，我們都在積極準備。沒有人能夠預言或保證這場生死存亡戰爭的走向，但我們必定全力以赴進行這場戰鬥。

我如此詳盡地向你解釋，是為了表明我們採取行動是基於確鑿的理由。這份決心：無論法國的命運如何，我們絕不會因其命運的不幸而畏懼，將全力以赴地進行戰爭。我個人堅信，在我們島嶼上的激烈戰鬥和屍

横遍野的景象將促使美國參戰。即使我們被敵人的空軍力量所擊敗，如我之前在下議院演講中所提到的，我們仍可以將艦隊調往大西洋對岸，從那裡保衛大英帝國，使帝國能夠繼續作戰並實施封鎖。我相信，與美國緊密合作，我們定能粉碎希特勒的政權。在每個階段，我們都會告知你如何協助我們；我們確信你會竭盡全力地支持我們，而我們則堅定不移地這樣做。

　　上述電文是我在內閣辦公室起草的，我口述的同時，打字機將其記錄下來。通往花園的門敞開著，陽光明媚，溫暖宜人。此刻，空軍參謀長紐沃爾空軍中將坐在陽臺上，我完成草稿的修改後，拿給他看以徵求意見。他顯然被深深打動，立即表示完全贊同我的每一句話。將我的堅定信念化為文字後，我感到愉悅且精神振奮。在發出之前，我最後又通讀了一遍，心中充滿了堅定的信心。後來發生的事實確實印證了我當時的判斷。一切都成為現實。

第九章　法國的苦難與抉擇

第十章
波爾多與停戰決定

　　暫且擱置軍事失利的部分，我們來討論一下法國內閣的劇變，以及圍繞在波爾多的那些內閣人物。

　　確定事態發展的具體結果並非易事。英國戰時內閣幾乎連續不斷地開會，隨時做出決定並立即發送電報。由於將電報轉譯為密碼需要 2～3 個小時，有時還需再等 1 個小時才能發送，因此外交部官員常用電話直接通知我們的駐外大使，而大使也透過電話進行答覆，導致出現重複和短路等混亂。在英吉利海峽兩岸，事態變化如此迅速，若仍按照傳統程序先辯論後決策，就會延誤時機。

　　1940 年 6 月 14 日晚，雷諾先生自圖爾抵達法國政府的新址。大約 9 時，他會見了英國大使。羅納德‧坎貝爾爵士告知他，英王陛下政府將堅持 3 月 28 日協定的條款，雙方均不得與德國媾和。他還表示，如果法國政府決定遷往北非，英國將提供所有必要的運輸船隻。這兩項宣告均符合大使當前接到的指示。

　　6 月 15 日清晨，雷諾再次接見英國大使，告知他已確認決定將政府分成兩部分，並將政權中心設立於海外。此項政策顯然意在將法國艦隊轉移至德國勢力無法觸及的港口。當日上午，收到羅斯福總統對雷諾 6 月 13 日呼籲的答覆。我在發給法國總理的電報中雖然盡力強調羅斯福答覆的正面之處，但我明白，這仍會讓他感到失望。儘管若獲得（美國）國會批准，可以提供物資援助，但美國參戰的問題卻未提及。法國眼下無法期待

第十章　波爾多與停戰決定

美國宣戰，總統本人無權宣戰，也不能促使國會授予宣戰的權力。自從6月13日晚在圖爾附近的康熱召開內閣會議後，便再未召開會議。如今閣員們已全數抵達波爾多，於是他在當日下午召開了內閣會議。

幾日來，魏剛將軍始終堅信所有持續的抵抗毫無意義，因此，他計劃在法國軍隊仍具備足夠的紀律和力量以維護戰敗後的國內秩序時，逼迫法國政府請求停戰。長期以來，他對第三共和國的議會制度極為厭惡。作為一名虔誠的天主教徒，他將國家所遭受的全面破壞視為上帝對人們背棄基督教義的懲罰，因此，他超越了其職責（儘管他的職責已經極為重大）所許可的範圍，動用了他所具有最高軍事地位的權力。他與法國總理意見相左，宣稱法國軍隊已經無法繼續作戰，應該在全國尚未陷入無政府狀態之前，停止這場恐怖而無謂的大屠殺。

另一方面，保羅・雷諾已經意識到法國的戰爭已然結束，然而，他仍期望藉助非洲和法蘭西帝國的力量，透過法國艦隊繼續抗爭。儘管希特勒先前踐踏了歐洲大陸的這些國家，但沒有一個退出戰爭。事實上，這些國家的本土雖然被敵人占領，但它們的政府在海外依然高舉國旗，維繫國家的存在。雷諾願意仿效這些國家的做法，並且他擁有更為可靠的手段。他希望透過荷蘭投降的方式尋找解決方案。如此一來，儘管陸軍，尤其是其首領，已經拒絕繼續作戰，在與敵人接觸的地方放下武器，但國家仍能保持主權，利用一切可用的資源繼續戰鬥。

在內閣會議召開之前，總理與最高統帥就此問題展開了激烈的爭論。雷諾提議，政府應書面授權魏剛，以便讓他下達「停火」命令。魏剛憤怒地拒絕了這個軍事投降的建議。他堅決不允許以這種可恥的方式玷汙法國陸軍的軍旗。他認為，雖然投降是不可避免的，但應由政府和國家來處理，他所領導的軍隊只需履行軍人的職責。魏剛將軍雖為正直無私之人，但在此事上卻犯了錯誤。他認為軍人有權凌駕於共和國合法政府之上，由

此將整個抗戰——不僅是法國的抗戰，更是法蘭西帝國的抗戰——引向與合法政治領袖決策相悖的方向。

不談那些關於法軍榮譽的形式和討論，這裡存在一個實際的議題。如果法國政府正式簽署停戰協定，這就象徵著法國結束了戰爭。透過協商，部分法國領土可能免於淪陷，一部分軍隊可能保持自由；然而，如果從海外繼續作戰，所有未能逃離法國的人將受制於德國，數以萬計的法國人將被作為戰俘送往德國，無法獲得任何協定的保護。這是一個實際的問題，但應由共和國政府決定，而不是陸軍總司令。魏剛認為，他指揮的軍隊不願再戰，因此法蘭西共和國應屈服，並命令武裝部隊服從他樂於執行的停戰命令；這種立場，無論依據各文明國家的法律和實踐，還是根據軍人的職責，都是站不住腳的。至少在理論上，總理是有應對辦法的。他可以這樣回應：「你在違抗共和國憲法。從此刻起解除你的司令職務。我會獲得必要的總統批准。」

遺憾的是，雷諾先生對自己的立場缺乏足夠的信心。在這位專橫的將軍背後，隱約可見的是聲名顯赫的貝當元帥，他是雷諾近來不慎吸納到政府和內閣中那批失敗主義閣員的核心人物，這些人決心要停戰。在他們的背後，還有狡猾的賴伐爾，他已經成為波爾多的市長，聚集了一群躍躍欲試的參議員和眾議員。賴伐爾的政策直接而有效，主張法國不僅應與德國媾和，還必須倒戈，與征服者結盟，忠誠地跨越海峽去打擊共同的敵人，以此功績來保全其利益和各個省分，站在勝利者一邊結束戰爭。顯然，雷諾先生已經被他所經歷的考驗折磨得精疲力竭，他已無精神和體力應付如此嚴峻的個人挑戰。這種挑戰，確實只有奧利弗·克倫威爾、克里蒙梭、史達林或希特勒一類人物才能勝任。

6月15日下午的會議上，共和國總統也參加了討論。雷諾向同僚們闡述了當前局勢，並要求貝當元帥說服魏剛將軍接受內閣的意見。這位元帥

第十章　波爾多與停戰決定

成為說客實在是不合適。他離開會場後，過了一段時間，又與魏剛一起回來，而此刻他已轉而支持魏剛的立場。在這關鍵時刻，重要的閣員肖當提出了一個看似折衷的陰險建議，對於搖擺不定者頗具吸引力。他以內閣左翼成員的身分表示，雷諾認為與敵人妥協不可行，這是正確的，展現能夠使法國團結的姿態也是明智的。法國可以詢問德國停戰的條件，同時保留拒絕的自由。然而，一旦踏上這這條路，實際上就難以止步了。僅僅公布法國政府正在詢問德國停戰條件的消息，就足以摧毀法軍僅存的士氣。在發出如此致命的訊號後，如何命令士兵奮勇抵抗呢？然而，由於閣員們親眼目睹貝當和魏剛的表現，肖當的建議對他們多數人產生了深遠的影響。他們一致同意徵詢英國政府對此舉的看法，並同時通知英國，法國艦隊無論如何絕不投降。此時，雷諾站起來宣稱他要辭職，但被共和國總統制止，總統表示如果雷諾辭職，他也會辭職。於是，討論再次混亂地展開；在法國艦隊不向德國投降和將其移往法國以外港口以擺脫德國勢力的問題上糾纏不清。他們一致同意請求英國政府允許法國詢問德國的停戰條件，電報隨即發出。

次日清晨，雷諾再次會見了英國大使。大使告知，英國政府願意接受法國的請求，條件是確保法國艦隊不受德國控制——事實上，建議將艦隊轉移至英國港口。為節省時間，倫敦透過電話將這些指示傳達給坎貝爾大使。上午11時，混亂的內閣會議再次召開，勒布倫總統出席。參議院議長讓納內先生受邀出席，代表自己和眾議院院長赫里歐先生支持總理將政府遷至北非的提議。貝當元帥突然起身，宣讀一封信（普遍認為由他人代筆），表示辭去閣員職務。話畢，他準備離開會議室。共和國總統勸阻，並承諾當天給予答覆。元帥還抱怨停戰請求被拖延。雷諾答覆稱，若同盟一方請求解除義務，慣例需等待對方回應。會議至此結束。午餐後，大使遞交英國政府的書面答覆，內容與早晨透過電話告知雷諾的要點一致。

近日，戰時內閣處於一種異常激動的狀態。閣員們寢食難安的是法國的淪陷及其命運。至於我們本身的困境，以及我們將要單獨面對的局面，似乎退居次要地位。普遍的情緒是：對盟國所遭遇的苦難感到悲痛，並希望盡力提供援助。此外，還有確保法國艦隊這個極為重要的任務。英國與法國之間「永久聯盟」的建議，即是在這種精神下產生的。

　　此建議並非由我率先提出。6月15日，我在卡爾頓俱樂部的午餐會上首次聽聞這個明確計畫，出席者包括哈利福克斯勛爵、科爾班先生、范西塔特爵士，以及其他一、兩位人物。顯然，之前已經進行了詳盡的討論。6月14日，范西塔特與德斯蒙德・莫頓曾會晤莫內先生和普利文先生（兩位皆為法國駐倫敦經濟代表團成員），戴高樂將軍亦參與其間，他專程飛抵此地，為安排船隻運輸以便將法國政府及盡可能多的法軍轉移至北非而來。這幾位已草擬了英、法聯盟宣言的文字，除了總體上論及聯盟的益處外，還試圖在為雷諾提供鮮活激勵的新事實，使其能將大多數內閣成員遷至北非以繼續抗戰。最初，我對此事的反應並不積極。我提出了諸多關鍵問題，但無人能令我信服。然而，當天下午在冗長的內閣會議接近尾聲時，此事再度被提起。我看到眾多沉著堅定且經驗豐富的各黨派政治家如此熱忱地支持一項意義和後果尚未完全考量的重大計畫，著實令我感到驚訝。我未加抵抗，迅即被這種激昂慷慨的情感所感染，正是這種情感促使我們決心採取一種無私無畏的崇高行動。

　　次日早上，戰時內閣召開會議，首要議題是商討如何回應雷諾前晚提出的請求，要求正式解除法國在英、法協定中的義務。內閣批准了答覆，我在眾人的要求下走到隔壁房間起草。答覆於6月16日下午12時35分發出。覆文再次正式承認並重申當天早晨透過電話通知坎貝爾的指示。

第十章 波爾多與停戰決定

外交部致坎貝爾爵士

請將下述經內閣核准的電報呈交給雷諾先生：

邱吉爾先生致雷諾先生

1940年6月16日中午12時35分

關於不得單獨進行停戰或媾和談判的協定，是英國與法蘭西共和國締結的，而不是和法國任何一個個別政權或政界人物締結的，因此，它涉及到法國的榮譽。即便如此，假設法國艦隊在談判期間立即駛往英國的港口，則英王陛下政府完全同意法國政府為獲悉在法國停戰的條件而進行探詢。英王陛下政府決心繼續作戰，毫不參與上述探詢停戰條件之事。

午後不久，外交部在下午3點10分將措辭相同的第二封電報發給羅納德‧坎貝爾爵士。

兩封電報的措辭都極為強硬，反映了戰時內閣在上午會議中設定的核心目標。

外交部致坎貝爾爵士

請根據以下指示通知雷諾先生：

我們期待，當法國收到任何停戰條件的回應時，會立即與我們協商。進行協商的原因不僅因為我們兩國之間有不得單獨媾和或停戰的條約，還特別是由於英軍和法軍正在並肩作戰，我們必須考慮任何停戰形式對我們本身的重大影響。你應使法國政府感受到這樣的印象：將法國艦隊調往英國港口的安排，展現了我們視法國利益與我們本身利益同等重要。我們相信，若法國政府表明法國海軍將不在德國勢力範圍內，這將增強法國在任何停戰談判中的地位。至於法國空軍，除非法國政府願意將其調至英國，我們認為應盡一切努力飛往北非。

我們希望，法國政府在停戰談判前及談判期間，竭盡所能營救目前在法國的波蘭、比利時和捷克部隊，並將其轉移至北非。英國正在為接納波

蘭和比利時政府進行安排。

當日下午3點，我們再次召開會議。我提醒內閣，前日的會議即將結束時，曾討論過英、法兩國進一步密切合作的宣言問題。上午，我曾會見戴高樂將軍，他表示，為了給予雷諾先生必要的支持，使其政府能繼續戰鬥，必須採取一些引人注目的行動；他認為，發表關於法、英兩國永久聯盟的宣言可以達到這個目的，他的觀點讓我印象深刻。戴高樂將軍與科爾班先生都擔心，今晨戰時內閣透過電報發出的決議措辭過於激烈。我得知，又起草了一份新的宣言以供討論，還聽說戴高樂將軍已經致電雷諾先生。最終，大家認為目前應暫緩行動。因此，向羅納德・坎貝爾爵士發了一封電報，指示他暫不發送電文。

外交大臣接著表示，上午會後，他曾與范西塔特爵士會面，提及他要求范西塔特起草一份能強化雷諾地位且引人注目的宣告。范西塔特諮詢了戴高樂將軍、莫內先生、普利文先生和莫頓少校的意見。他們協力起草了一份宣告。戴高樂將軍強調，文件需盡快公布，他計劃當天晚上將草稿帶回法國。戴高樂將軍還建議，我應於次日前往法國會見雷諾先生。

眾人輪流傳閱宣言草稿，個個都全神貫注地細緻閱讀。所有人立即辨識出其中的難點，然而，最終，聯盟宣言似乎贏得了大家的一致認可。我表示，起初直覺上我反對這種構想，但在此關鍵時刻，我們絕不能被指責缺乏創造力。顯然，發表某種引人注目的宣告對於法國繼續抗戰是必要的。此提議不可輕易放棄，我看到戰時內閣大多數成員表示支持，心中不禁振奮。

下午3時55分獲悉法國內閣計劃在5時召開會議，以決定是否繼續抗戰。此外，戴高樂接到雷諾先生的電話稱，如果能在下午5時前收到支持聯盟宣言的答覆，他認為可以堅持他的立場。據此，戰時內閣批准了英、法聯盟宣言的最終版本，並授權戴高樂將軍轉交給雷諾先生。我們立

第十章　波爾多與停戰決定

即致電雷諾先生傳達此事。戰時內閣還請我、艾德禮先生和阿奇博爾德・辛克萊爵士代表英國三大政黨盡快與雷諾先生會面，以便商討宣言草稿及相關問題。

以下是最終稿件：

聯盟宣言

在當前全球歷史的這個關鍵時刻，聯合王國政府與法蘭西共和國政府鄭重宣告，兩國已締結永久同盟，堅定不移地致力於維護正義與自由，反對將人類置於機械化生活和奴役狀態的制度。

兩國政府宣告，法國與英國今後將不再作為兩個獨立國家存在，而是組成一個新的法英聯盟。

聯盟憲法將設立負責管理國防、外交、財政及經濟政策的聯合機構。

每位法國公民將即刻獲得大不列顛的公民身分；每位英國臣民亦將成為法國的公民。

無論戰爭對兩國領土的何處造成損害，其重建責任由兩國共同承擔，兩國資源將如同一個國家般平等地用於此目的。

戰爭期間，將設立一個統一的戰時內閣，所有英國和法國的武裝部隊，包括陸軍、海軍以及空軍，都將在這個內閣的指揮之下運作。在最適宜的地方進行指揮。兩國的議會將正式合併。不列顛帝國的所有國家正在組織新的軍隊。法國將在陸地、海洋和空中保持其現有的兵力。聯盟將呼籲美國，充分補充盟國的經濟資源，並為共同的事業提供大量的物資援助。

無論戰鬥在哪裡爆發，聯盟都將全力以赴地打擊敵人。

如此一來，我們定能擊敗敵人。

所有這些事情都已經及時告知議會，然而，此時此刻，這一切也已經變得無望。

從以上內容可以看出，這篇宣言並非由我起草，而是在會議桌上集體合作完成的，我僅僅對其提出了一些建議。之後，我將其帶到隔壁房間，戴高樂將軍、范西塔特、德斯蒙德‧莫頓和科爾班先生都在那裡等候。戴高樂將軍異常激動地閱讀了這份宣言，並透過電話與波爾多取得連繫，電話接通後，他立即將宣言告知雷諾先生。他和我們一樣希望，這兩個民族和兩個帝國之間的聯盟與團結的莊嚴誓約，能夠促使正在奮力打拚的法國總理盡可能帶領軍隊將政府遷往北非，並指示法國海軍駛向當前德國無法控制的港口。

　　現在我們來描述一下對方的狀況。英國大使遞交了英國關於法國解除3月28日承諾的兩封回覆。根據大使的報告，情緒低落的雷諾先生對這兩封回覆並不滿意。他立即表示，將法國地中海艦隊撤往英國港口，將導致義大利立即占領突尼西亞，並且會增加英國艦隊的困難。在戴高樂將軍透過電話告知他我的信件之前，他一直保持這種觀點。大使說：「這就像是一劑振奮精神的良藥。」雷諾表示，有了這樣的文件，他一定會為此全力以赴。這時，恰巧曼德爾先生和馬蘭先生走了進來，他們顯然也感到放心。隨後，雷諾先生邁著「輕快的步伐」去向共和國總統報告這個文件。他相信，有了這個強而有力的保證，他一定能促使內閣會議同意遷往非洲繼續作戰的政策。我給英國大使發了電報，指示他暫緩遞交上述那兩封措辭強硬的電報，或者無論如何暫不採取行動；這封電報是在雷諾總理剛剛離開後送到的。於是派了一個人追上去告訴他：早先那兩封電報應當「作廢」（說「暫時扣下」可能更好）。戰時內閣絲毫沒有改變它的立場。然而我們認為最好是讓《聯盟宣言》在最有利的條件下充分發揮作用。如果它能夠振奮法國內閣會議的精神，那麼大的局面便可以推動小的事務，法國艦隊也就會自動駛往德國無法控制的港口。如果我們的建議得不到支持，那麼，我們就可以再次行使我們的權利並提出我們的要求。我們難以得

第十章　波爾多與停戰決定

知法國政府內部發生了什麼事，也不知道這是最後一次能和雷諾先生交涉了。

那天，我曾透過電話與他交談，表示我將立即去見他。由於對波爾多的局勢或即將發生的事態不甚明瞭，我的戰時內閣同僚都建議我乘坐巡洋艦前往，於是安排了在次日於布列塔尼半島附近海域會合。我原本應該乘飛機去。然而，即使乘飛機也已為時已晚。

外交部發出了如下電報：

致坎貝爾爵士（波爾多）

6月16日下午6時45分

首相將於明日，即6月17日中午12時，乘坐巡洋艦抵達康加諾，與雷諾先生會面，隨行人員包括掌璽大臣、空軍大臣、三軍參謀長以及其他幾位隨行人員。此事已告知戴高樂將軍，他表示會晤的時間和地點都很合適。我們建議會面安排在艦上，以盡量保持低調。英艦「伯克利」號已被通知，若雷諾先生及其隨行人員希望使用，該艦將隨時待命。

6月16日下午8時，外交大臣再次以電話方式通知：

我曾告知你暫時擱置我之前的兩封電報，原因如下。

首相與戴高樂將軍商討後，決定明日在布列塔尼與雷諾先生會面，以進一步嘗試勸阻法國政府要求停戰。為此，他採納了戴高樂將軍的建議，計劃向雷諾先生提出立即發表一篇聯合宣告，宣告在各個領域建立最緊密的英、法聯盟，以便繼續戰爭。由英王陛下政府批准的宣言草稿原文將附在我即將發出的下一封電報中。應立即將原文向雷諾先生宣讀。

該宣言草稿的概要已由戴高樂將軍透過電話告知雷諾先生。雷諾回應稱，如果兩國政府發表這樣一篇宣言，將會影響法國政府的決策。

今夜，戴高樂將軍將帶著副本返回法國。

6月16日，我們的戰時內閣會議一直持續到晚上6點，會後我便接到命令啟程。同行的有工黨與自由黨的領袖們、三軍參謀長，以及多位重要官員和將領。一列快班車在滑鐵盧車站待命。兩小時內我們將到達南安普敦，乘坐以30海里速度航行的巡洋艦，經過一夜，於6月17日中午抵達會晤地點。我們已經在列車上就位。我的夫人也前來送行。發車時間被奇怪地推遲了。顯然發生了某種意外。這時，我的私人祕書氣喘吁吁地從唐寧街趕來，帶來坎貝爾從波爾多發來的消息：

內閣危機業已顯現。……消息預計將於午夜左右傳來。目前看來，原定於明日的會晤恐難成行。

我懷著沉重的心情回到唐寧街，聽到了一個消息。

以下是雷諾內閣的最終場景。

雷諾對《聯盟宣言》的期待瞬間化為泡影。如此誠摯的提議遭遇如此敵視的反應實屬罕見。總理在內閣會議上宣讀了文件兩次。他聲稱自己全力支持，並表示將安排次日與我會面以討論所有細節。然而，內閣成員——無論是著名的還是不太知名的——因意見分歧而陷入分裂，在失敗的沉重陰影下顯得猶豫不決。據悉，有人透過竊聽電話得知此事，這些人是失敗主義者。大多數成員未做好接受這個深遠計畫的心理準備。會議中，絕大多數傾向於徹底否定該計畫。多數人感到驚訝並表示不信任，甚至連平日最友好、最堅定的人也難以表態。內閣會議的初衷是聽取英國對法國要求的答覆，他們一致同意請求英國允許法國解除3月28日的承諾，以便探求德國的停戰條件。如果我們早些展示正式答覆，可能會令大多數人接受我們的首要條件：將艦隊駛向英國，或者至少提出其他適當方案，使他們能與敵人展開談判，同時，如果德國的條件過於苛刻，他們還可以保留撤往非洲的選擇，但此時卻出現一種典型的「秩序，反秩序，無秩序」局面。

第十章　波爾多與停戰決定

　　雷諾無法擺脫英、法聯盟提議帶來的負面影響。以貝當元帥為首的失敗主義者甚至拒絕對其進行評估。他們提出強烈指責，稱其為「最後一分鐘的計畫」，是「突如其來的攻擊」，是「將法國變為被保護國或奪取其殖民地的計畫」。他們聲稱，這將使法國的地位降為英國的自治領。還有人抱怨，法國人沒有得到平等的地位，因為他們只能獲得英帝國的公民身分，而非大不列顛的公民身分，但英國人卻可以成為法國公民。這種說法與宣言原文不符。

　　此外，還提出了許多其他論點。魏剛不費口舌便說服貝當，認為英國已經完蛋。法國的最高軍事當局聲稱：「不出 3 個星期，英國就會像一隻小雞般被人擰住它的脖子。」在貝當看來，與英國結盟無異於「與死屍結合」。伊巴納加雷在上次大戰時曾表現堅毅，如今卻大喊大叫：「還是做納粹的一個行省好些。我們至少知道那是怎麼一回事。」魏剛將軍的親密朋友、參議員雷貝爾宣稱，這個計畫意味著法國的徹底滅亡，總之顯然是讓法國隸屬於英國。雷諾雖然回應說：「我寧願與盟國合作而不願與敵人合作」，也白費唇舌。曼德爾也質問：「你們寧願做德國的一個區，而不願做英國的一個自治領嗎？」然而這些話都無濟於事。

　　我們確知，雷諾在內閣會議上闡述了我們的建議後，並未進行表決。這個建議就這樣自行消失了。這對於堅持戰鬥的法國總理來說，是一個對他本人的致命打擊，這代表著他在內閣的影響和威望已經完結。其後的一切討論便轉到停戰和探詢德國的條件上去了，在討論這些問題時，肖當先生顯得既冷靜又堅決。我們就艦隊問題發出的兩封電報始終沒有提到內閣會議上去。我們要求在與德國談判前，法國艦隊應開往英國港口，這點始終沒有獲得雷諾內閣的考慮，這個內閣現在已經完全解體了。雷諾多日以來由於身心緊張已經精疲力竭了，在 8 時左右，他把辭呈遞交給總統，並建議總統召見貝當元帥。這個行動簡直太輕率了。他似乎仍舊希望能夠於

次日和我會晤，並且把這個意思告訴了斯皮爾斯將軍。斯皮爾斯說：「明天就是另一個政府了，你再也不能代表任何人說話了。」

根據坎貝爾的報告（6月16日的來電），情況如下：

今天下午，雷諾先生因為收到首相那封精彩的電報而備受鼓舞。他隨後向我們表示，支持探討停戰條件的力量過於強大，令他難以應付。他在內閣會議上將電報宣讀了兩遍，解釋其重要性以及對法國未來帶來的一線希望，但這些話未能產生效果。

我們對他進行了半小時的勸導，鼓勵他努力剷除同僚中的惡勢力。與曼德爾先生簡短會談後，今天再次拜訪了參議院議長讓納內先生，他與眾議院議長的看法一致，期望能說服共和國總統，堅持由雷諾先生籌組新政府。

我們要求他明確告知總統，首相電報中的提議不適用於與敵對政權談判的政府。

大約1小時後，雷諾先生告知我們，他已經失敗並遞交了辭呈。貝當元帥和魏剛將軍（他們活在另一個世界，仍以為能照舊在談判桌上商討停戰）聯手壓倒了政府中的懦弱成員，利用革命的恐懼使這些閣員屈服。

6月16日下午，莫內先生與戴高樂將軍在內閣辦公室中與我會面。戴高樂將軍剛以國防部副部長的身分公布了一道命令，指示「巴士德」號法國輪船從美國運載武器駛向英國港口。莫內正在積極編制一個計畫，如果法國單獨媾和，就將法國在美國的所有軍火合約轉讓給英國。他顯然已經預見到這種情況，並希望從他所認為的全球災難中盡可能多地拯救一些資源。他在這個領域的立場對我們極為有利。接著，他轉而請求我們將所有剩餘的戰鬥機中隊派往法國，參與最後的戰鬥，而那場戰役實際上已結束。我告訴他，最後一戰已無可能。他甚至在此階段仍然使用老套的觀點：「決定性的一戰」，「良機不再」，「若法國淪陷，一切即完」等等。但

第十章　波爾多與停戰決定

在這方面，我無法答應他的請求。我的兩位法國客人此時站起身來走向門口，莫內在前。在他們到達門口時，至此一言未發的戴高樂轉身走向我，用英語說道：「我認為你做得很對。」從他冷靜而沉著的態度中，我感受到他具備一種驚人的承受痛苦的能力。在與這位高大且性情冷靜的人接觸中，我始終保持著這樣的印象：「這才是法國的元帥。」當天下午，他乘坐我為他安排的英國飛機返回波爾多，但他在那裡不會停留太久。

貝當元帥迅速著手建立法國政府，其主要目標是立即與德國達成停戰協定。至6月16日深夜，以貝當為首的失敗主義者已經集結，因此組閣過程並不漫長。主張「探詢停戰條件並不等同於接受」的肖當先生擔任內閣會議的副主席。魏剛將軍因認為大勢已去而掌管國防部。海軍上將達爾朗擔任海軍部長，博杜安先生則擔任外交部長。

賴伐爾先生面臨的唯一不順遂之事顯然是貝當元帥最初想委任他為司法部長一職，但他輕蔑地拒絕了這個提議。他要求擔任外交部長，認為憑藉這個職位，他可以實現其計畫：徹底改變法國的聯盟，顛覆英國，並在納粹統治的新歐洲之中扮演一個小角色。在這個可怕人物的咆哮聲中，貝當元帥迅速屈服。儘管博杜安先生已經在外交部任職，但他意識到自己並不適合這個角色，準備立即辭職。然而，當他與外交部常務次長夏爾-魯先生討論此事時，次長表現出憤怒，因為他得到了魏剛的支持。當魏剛進入房間與這位顯赫的元帥交談時，賴伐爾的憤怒達到了頂點，以至於兩位軍事領袖都感到震驚。次長堅決拒絕在賴伐爾手下任職。面對這種局面，元帥再次退讓，經過一場激烈的爭吵後，賴伐爾憤然離去。

此時正值關鍵時刻。4個月後，當10月28日賴伐爾最終出任外交部長時，軍事形勢的評估已發生轉變。英國對抗德國的能力，至此已成為影響戰局的關鍵因素。顯而易見，這個島國不可輕視。無論如何，她並未「在3週內像小雞般被輕易扼殺」。這個新事實令整個法國感到振奮。

在 6 月 16 日的電報中，我們同意法國探尋停戰條款，條件是法國艦隊駛向英國港口。此電報已正式呈遞給貝當元帥。根據我的建議，戰時內閣又批准了另一封電報，重申此要點，但我們的建議未被採納。

6 月 17 日，我向貝當元帥和魏剛將軍發送了一封私人電報，其副本則由我駐法國大使轉交給法國總統以及海軍上將達爾朗：

我願再次重申我堅定的信念：享有盛譽的貝當元帥與聲名顯赫的魏剛將軍──我們在兩次對德戰爭中的戰友──絕不會將優秀的法國艦隊交給敵人，損害他們的盟國。這種行為將在歷史長河中損害他們的聲譽。然而，當艦隊仍有機會載著未來的希望和法國的榮譽駛向英國或美國港口以確保其安全時，若再浪費這幾個小時的寶貴時間，便極易導致這種後果。

為了確保這個呼籲在法國得到支持，我們派出第一海務大臣（他自認為與海軍上將達爾朗有個人和業務上的密切關係），與海軍大臣 A.V. 亞歷山大先生及長期被視為法國友人的殖民地事務大臣勞埃德勳爵一起前往法國。6 月 19 日，他們 3 人竭盡全力與新政府成員進行了各種可能的接觸。他們獲得了許多莊重的承諾：絕不讓艦隊落入德國人手中。然而，法國艦隻並未駛離德國兵力迅速接近的區域。

依照內閣的意願，我於 6 月 17 日晚間發出了以下宣告：

從法國傳來的消息令人憂慮，我對面臨重大災難的英勇法國人民深感痛惜。無論何種力量都無法改變我們對法國人民的情感，或動搖我們對法蘭西精神必將復興的信念。法國的局勢不會影響我們的行動和目標。我們現在是唯一以武力捍衛世界正義的戰士。我們必須全力以赴，才能無愧於這個崇高榮譽。我們必將守護我們的本島，只要大英帝國存在，我們就將不屈不撓地戰鬥，直到徹底消除希特勒給人類帶來的災難。我們堅信，終將實現所有目標。

6 月 17 日上午，我在內閣會議上向同事們提及我與斯皮爾斯將軍的夜

第十章　波爾多與停戰決定

間通話，斯皮爾斯表示，他覺得在波爾多的新政府中可能無所作為。他以憂慮的語調談及戴高樂將軍的安全。斯皮爾斯顯然意識到，在形勢如此發展的情況下，戴高樂最好是離開法國。我愉快地答應對此事進行適當的安排，因此，戴高樂當天上午去到他在波爾多的辦公室，並在下午安排了許多約會作為掩護，然後與朋友斯皮爾斯一起驅車前往機場，為斯皮爾斯送行。他們握手告別，當飛機開始滑行時，戴高樂登上飛機，砰然關上機艙門。飛機騰空而起，法國的警察和官員們都被驚得目瞪口呆。戴高樂在這架小型飛機中載著法國的榮譽離去。

那晚，他向法國人民發表了一場令人難忘的廣播。以下是其中的一段摘錄：

> 法國並非孤立無援。其背後是一個龐大的帝國。它有與不列顛帝國結盟的能力，不列顛帝國掌控海洋且持續參戰。法國能夠仿效英國，充分利用美國的龐大工業資源。

其他希望繼續作戰的法國人並未如此幸運。在貝當政府成立後，仍然有可能在德國控制之外的非洲建立中心政權。6月18日，貝當內閣召開會議討論此事。當晚，勒布倫總統、貝當以及參、眾兩院議長舉行了會談，似乎至少同意派遣代表團前往北非。即便是貝當元帥也未表示反對。他本人願意留在法國，但認為由內閣會議副主席肖當代表他前往北非是可行的。當緊急撤退的謠言在波爾多引發不安時，魏剛卻表示反對，認為此舉會破壞法國倡議在6月17日透過馬德里發起的「光榮的」停戰談判。賴伐爾對此深感震驚，擔心在法國境外建立有效的抗戰政權會挫敗他所決心採取的政策。他開始對聚集在波爾多的參、眾兩院議員進行遊說。

海軍部長達爾朗持有不同的見解。他認為，此時若將那些批評他行為的關鍵人物匯聚於一艘船上並送走，是解決眾多棘手問題的最直接方式。一旦登船，這些人便受控於他，政府將有充裕的時間來策劃下一步。他取

得新內閣的同意後，邀請所有計畫前往非洲的政界要人搭乘巡洋艦「馬西里亞」號。這艘船定於 6 月 20 日從吉倫特河河口啟航。然而，許多計劃前往非洲的人，包括讓納內和赫里歐在內，懷疑這可能是個圈套，選擇經由西班牙陸路前往。除了難民，最後一批乘客中有 24 名眾議員和 1 名參議員，還有曼德爾、康平契和達拉第，他們都積極倡導遷往非洲。「馬西里亞」號於 6 月 21 日下午起航。6 月 23 日，船上的無線電收音機傳達了貝當政府已接受並簽署對德停戰協定的消息。康平契立即嘗試說服艦長駛往英國，但顯然這位艦長事前已經接到指示，對他兩天前的政治長官冷淡拒絕。這些不幸的愛國者經歷了許多焦慮不安的時光，直到 6 月 24 日晚，「馬西里亞」號在卡薩布蘭卡拋錨時才得以安心。

曼德爾依然按照慣常的方式行事。他與達拉第起草了一份宣言，計劃在北非成立抗戰政府，並由他擔任總理。上岸後，他拜訪了英國領事，隨後下榻於艾克賽西爾飯店，打算透過哈瓦斯通訊社公布這份宣言。然而，諾蓋將軍在閱讀宣言草稿後感到不安。他扣留了電文，未予公布，反而將其轉發給達爾朗和貝當。此二人已決意不允許在德國控制範圍外建立任何潛在敵對政府。曼德爾在飯店被捕並被送至地方法庭，儘管地方長官——後被維琪政府撤職——宣告他無罪並釋放了他，但在諾蓋總督的命令下，他再次被捕，關押在「馬西里亞」號上。此後，該船被扣押在港口，受到嚴密監視，船上旅客不得與岸上連繫。

當然，那時我尚未了解上述所有情況，仍掛念著那些決心繼續抗爭的法國人的命運。

首相致伊斯梅將軍

1940 年 6 月 24 日

在閘門尚未關閉之前，最為緊要的任務似乎是立即籌組一個機構，以便讓法國軍官、士兵及願意參戰的重要技術人員能夠順利撤離至各大港

第十章　波爾多與停戰決定

口。應仿效昔日黑奴逃亡的「地下鐵路」，並成立一個類似「紫繁蔞」的組織。我深信，堅定不移的人將源源不斷地加入，我們需要一切可用的人力來守護法國的殖民地。海軍與空軍務必協同作戰。當然，戴高樂將軍及其委員會將擁有執行任務的權力。

1940年6月25日深夜，在戰時內閣的會議上，我們接收到一則消息：一艘載有多位法國傑出政治家的船隻已駛過拉巴特。我們決定立即與他們連繫。新聞大臣達夫·庫珀在戈特勳爵陪同下，於黎明時分乘坐一架「桑德蘭」飛船前往拉巴特。他們在清晨抵達了這座小城。全城降半旗，教堂鐘聲齊鳴，大教堂正在舉行莊嚴的儀式，為法國的失敗致哀。他們試圖連繫曼德爾的所有努力都被阻撓。副總督名為莫里斯，他不僅在電話中，而且在達夫·庫珀請求會見時，當面告知他，自己別無選擇，只能服從上級命令。「如果諾蓋將軍命令我開槍自殺，我也會欣然服從。不幸的是，他給我的命令比讓我自殺還要嚴酷。」這些昔日的法國部長和議員們實際上被視為逃犯。我們的使團別無他法，只能原路返回。幾天後（7月1日），我指示海軍部試圖攔截「馬西里亞」號以營救船上之人，但無計可施。這艘船在卡薩布蘭卡炮臺下停泊了約3個星期，隨後這些人被送回法國，由維琪政府按照既有利於他們又能取悅德國主子的方式處理。曼德爾開始了他漫長而痛苦的監禁，直到1944年底被德國下令處決。因此，在非洲或倫敦建立一個堅強代表法國政府的希望破滅了。

設想若某些重大事件的軌跡改變，或者我們採取了不同的決策，結果會如何——這樣的思考雖然對現實無益，卻常令人嚮往，並且有時還能從中汲取教訓。法國的淪陷是6月16日10多起偶然事件共同促成的，每一件事的成與敗都在毫釐之間。如果保羅·雷諾度過了6月16日的危機，那麼，隔日中午我將與他見面，我將帶領英國有史以來最強大的代表團，並擁有代表英國的全權。我們必定會當面向貝當、魏剛、肖當及其他

人提出我們的直率主張：「除非法國艦隊駛往英國港口，否則絕不允許法國解除 3 月 28 日的義務。」我們還將提議成立永久的英、法聯盟。到非洲去，讓我們並肩作戰到底。我們必定能贏得共和國總統的支持，以及法國兩院議長和所有聚集在雷諾、曼德爾和戴高樂周圍堅定不移者的支持。我相信，我們也許能夠在談判桌上激起失敗主義者的勇氣，促使他們改變立場，否則就讓他們成為少數，甚至逮捕他們。

然而，讓我們更進一步地繼續這種幻想。法國政府可能撤退到北非。英、法的超國家實體或行動委員會 —— 可能最終成為這樣 —— 將與希特勒對峙。英、法兩國的海軍可以從港口完全掌控地中海，所有軍隊和軍需品的海上運輸暢通無阻。所有在保衛不列顛之外可以節省的空軍力量，以及所有法國剩餘的空軍力量，經過美國的裝備補充，以北非法國的機場為基地，不久將成為進攻的關鍵。馬爾他島將立即成為我們最活躍的海軍基地，而不再是長期以來令人憂慮的危險地點。從北非起飛的重型轟炸機轟炸義大利，比從英國起飛要方便得多。這將有效切斷義大利與其駐利比亞和的黎波里塔尼亞部隊的交通線。如果用於保衛埃及的戰鬥機不像實際投入的那樣多，如果派往地中海戰場的部隊也不像實際派出的或計劃派出的那麼多，那麼，加上剩餘的法國軍隊，我們很可能將在 1941 年中期將戰爭從地中海東部轉移到地中海中部，並清除北非沿岸的所有義大利軍隊。

法國絕不會喪失作為其盟友的主要交戰國之一的地位，並將避免陷入曾經並仍在困擾其人民的可怕分裂局面。法國本土無疑會在德國的統治下屈服，但實際上，這種情況是在 1942 年 11 月英、美發動進攻後才出現的。

如今，這段經歷已然展現在我們面前，無法否認的是，停戰協定未能使法國免於嚴重的創傷。

要揣測希特勒的下一步行動，實在是令人費解。他是否會在西班牙未同意的情況下，強行通過該國，並在攻擊甚至占領直布羅陀後，繼續入侵

第十章　波爾多與停戰決定

丹吉爾和摩洛哥？這個區域對美國而言至關重要，在羅斯福總統看來也是一項重大的議題。希特勒是否可能在通過西班牙發動對非洲龐大攻勢的同時，還進行不列顛之戰呢？他必然需要在這兩者之間做出選擇。如果他決定攻打非洲，鑑於我們掌握了制海權並擁有法國的海外基地，我們能夠更迅速、更有力地將陸軍和空軍調往摩洛哥和阿爾及利亞。我們當然樂於在1940年秋冬季節，於友好的法屬西北非或以其為起點展開一場惡戰。

從事後的視角來看，希特勒的關鍵決策和戰爭中的重要事件，如不列顛之戰和德國的大規模東進，即便法國政府撤退至北非，也不會發生改變。巴黎淪陷後，希特勒欣喜若狂，此時，他面臨極其重大的問題。法國一旦投降，他勢必會盡可能征服或摧毀大不列顛。此外，他唯一的其他選擇便是進攻蘇聯。透過西班牙發起對西北非的大規模軍事行動，對這兩個巨大的軍事冒險都是不利的，或者至少會妨礙他對巴爾幹國家的進攻。我堅信，如果法國政府遷至北非，盟國將處於更有利的地位；無論希特勒是否追擊到北非，我對這種觀點的信念依然堅定。

1944年1月的某日，我正在馬拉喀什療養，喬治將軍前來與我共進午餐。閒談中，我無意間提及一個沒有根據的想法：或許正因1940年6月法國政府未遷往北非，才導致如此結果。1945年8月在貝當受審時，喬治將軍認為應將此言作為證據。我並非抱怨，但對這件事的事後推測並不代表我在戰時或當前經過深思熟慮的意見。

第十一章
達爾朗與奧蘭海戰

　　法國崩潰之後，所有友邦與敵國心中都浮現了一個疑問：「英國是否也會屈服？」從我們在各大事件中所發表的公開宣告來看，我曾代表國王陛下的政府多次重申我們獨自戰鬥到底的決心。在 6 月 4 日敦克爾克撤退後，我曾表示：「如果有必要，我們將戰鬥數年，如果有必要，我們將獨立作戰。」這些言辭並非無意為之，次日，法國駐倫敦大使奉命來詢問我這些話的真實含義。我答覆他：「字面意思即為本意。」6 月 18 日，即波爾多陷落的次日，我在下議院發言時，讓下議院回憶起我曾說過的話。隨後，我「略陳我們堅定不移繼續作戰的決心所基於的實際理由」。我能夠向議會保證，我們三軍的參謀都堅信有實現最終勝利的美好與合理的希望。我告訴他們，我已經收到 4 個自治領總理的電報，他們都支持我們繼續戰鬥的決定，並宣告願與我們同甘共苦。「在全面審視這個可怕的局勢並以清醒的目光面對我們的危險時，我認為我們完全應該保持警覺，加倍努力，但卻沒有恐慌或畏懼的理由。」我還補充道：「在上次大戰的最初 4 年間，盟國一直遭遇災難與失敗……我們心中曾反覆自問：『我們如何才能獲勝呢？』直到最後，極為突然且大大出人意料地，我們的凶狠敵人在我們面前瓦解了，可是，我們被勝利沖昏了頭腦，做了不少蠢事，結果又將勝利的果實丟掉了。」

　　「無論法國的未來命運如何，無論是現任政府還是未來的法國政府，我們在這個島嶼上，以及在整個大英帝國範圍內，始終會與法國人民保持深厚的情誼。……若我們的努力最終贏得勝利，法國人民也將一起享受勝

第十一章　達爾朗與奧蘭海戰

利的果實——是的,所有人都將重獲自由。我們絕不會放棄我們的正當主張;我們絕不妥協。……捷克人、波蘭人、挪威人、荷蘭人、比利時人已經將他們的事業與我們的事業聯合在一起。他們都將重建他們的家園。」我在結束演講時說:

　　魏剛將軍所提及的「法蘭西之戰」,如今已經結束。我預見,「不列顛之戰」即將來臨。基督教文明的存亡與此戰息息相關。我們英國人民的生存,以及我們的制度與帝國的長期延續,皆繫於此戰。敵人的所有凶猛與暴力將迅速降臨於我們。希特勒深知,若不在此島上擊潰我們,他將無法成功。倘若我們能抵擋住他,整個歐洲便可獲得自由,全球人民將步入廣闊而光明的未來。然若我們失敗,整個世界,包括美國以及我們所珍視的一切,將會沉淪於一個新的「黑暗時代」的深淵之中,而且由於對科學智慧的濫用,我們所遭受的災難將更加嚴重,或許將持續更久。因此,讓我們勇敢地承擔起責任,以便在英帝國及聯邦存在千年之後,人們仍可稱頌:『這是他們最光輝的時刻。』

　　那些常被引用的格言,在勝利時刻將一一兌現,但如今不過是空談。某些外國人不理解遍布全球的不列顛民族的特質。當不列顛人情緒高漲時,他們或許誤以為那僅是虛張聲勢,為和平談判鋪路。希特勒急於結束西歐戰事,這一點顯而易見。他能夠提出誘人的條件。像我這樣研究過他動機的人認為,以下情況並非不可能:他可能同意讓不列顛、英帝國及其艦隊保持現狀,並簽訂和約,以獲得里賓特洛甫 1937 年與我談及的東歐行動自由,而這正是他的主要願望。迄今為止,我們尚未對希特勒造成重大損害。與此同時,我們在法國的失敗相形見絀。許多國家的策略家大多不理解海上入侵問題和我們的空軍品質,他們對德國強大的印象尤為深刻,因此難怪他們不相信這一點。並非所有政府(無論民主或專制),也非所有民族(在孤立無援時)都能毅然面對侵略威脅並拒絕媾和的機會,

何況還有許多看似合理的媾和藉口。動聽的辭令不能當作保證，或許會出現另一個政府。「戰爭販子曾囂張一時，但最後卻失敗了。」美國置身事外，無人對蘇俄承擔義務。為何英國不與日本、美國、瑞典及西班牙等旁觀者一道，旁觀納粹帝國與共產帝國互相殘殺，坐享其成呢？後人難以相信，我所概括的問題當時無人認為值得納入內閣議程，甚至在最隱祕的私人會談中也未曾提及。這些疑問只能透過行動來解答。行動即將開始。

應美國海軍當局的請求，洛西恩勳爵曾急切地諮詢是否需要從英國跨越大西洋運送英國艦隊所需的軍火和維修裝置，我回電告知：

1940 年 6 月 22 日

目前尚無必要採取這種預防措施。

我同樣將這封電報傳達給我在自治領的友人們：

致麥肯齊・金

1940 年 6 月 24 日

如你重讀我 6 月 5 日的電報，你會明白，一旦祖國戰敗，並未涉及與美國磋商以促使其參戰並將我們的艦隊調往大西洋對岸的議題。相反，我認為，目前考慮最終的局勢並非特別明智。我對我們防衛這個島嶼的能力充滿信心。我看不出有任何理由準備或支持英國艦隊的轉移。我個人絕不會與希特勒進行任何和平談判，但顯然，我不能限制未來的政府不這樣做。如果美國拋棄我們，而我們在本島被擊潰，那麼未來的政府很可能會上演吉斯林的戲碼，準備接受德國的霸權和保護。如果你能像我在給總統的電報中那樣引起他的注意，這將對我們有幫助。

祝你一切順利。我們深感欣慰：傑出的加拿大教師正與我們並肩作戰，為不列顛的勝利而奮鬥。

我再次向史末資發出電報，內容如下：

第十一章　達爾朗與奧蘭海戰

1940 年 6 月 27 日

　　顯然，我們必須首先擊退入侵大不列顛的任何敵軍，並展示我們能夠繼續發展空軍的實力。這只能透過實踐來驗證。如果希特勒無法在此擊敗我們，他可能會轉而向東進攻。當然，他也可以選擇不攻擊大不列顛，直接採取這個行動，以為部隊尋找戰場，同時減輕即將來臨的冬季壓力。

　　我不認為冬季的緊迫局勢具有決定性意義，然而，僅憑祕密警察和軍事占領來統治整個歐洲，而沒有透過重大措施來激勵民眾，這並非長久之策。

　　我們空軍實力的增強，特別是在未遭轟炸影響的地區，將使希特勒在德國境內面臨越發嚴峻的挑戰，不論他在歐洲或亞洲取得何種成就，這些挑戰很可能對他具有決定性影響。

　　目前，我們為保衛英國本土而籌組的強大部隊，正基於進攻原則進行編制，可能在 1940 年和 1941 年出現大規模兩棲部隊的攻勢行動。我們仍在按照建立 55 個師的計畫進行，但隨著軍火供應的增加，以及帝國人力和物力的動員，建立更多師的可能性也隨之增加。無論如何，我們如今處於主動作戰的位置。希特勒需防守廣大的飢餓地區，而我們卻掌控海洋。因此，我們對西歐的攻擊目標有相當大的選擇餘地。

　　我向你發送這些私人電報，為的是與您在大局觀上保持最緊密的溝通，因為我始終非常尊重您的意見。我們堅信自己能夠承受住這次最嚴峻的考驗。

首相致洛西恩勳爵（華盛頓）

1940 年 6 月 28 日

　　當然，我即將發表廣播演說，但我並不認為此刻的演說會有多大影響。不要過於關注美國輿論的動態。只有事態的發展才能真正影響他們。在 4 月分之前，他們如此確信盟軍必將勝利，以至於覺得無需提供援助。

而現在，他們又如此確定我們將會失敗，以至於認為援助已不再需要。我堅信，我們能夠抵禦敵人的攻勢並保持空軍的活躍。不論如何，我們決心嘗試。應不斷讓總統和其他人意識到：如果敵人成功攻占英國，並在激戰後占領大部分地區，可能會出現親德政府與德國媾和，成為德國的附庸。在這種情況下，英國艦隊將成為這種「媾和政府」與德國談判的籌碼。屆時，英國對美國的反感將如同法國現在對我們的怨恨。截至目前，我們尚未從美國獲得實質性的援助。〔步槍和野戰炮要到7月底才到，而驅逐艦則被拒絕提供。〕我們知道總統是我們最好的朋友，但試圖討好共和黨和民主黨全國委員會是徒勞的。真正重要的問題是希特勒能否在3個月內控制不列顛。我認為他不能。但這不是可以事先辯論的事情。英倫三島的人民保持心情愉悅和冷靜。此地沒有人情緒低落。

當波爾多的那些日子接近尾聲時，海軍上將達爾朗的地位變得舉足輕重。儘管我與他的交往不多，而且僅限於正式場合，我對他在重建法國海軍方面的成就無比欽佩。經過他10年的精心管理，法國海軍的效率達到了自法國大革命以來的巔峰。1939年12月，達爾朗曾到訪英國，我們在海軍部為他舉行了正式的宴會。在他的答謝致辭中，他首先提醒我們，他的曾祖父在特拉法爾加戰役中陣亡。因此，我推測他是那些心地善良但對英國懷有敵意的法國人之一。1月間的英、法海軍會談也顯示出，這位海軍上將在職業地位上對任何擔任海軍部長的政治人物充滿了嫉妒。這種固執的觀念在他的行為中顯然造成了某種作用。

此後，達爾朗常出現在我先前提及的多數會議中。當法國抵抗即將結束時，他多次向我保證，無論如何，法國艦隊絕不會落入德國之手。如今在波爾多，這位野心勃勃且自私自利的能幹海軍上將迎來了其事業的關鍵時刻。他對艦隊的指揮權幾乎是絕對的。只要他下令艦艇駛往英國、美國或法國殖民地的港口 —— 有些艦艇已在航行中 —— 便會得到完全服從。6月17日上午，雷諾內閣倒臺後，他向喬治將軍表示，他已決意公布該命

第十一章　達爾朗與奧蘭海戰

令。次日下午，喬治見到他，詢問進展如何。達爾朗回答說，他已改變主意。問及原因，他簡單地答道：「我現在是海軍部長了。」這句話的含義，並非因為想當海軍部長而改變主意，而是擔任海軍部長後，他的看法已經不同。

人類那些自私自利的計畫往往是多麼徒勞無功！比達爾朗更具象的例子幾乎難以找到。海軍上將達爾朗只需搭乘任意 1 艘自己的軍艦，駛往法國境外的任何港口，即可擺脫德國的控制，成為不受德方影響的法蘭西權益的掌控者。他不會像戴高樂將軍那樣，僅以一顆不屈的心和少數志同道合者流亡英國。他有能力率領全球第四大海軍，脫離德國勢力範圍，這支海軍的官兵全都對他忠誠。如果他採取此舉，達爾朗將成為法國抵抗運動的領袖，掌握一項強大的武器。英國和美國的造船廠和兵工廠都可為他的艦隊提供支持。一旦獲得承認，法國在美國的黃金儲備將確保他擁有充足的資源。整個法蘭西帝國將團結在他周圍，任何勢力都無法阻止他成為「法國的解放者」。他所渴望的榮譽和權力將近在咫尺。然而，他選擇了不同的道路，擔任了兩年充滿憂慮和恥辱的職位，最終死於非命，留下了一個被他曾效力的法國海軍和法蘭西民族永遠唾棄的惡名。

值得在此記錄的最後一件事情是，達爾朗在 1942 年 12 月 4 日——正好在他遇刺前 3 週——寫信給我，堅稱他履行了自己的承諾。由於這封信是他的自我辯護，理應保存為紀錄，因此我決定將其刊登。在法國艦艇上從未配備過德國人，也從未在戰爭中被德國人用來對付我們，這是無可爭辯的事實。這並非完全歸功於海軍上將達爾朗的措施；然而，他確實在法國海軍官兵心中植入了這樣的信念：在法國艦艇被德國人奪取前，寧願付出任何代價也要將其摧毀，因為他對德國人的憎恨不亞於對英國人的憎恨。

海軍上將達爾朗致邱吉爾先生

阿爾及爾，1942年12月4日

尊敬的首相閣下：

　　1940年6月12日，在布里亞爾魏剛將軍的司令部，你將我拉到一旁，對我說道：「達爾朗，我希望你絕對不要將艦隊交出。」我答覆你：「絕不，那違背了我們海軍的傳統和榮譽。」同年6月17日，在波爾多，海軍大臣亞歷山大和第一海務大臣龐德也從我口中聽到了對勞埃德勳爵相同的回答。最終我沒有同意命令法國海軍前往英國港口，因為我清楚，這個決定將可能導致法國本土和北非被全面占領。

　　我承認，對英國的強烈反感深深影響了我的判斷，這種情感源自於過去痛苦的經歷，深深觸動了我作為海軍軍人的內心；此外，你似乎不相信我所說的話也加劇了這種情緒。某天，哈利福克斯勳爵透過杜普伊先生轉告我：在英國，沒有人懷疑我所說的話，只是不相信我能付諸實施。土倫的艦隊自我摧毀，恰好證明了我的言行一致，即便我不再指揮海軍，該艦隊仍違背賴伐爾政府的意願，執行了我以前下達且始終未變的命令。根據我方領袖貝當元帥的命令，我不得不在1941年1月至1942年4月期間採取一種政策，以保護法國和法蘭西帝國免遭軸心國的占領和蹂躪。由於局勢的急遽變化，這個政策與貴方的政策完全相反。我別無選擇；那時你無法援助我們，任何示好行為都會給我們國家帶來嚴重後果。如果我們未能憑藉自身力量捍衛法蘭西帝國（即便在敘利亞我也一再拒絕德國的援助），軸心國早已占領北非，而我們的陸軍將被驅逐；英國第1集團軍根本無法在突尼西亞與法國部隊並肩對抗德、義軍隊。

　　當盟國軍隊於1942年11月8日在非洲登陸時，我最初執行了我接到的命令。然而，當我意識到無法繼續時，便下令停火，以避免不必要的流血和衝突，這與參戰雙方的情感相悖。一方面我受到維琪政府的指責，另一方面我又不願意讓戰鬥持續，因此決定服從美國軍事指揮，這才符合我

第十一章　達爾朗與奧蘭海戰

對誓言的忠誠。11月11日，我得知德國違反停戰協定占領法國，貝當元帥對此提出強烈抗議。我認為此時我可以恢復行動的自由，同時仍效忠於貝當元帥，本著對法蘭西帝國最大利益的原則，對抗軸心國。在法屬非洲最高當局和公眾輿論的支持下，我以國家元首臨時代理人的身分，在非洲成立了民族委員會，並命令法國軍隊與盟國並肩作戰。從這時起，法屬西非承認了我的權力。如果我的行動不在貝當元帥的庇護下，如果我被視為異己分子，那麼我將無法取得這樣的成就。我堅信，所有以自己方式抗擊德國的法國人終將和解，然而，我認為，他們目前需要繼續各自的行動。現今存在某種怨恨情緒，尤其是在法屬西非，正如你所了解的，這種情緒強烈，以至於讓我難以取得更大的進展。我盡職責而不攻擊任何人。我要求的是互助合作。目前最重要的是擊敗軸心國；法國人民在獲得解放後將自行選擇他們的政治制度和領袖。

首相閣下，我感謝您與羅斯福總統的共同宣告，英國與美國同樣期盼法國恢復1939年的全部主權。當我的祖國重獲完整的主權與自由時，我唯一的願望便是以我忠誠服務國家的心態退職歸隱。

尊敬的首相閣下，請容我向您致以最崇高的敬意。

法國艦隊司令佛朗索瓦‧達爾朗

身處倫敦最高權力中心的我們，深諳本島實力的物質基礎，並對全國上下的精神狀態充滿信心。我們近期對未來的信心，並非如外界常常猜測的那樣，單憑大膽的恐嚇或華麗的辭藻，而是基於對現實情況的清楚認知和評估。當我在下議院發言時，我所依賴的是我和他人經過多年仔細研究的事實。我將根據我和專業顧問在這些難忘日子裡的經驗，詳盡剖析「入侵問題」。

如果法國海軍與德國和義大利艦隊聯合，再加上日本的威脅日趨明顯，這將使大不列顛面臨致命的威脅，並嚴重影響美國的安全。根據德、

法停戰協定第 8 條，除了為保衛法國殖民地利益而保留的一部分外，法國艦隊應全部集中在指定港口，並在德國或義大利的監督下復員和解除武裝。因此，顯然法國的戰艦將在全副武裝的狀態下接受德國和義大利的控制。誠然，同一條款中德國政府莊嚴宣稱，他們無意在戰爭中為自己的目的使用法國艦隻，但考慮到希特勒過去毫無誠信的行為和當時的事實，誰能相信他的話呢？而且，該條款對此一保證有個但書：「為海岸警備和掃雷需要的艦隻不在此限。」這句話的解釋權完全在德國人手中。最後，停戰協定可以在任何時候以任何不遵守協定的藉口被廢除。事實上，這對我們毫無安全保障。我們必須不惜任何代價，冒一切風險，想盡一切辦法，絕對不讓法國艦隊落入敵人之手，否則可能會導致我們和其他國家的毀滅。

戰時內閣毫不猶豫。那些一週前還堅定支持與法國結盟的部長們，現在決意採取一切必要手段。這是我參與過的決策中最令人厭惡的，違背天性且痛苦不堪。它讓人聯想到西元 1807 年皇家海軍在哥本哈根港奪取丹麥艦隊的歷史事件；然而，昨天法國人還是我們親密的盟友，我們對法國的悲劇寄予了深切的同情。另一方面，這是關乎國家存亡和我們事業延續的重大事件。這是一場希臘式悲劇，但對於不列顛的生存及其附屬的所有事物而言，再沒有比這件事更重要的行動了。我想起西元 1793 年丹東所言：「那些國王聯合起來恐嚇我們，我們就把一個國王的頭顱扔到他們面前，向他們挑戰。」整件事情正是受這種理念的驅動。

法國海軍的部署如下：兩艘戰鬥艦，4 艘輕型巡洋艦（或稱反魚雷艦），若干潛艇（包括 1 艘大型的「蘇爾古夫」號），8 艘驅逐艦，以及約 200 艘小而有用的掃雷艦和反潛艦艇，主要停泊在樸茨茅斯和普利茅斯。這些艦艇均在我們的掌控之中。在亞歷山大港，有一艘法國戰鬥艦和 4 艘巡洋艦，其中 3 艘為裝備 8 英寸口徑大炮的新式巡洋艦，還有一些小型艦

第十一章　達爾朗與奧蘭海戰

艇，這些艦隻由一支強大的英國戰鬥艦隊掩護。在地中海西端的奧蘭及其附近的凱比爾軍港，停泊著法國艦隊中兩艘最佳的艦艇——「敦克爾克」號和「斯特拉斯堡」號，這兩艘戰鬥巡洋艦優於「沙恩霍斯特」號和「格蘭森諾」號，其建造目的及期望在於品質上超越它們。這些艦隻若落入德國手中，將對我們的商船航線構成極大威脅。此外，還有兩艘法國戰鬥艦、若干輕型巡洋艦、驅逐艦、潛艇及其他艦艇。在阿爾及爾有7艘巡洋艦，其中4艘裝備8英寸口徑大炮，在馬丁尼克有一艘航母和兩艘輕型巡洋艦。在卡薩布蘭卡停泊著「讓·巴爾」號戰艦，剛從聖納澤爾駛來，但尚未安裝大炮。此艦在世界海軍實力評估中占據重要地位，尚未竣工，且無法在卡薩布蘭卡繼續裝配，當然也不允許駛往他處。即將完工的「黎希留」號已抵達達卡，這艘軍艦可航行，其15英寸口徑大炮可以射擊。還有許多較次要的法國艦艇停泊在其他港口。最後，在土倫停泊的幾艘艦隻不在我們的控制範圍內。「彈弓」作戰計畫明確：對所有我們能接觸到的法國艦隊，進行奪取、控制，或有效地使其失去作用或予以摧毀。

首相致伊斯梅將軍

1940年7月1日

1. 海軍部現已決定將「納爾遜」號及其4艘驅逐艦留駐於本土海域，「彈弓」作戰計畫預定於7月3日黎明展開。

2. 在7月2-3日夜間，樸茨茅斯、普利茅斯以及亞歷山大都須採取所有必要措施；若有可能，也應在馬丁尼克按「彈弓」計畫執行。需考慮此類措施在達卡與卡薩布蘭卡激起的反應，並採取一切警戒措施，以防止重要的艦艇逃逸。

鑑於事態迅速變化，我補充說道：

海軍部應增強海峽中艦隊的力量，使其擁有40艘驅逐艦，並配有巡洋艦支援。應爭取在2—3天內達到此種戰力，並在未來兩週內維持如此

實力,隨後再根據局勢變化而調整。同時,在西部航道的損失是不可避免的。希望能每日提供一份關於樸茨茅斯和太恩河之間巡邏或可用船隻數量的報告給我。

1940 年 7 月 3 日清晨不久,英國在樸茨茅斯和普利茅斯對所有法國艦隻實施了奪取和控制的策略。這個行動非常突然,目的在以出其不意的方式進行奇襲。我們動用了絕對優勢的武力,整個過程顯示出,如果德國人想要奪取那些停泊在他們掌控港口中的任何法國軍艦,那將是多麼輕而易舉。在不列顛,除了「蘇爾古夫」號之外,移交過程都很友好,船員們也愉快地上了岸。然而,在「蘇爾古夫」號潛艇上,兩名勇敢的英國軍官和一名一等水兵被擊斃,還有一名水兵受傷,同時一名法國水手也被打死,但數百名官兵自願與我們合作。「蘇爾古夫」號在立下輝煌戰功後,於 1942 年 2 月 19 日被擊沉,艇上英勇的法國海軍官兵全部犧牲。

致命的打擊發生在地中海西部。在直布羅陀,海軍中將薩默維爾指揮著「H 艦隊」,其中包括戰鬥巡洋艦「胡德」號、戰鬥艦「英勇」號和「堅決」號、航空母艦「皇家方舟」號、兩艘巡洋艦以及 11 艘驅逐艦。7 月 1 日凌晨 2 時 25 分,他接到了海軍部的指示:

準備 7 月 3 日「彈弓」計畫的執行。

薩默維爾領導的軍官中有霍蘭德上校,這位勇敢傑出的軍官,最近擔任駐巴黎的海軍武官,對法國懷有深切同情,他的影響力相當顯著。7 月 1 日下午不久,海軍中將薩默維爾向海軍總部發出電報:

「H 艦隊」司令海軍中將在與霍蘭德及其他人交流後,深表贊同他們的看法,即無論如何應避免動用武力。霍蘭德認為,我方的攻擊行動可能導致各地的法國人對我們產生敵意。

海軍部於下午 6 點 20 分對此問題作出回應:

第十一章　達爾朗與奧蘭海戰

英王陛下政府已經決定，如果所提的各種方案均遭法國人拒絕，將毫不猶豫地予以擊沉。

在午夜剛過的時分（7月2日凌晨1時08分），薩默維爾收到了發往法國艦隊司令的正式信函，其措辭嚴謹：

英王陛下政府委託我向您傳達以下文告：

英國政府對法國政府與德國政府商議停戰的態度是，只有在特定條件下才能同意：即在正式簽署停戰協定之前，法國艦隊必須駛往英國港口，以防止船艦落入敵方之手。6月18日，內閣會議宣布：法國艦隊應在陸上投降之前併入英國海軍，否則就自行鑿沉。

儘管法國現任政府可能認為其與德國和義大利的停戰條件以及相關承諾是協調一致的，英王陛下政府基於過往經驗，卻對德國和義大利在適當時機不會奪取法國艦隊並將其用於對抗英國及其盟國持懷疑態度。法、義停戰協定中明確：法國艦艇應返回法國本國港口，並要求在停戰後提供用於海岸防衛和掃雷的艦艇。

至今，我們一直是你們的盟友，無法袖手旁觀，任由你們的優良艦艇落入敵人手中——無論是德國還是義大利。我們堅定地決心戰鬥到底，並相信可以取得勝利。在勝利之後，我們絕不會忘記法國曾是我們的盟友，我們的利益與法國的利益一致，我們的共同敵人是德國。如果我們獲勝，我們鄭重承諾，將恢復法國的榮譽與領土。為此，我們必須確保法國海軍的精銳艦艇不會被敵人用來對付我們。在此背景下，英王陛下政府命令我要求目前駐紮在凱比爾和奧蘭的法國艦隊採取以下任一方案：

（1）加入我們的航程，為贏得對德、義兩國戰爭的勝利而繼續奮鬥。

（2）在我們的監控下，將船員削減後駛向英國港口。被裁減的船員應盡快送回。

若你同意上述任一方案，我們將在戰事結束後將艦艇歸還法國，倘若

艦艇在戰爭期間受損，我們將全額賠償。

（3）另一種方法是：若你認為必須達成協定，除非德國或義大利違反停戰協定，否則你們的艦艇不能用於攻擊他們，那麼就應削減船員，隨我們前往西印度群島的一個法國港口，如馬丁尼克，在那裡按照我們的要求徹底解除武裝，或交由美國妥善保管，直至戰爭結束，船員則可提前遣返。

若你們對這些合情合理的建議置之不理，則我不得不以最誠摯的歉意，要求你們在 6 小時內自行鑿沉艦隻。

最後，如果你們未能遵循前述方案，那麼，我將不得不根據英王陛下政府的命令，動用一切必要力量，防止你們的艦隻落入德國或義大利之手。

7 月 2 日晚，我下令海軍部發送以下電報給海軍中將（於下午 10 時 55 分發出）：

你所肩負的職責，是英國艦隊司令部歷史上最艱辛且最不快的任務之一。然我們對你充滿信心，堅信你將毫不遲疑地完成此項任務。

艦隊司令於拂曉時分出發，約在 9 時 30 分抵達奧蘭海域。他派遣霍蘭德上校乘坐驅逐艦前往拜訪法國艦隊司令讓蘇爾。讓蘇爾拒絕會面，霍蘭德便派人遞交了上述信函。讓蘇爾以書面形式回應，表示絕不允許法國艦隻完整無缺地落入德國和義大利之手，並稱若遭遇武力，他們亦將以武力反擊。

整整一天的談判持續進行。下午 4 時 15 分，霍蘭德上校終於獲准登上「敦克爾克」號，但與法國艦隊司令的會晤卻顯得相當冷淡。艦隊司令讓蘇爾此前已向法國海軍部發送了兩份電報；下午 3 時，法國內閣召開會議討論英國的條件。魏剛將軍參加了這次會議，關於會議的經過，他的傳記作者有詳細記載。從中可以看出，第三個方案，即將法國艦隊駛往西印

第十一章　達爾朗與奧蘭海戰

度群島，似乎在會上根本沒有被提及。他表示：「海軍上將達爾朗，我不確定他是否故意，或是否了解那些條件，但看來當時並沒有將事情的所有細節告知我們。現在看來，英國最後通牒的條件並不像當時所說的那樣苛刻，並且還提出了一個相當可以接受的第三種方案，即法國艦隊航向西印度群島。」對於這個遺漏（如果算是遺漏的話），至今尚無人作出解釋。

從他們收到的電報中可以看出，英國艦隊司令及關鍵官員顯然陷入了深深的悲痛。無奈之下，他們只能公布最直接的命令，以迫使他們向那些不久前還是盟友的人開火。海軍部內部情緒也十分激動，然而戰時內閣的決策依舊堅定不移。我整整一個下午都待在內閣辦公室，與重要同僚、海軍大臣以及第一海務大臣保持密切連繫。下午 6 時 26 分，最終的電報被發送出去：

法國艦隻必須遵循我們的條件，否則，就讓他們自行鑿沉，或者在天黑之前由你們擊沉。

然而，行動已經展開。下午 5 時 54 分，艦隊司令薩默維爾對這支由岸上炮臺保護的強大法國艦隊開火。到下午 6 時，他彙報稱正在激烈交戰中。炮擊持續了大約 10 分鐘。戰鬥艦「布列塔尼」號被摧毀，「敦克爾克」號擱淺，「普羅旺斯」號衝上沙灘。「斯特拉斯堡」號則成功逃脫，儘管遭到「皇家方舟」號的空中魚雷攻擊，但仍與從阿爾及爾來的驅逐艦一起抵達了土倫。

在亞歷山大港，經過多次協商後，法國艦隊司令戈德弗魯瓦與英國艦隊司令坎寧安同意釋放燃油，拆除大炮的主要部件，並遣送部分船員返回。在達卡，7 月 8 日，航空母艦「競技神」號對戰鬥艦「黎希留」號發起攻擊，其中一隻汽艇表現得尤為勇敢。「黎希留」號遭空投魚雷的重擊，損失慘重。停泊在法屬西印度群島的法國航空母艦及兩艘輕型巡洋艦，在與美國達成協定後，解除武裝。

7月4日，我在眾議院詳細彙報了事態的發展。儘管「斯特拉斯堡」號戰鬥巡洋艦從奧蘭逃脫以及「黎希留」號遭重創失去行動能力的報告尚未收到，但我們採取的策略已經令德國人對法國海軍的期望大為減弱。那天下午，我用了一個小時甚至更長時間，詳細陳述了我所掌握所有令人憂心的情況。我對我向議會和全球所做的報告沒有什麼需要補充的。為了使文字更加連貫，我認為最好在結尾引用一份文件，以闡明這個悲劇性插曲與我們所處困境的真實關係。因此，我在眾議院宣讀了那篇經過內閣批准並在政府高級官員中傳閱的訓令。

無論敵軍何時策劃入侵或我們為捍衛家園的戰鬥何時爆發，首相希望提醒所有在政府中 —— 無論是軍事還是民事部門 —— 擔任重責者履行其職責，保持警覺與自信。既然已在時間和資源允許的範圍內採取所有必要的防備措施，我們就沒有理由相信，登陸英國的德軍，不論是空降還是海上入侵，其數量會超過我們現有的強大武裝力量所能消滅或俘獲的程度。皇家空軍處於良好狀態，擁有前所未有的強大力量。德意志海軍從未如此虛弱，而不列顛陸軍則空前強大。首相期望英王陛下所有重要職務的臣僕做出沉著和堅定的榜樣。他們應制止並反駁內部或下屬傳播的模糊和歪曲言論。如發現任何人、軍官或官員故意傳播影響士氣或製造恐慌、消沉的言論，應毫不猶豫地舉報，必要時撤職。只有那些在空中、海上和陸地上與敵人交鋒，並在軍人能力上毫不遜色的人，才真正有資格被稱為戰士。

當我通讀這篇訓令時，議院全場一片寂靜，然而在結束時卻出現了我一生中僅見的一幕。四周的人似乎全都站了起來，齊聲歡呼，掌聲久久不息。直到這之前，保守黨對我總是持有幾分保留態度，每當我走入議院或在關鍵時刻發言時，我所獲得的最熱烈掌聲總是來自工黨席位。然而此刻，在這莊重而震撼的掌聲中，大家團結一致。

在展開猛烈攻勢後，法國海軍這一個對戰局至關重要的因素被迅速消

第十一章　達爾朗與奧蘭海戰

除，此事在各國中產生了深遠的影響。許多人認為，不列顛已經陷入絕境，幾乎面臨失敗，不明真相的人甚至認為，它已經面臨大軍壓境，戰戰兢兢地即將投降。然而，正是這個不列顛能夠無情地打擊昨日最親密的盟友，暫時將無可爭辯的制海權掌握在自己手中。這表明英國戰時內閣無所畏懼，並且會堅持到底。這的確是事實。

7月1日，貝當政府遷至維琪，試圖成為非占領區的法國政府。在收到奧蘭的消息後，他們下令空軍從非洲基地起飛，對直布羅陀進行報復性轟炸，並投下數枚炸彈。7月5日，他們正式與大不列顛斷絕關係。7月11日，勒布倫總統將職權移交給貝當元帥，他以569票對80票的絕對優勢成為國家元首，另有17票棄權及缺席。

法國人民的民族特質使他們深刻感受到奧蘭事件的深遠意義，全民陷入悲痛，並決心將這場新的悲劇轉化為新的希望和力量。戴高樂將軍（我事先並未徵詢他的意見）展現了光明磊落的態度，法國在解放和復興後，正式承認了我的決定是正確的。泰讓先生是法國「抵抗運動」中的卓越成員，後來擔任了法國國防部長，我感激他曾告訴我一件值得記錄的事情。在土倫附近的一個村莊，有兩戶農家，他們的兒子都是海軍士兵，在奧蘭遭到英軍炮擊時不幸遇難。葬禮上，所有鄰居都參與了，兩家都請求將英國國旗和法國國旗覆蓋在棺木上，人們懷著敬意實現了他們的願望。從這件事中，我們可以看到，純樸的人們對事物精神的理解已經達到何等崇高的境界。

而美國政府的高級官員心中充滿了一種深深的欣慰感。大西洋似乎再次成為一道屏障，為這個偉大的共和國爭取了充足的時間，以便為自身的安全做好準備。從此，再也無人談論不列顛可能投降的問題。此刻唯一的懸念是：它會被敵人入侵並征服嗎？現在正是考驗的時刻。

第十二章
反擊的希望

<u>1940 年</u>

　　對「敦克爾克奇蹟」的初次反應是想藉機發動反攻，以充分利用這個奇蹟。在許多事情尚未明朗之際，顯然需要重新掌握主動權。6 月 4 日是我異常繁忙的一天，因為我要準備在下議院發表一篇重要的長篇演講，關於這次演講，我在之前已有所提及；然而，完成這項任務後，我立即就那些我認為應當指導我們思想、激勵我們行動的事項發出指示。

首相致伊斯梅將軍

1940 年 6 月 4 日

　　儘管我們掌握了制海權，並且在空中擁有由我們的戰鬥機組成的強大防禦力量，但我們仍然深感憂慮——這種憂慮是合理的——德國可能在英格蘭登陸的威脅。每一個港灣、每一片海灘、每一個港口都成了我們關注的焦點。此外，還有可能出現傘兵襲擊，占領利物浦或愛爾蘭等地。若這種念頭能激發我們的活力，那再好不過。然而，若德國能無視我們的海軍力量而輕易侵入英國，便有人會質疑：「為何我們不能以同樣方式對待他們呢？」法國因為完全採取防禦姿態而遭受毀滅，我們絕不能讓這種思維摧毀我們的主動精神。在被德國征服的國家沿海地區牽制大量德軍是至關重要的，我們應立即著手組織突襲部隊進攻這些沿海區域，那裡的居民對我們懷有友好態度。這些部隊可由裝備齊全、能夠獨立作戰的單位組成，每個單位約有千人，合在一起不超過萬人。攻擊目標必須保密至最後

第十二章　反擊的希望

一刻，以保證奇襲的成功。我在敦克爾克見證的事實表明，軍隊在必要時可以多麼迅速地撤離（我認為也可前往）選定地點。若能讓德國人猜測我們下一步將在何處進攻，而不是讓他們迫使我們因守在這個島上大肆建設防禦，那將是何等振奮！我們必須努力擺脫在心理和精神上屈從於敵人意志和先發制人的狀態。

伊斯梅將上述意見轉達給參謀長委員會；他們在原則上全力支持，並反映在我們通過的眾多決議中。這逐漸演變成一項政策。此時，我的思緒完全集中於坦克戰，關注的不僅是防禦戰，還有進攻戰。這需要建造大量的坦克登陸艇，這件事後來成為我頻繁關注的事項之一。因為這一切在未來必然成為極為重要的事，所以我必須在這裡重溫一件長久埋藏心中而現在又湧上心頭的往事。

我一直對兩棲作戰充滿著迷。將坦克從專門設計的登陸艇駛向敵人鬆懈的海岸，這個構想在我腦海中縈繞已久。1917 年 7 月 17 日，就在我擔任勞合・喬治政府軍需大臣的前 10 天，我在未藉助專家協助的情況下，親自擬定了奪取非里西亞群島中博爾庫姆島和敘爾特島的計畫。其目的是為小型艦隊、驅逐艦及當時的空軍設立一個海外基地，以增強我們在數量上占優勢的海軍作戰能力，重新建立嚴密封鎖，以解除敵方潛艇對我方大西洋補給線的威脅，並便於美軍向法國調動。勞合・喬治先生對此計畫給予高度讚賞，並特地將其印發給海軍部和戰時內閣。

該計畫包含以下未曾公開的部分（第 22 段）：

在艦隊炮火的掩護下，於〔博爾庫姆島或敘爾特島〕進行登陸的部隊，〔應當〕從防魚雷運輸艦卸下裝甲接駁船，以施放氣體和煙幕協助。需要大約 100 艘接駁船才能滿足一個師的登陸需求。此外，應準備一定數量的，例如 50 隻，坦克登陸艇，每艘可載一輛或數輛坦克，艇首配有鐵絲網破壞器。透過吊橋或將艇首傾斜，〔坦克〕即可利用本身動力登陸，

確保步兵在攻占要塞或炮臺的入口時不被鐵絲網阻擋。這是一個新的特點，能夠避免過去登陸時的重大困難，即需要〔我們的〕野戰炮兵迅速登陸以破壞鐵絲網。

此外，（第27段）：

這裡總有一種風險，那就是敵人可能會獲悉我們的計畫，預先派遣精銳部隊來支援他們的駐防軍；至少在博爾庫姆島，這種情況尤其明顯，因為敵人對該島的安全非常警覺。另一方面，可以利用接駁船的擋板作為防護屏障進行登陸，這些擋板必須能夠抵擋機槍子彈。接駁船數量眾多，即便在遭遇重炮火力時損失也有限；使用的坦克數量甚至可以超過本計畫建議的，特別是高速輕型坦克；如此一來，便可在敵人尚未做好抵禦準備的區域實施登陸。以上所述或許會被視為新穎且極具吸引力的策略。

在此文件中，我另行規劃了一項在荷恩礁北側淺水區建造人工島的計畫，（第30段）：

建議研究的方法之一如下：在恆伯河的哈里奇、瓦什灣、梅得威河和泰晤士河，準備一些平底船或沉箱（材料選用混凝土而非鋼鐵）。根據總體計畫，按照預定的沉入深度進行設計。當水被排出後，這些結構會浮起，可以拖至人工島的指定位置。當抵達由浮標標記的人工島位置時，開啟閥門，使其沉入水底。若有必要，隨後可利用吸泥管逐步填滿泥沙。平底船或沉箱的尺寸範圍從 50'×40'×20' 至 120'×80'×40'。透過這種方法，可以在海上建構一個防止魚雷、遮風擋雨的港口，類似環形珊瑚島，並設有驅逐艦和潛水艇的修藏塢以及飛機降落平臺。

若此方案可行，將極大地提升其效用，並可廣泛應用於多種場合。或許還可設計出能夠承載完整重炮炮塔的混凝土平底船或沉箱，進水後沉至海底，類似於索倫特炮臺，位置可任意選擇。此外，還可建造其他可沉入水中的混凝土結構，內設儲藏室、油庫或臥艙。由於尚未經過專家研究，

第十二章　反擊的希望

這裡僅提出一種可能性，所述內容僅涉及部件的製造、運輸，以及人工島和驅逐艦基地的組裝與布置。

（第 31 段）：若這個計畫在技術上行得通，則可避免動用軍隊並規避襲擊設防島嶼的種種風險。這種方法允許進行出其不意的奇襲，儘管德國可能知曉這些混凝土船隻的存在，但他們很可能推測其目的是封鎖河口，這個想法並非不可排除。因此，在這些島嶼或防波堤系統幾近完成之前，敵人難以識破其真實意圖。

無論怎樣，準備的時間需要一年。

此文件在帝國國防委員會的檔案室中靜置了近 25 年之久。我在此之前未曾發表此計畫，雖然它的內容本可以在書中單獨成章，但由於篇幅限制以及從未實施，故未予公開。這實屬幸事，因為這些構想在本次戰爭中比以往任何時候都更具意義；德國人顯然仔細研讀了我關於戰爭的著述。對於像我這樣身分的人的作品，由參謀人員進行研究，確實是一種常規工作。此舊文件的核心理念深植我心，並在如今新的緊急關頭構成了我們行動的基礎，經過漫長的時間之後，令人難忘地呈現成為 1943 年的強大坦克登陸艇隊以及 1944 年的「桑葚」港。

在這未曾虛度的 1940 年 6 月 6 日，我心中滿溢著釋然與對未來的決心，開始撰寫一系列備忘錄，命令並持續督促坦克登陸艇的設計與製造。

首相致伊斯梅將軍

1940 年 6 月 6 日

我對前日（6 月 4 日）所發出關於攻勢行動的備忘錄將做進一步的說明：澳洲部隊抵達後，是否應將其分成若干支分遣隊（每隊 250 人），裝備手榴彈、迫擊炮、機槍、裝甲車及類似武器，使其既能在英國抵禦敵軍進攻，又能在當前被敵軍占領的友好國家海岸登陸。我們應摒棄這種觀念：海峽的港口及其碼頭之間的區域是敵方領土。關於派遣精良的特遣隊

潛入丹麥、荷蘭、比利時和法國沿岸等地，安排了哪些計畫？應制定大膽的方案，利用經過特殊訓練、由優秀射手組成的部隊，在這些海岸地區製造恐慌，初期採用「打了就跑」的策略；但在後期，或當我們準備充分時，我們可以突襲加來或布洛涅，殺傷並俘虜德軍的守衛隊，堅守該地，直到圍攻或猛烈襲擊的準備完成後再撤離。我們過去進行的消極抵抗，現在必須結束。我希望聯合參謀部向我提交針對整個德國沿海占領區進行猛烈、大膽、持續攻勢的各種方案。坦克和裝甲車輛必須裝載在平底船上，以便從船上駛上岸，出其不意地深入內地，切斷關鍵交通線，造成德軍大量傷亡，然後撤回。大概在德國所有精銳部隊進攻巴黎時，防線只剩下普通部隊。應對這部分軍隊進行大規模騷擾。應採取的措施如下：

1. 建議編制攻擊連。

2. 建議將坦克運送至海灘登陸，因為我們大致掌控了制海權，而敵方未能如此。

3. 於整個沿海地區設立合適的間諜及情報系統。

4. 布署 5 千人規模的傘兵部隊。

5. 立即整修我們的 6 門 15 英寸口徑大炮（即裝上內管），使其射程達到 50 至 60 英里，將其安裝在鐵路炮架或鋼筋混凝土炮臺上，以壓制德軍炮火，德軍在 4 個月內必然會隔著海峽對我們炮擊。

在各方面都採取了相應的措施。「攻擊連」後來被命名為「突擊部隊」，其中 10 個連隊來自正規軍和皇家海軍陸戰隊。這個組織的核心在挪威戰役中開始形成。關於能夠跨越海峽的重炮射程，將在本書的適當章節中詳細討論。讓我深感遺憾的是，曾經建議並允許的 5,000 名傘兵部隊最後縮減至 500 人。

我時常思索製造登陸艇的問題，心中不斷權衡：這對我們而言是一種冒險，但同時也是未來對敵進攻的一個策略。在戰爭爆發前，我們已經開

第十二章　反擊的希望

始試驗攻擊艇,並在納維克戰役中投入使用了一些。這些小艇大多在納維克或敦克爾克損失殆盡。現在,我們不僅需要能夠吊裝到軍隊運輸艦上的小艇,還需要遠洋艦隻,以便將坦克和大炮運送到進攻地點,並在海灘上卸裝。

首相致軍需大臣

1940 年 7 月 7 日

關於為英國軍隊設計和製造用於海上運送坦克以攻打敵國的艦隻,目前進展如何?這項任務可以交由前海軍造船總監霍普金斯先生研究。由於「耕種者第六號」已經過時,他現在可能相對空閒。此類艦隻必須在一次航程中運送 6、7 百輛坦克,並能夠在海灘上卸裝或從海灘上運走坦克,當然也要具備在碼頭卸裝的能力 —— 如果可能的話,將這兩種功能結合起來。

首相致伊斯梅將軍

1940 年 8 月 5 日

近日,我曾請求提交一份關於 1941 年裝甲師發展的預測報告,即:到 3 月底應有 5 個師,隨後每個月增加一個師,直到 1941 年 8 月底總數達到 10 個師;每個師應配備裝甲車和各種輔助車輛。

請告知我陸軍部的計畫進展情況;訂製的坦克數量是否與此計畫相符。

此外,請提供一份關於海外運輸工具準備進展的報告,這些工具應能在單次行動中運送兩個裝甲師。負責此事的是海軍部還是軍需部?我相信霍普金斯先生或許有時間處理此事。

首相致伊斯梅將軍

1940 年 8 月 9 日

請提供一份關於船艦設計及其在海灘卸裝裝甲車輛的報告。

7月時，我成立了一個獨立的聯合作戰指揮部，隸屬於參謀長委員會，專門研究和演練這種戰術，由海軍元帥羅傑・凱斯爵士擔任指揮部首長。他與我及國防部保持密切連繫，能夠解決此特殊任命引發的所有部門間的問題。

首相致信伊斯梅將軍與愛德華・布里奇斯爵士

1940 年 7 月 17 日

我已任命海軍元帥羅傑・凱斯爵士為聯合作戰指揮部長官。他將接替鮑恩將軍目前擔任的職務和管理的部門。應告知鮑恩將軍：由於這類作戰的範圍現已擴大，因此需要由更高級別的軍官負責，此變動絲毫不影響他和他的部屬。顯然，他應當有效地與新任長官進行合作。我對這位軍官擔任皇家海軍陸戰隊軍務署署長的工作深表讚賞，皇家海軍陸戰隊在這個機構中應發揮主要作用。

在進一步的安排中，羅傑・凱斯爵士可透過代表國防大臣的伊斯梅將軍與三軍各部門進行連繫。

我曾詳細說明國防大臣辦公廳的順利成立及其日益增強的權力。1940年8月底，我執行了我一直認為必須採取的唯一正式步驟。迄今為止，聯合計劃委員會一直在參謀長委員會的領導下運作，而參謀長委員會是他們的直接上級。我認為這個重要但效率欠佳的機構應該置於我的直接控制之下。因此，我請求戰時內閣批准我們指揮作戰系統中的這個明確變動。我的所有同僚都欣然同意，於是我發出了以下指示：

第十二章　反擊的希望

首相致函伊斯梅將軍與愛德華‧布里奇斯爵士

1940 年 8 月 24 日

　　1. 從下週一開始,聯合計劃委員會將直接隸屬於國防大臣,成為國防大臣辦公室——即原帝國國防委員會祕書處的一部分。委員會的辦公地點設在里奇曼臺街。委員會將在海、陸、空軍部中保持現有的地位,並繼續與這 3 個部門持續連繫。委員會需為國防大臣提供計畫細節。在徵詢伊斯梅將軍的意見後,他們也可以制定自己的計畫。委員會當然要為參謀長委員會提供服務,並對提交的事項進行細緻的研究。

　　2. 聯合計劃委員會自行擬定的所有計畫,以及依據前述機構指示擬定的計畫,均需提交參謀長委員會稽核。

　　3. 今後如遇到疑難或爭議,或遇重大事項,所有計畫應交由戰時內閣國防委員會稽核。該委員會由首相、掌璽大臣、比弗布魯克勛爵,以及海、陸、空軍部的 3 位大臣組成;三軍參謀長和伊斯梅將軍也將列席。

　　4. 首相有責任向戰時內閣彙報當前工作;然而,參謀長委員會與戰時內閣的關係保持不變。

　　參謀長委員會對這個變動表示接受,沒有提出任何重大反對意見。約翰‧迪爾爵士向陸軍大臣提交了一份備忘錄,我再次向他提供了承諾。

首相致陸軍大臣

1940 年 8 月 31 日

　　聯合計劃委員會可以向我「提供軍事建議」,這並無問題。該委員會僅是根據我的指示來制定計畫。至於這些計畫或其後任何調整是否應採納,仍應由參謀長委員會決定,如今的做法不需改變。顯然,參謀長委員會也承擔著向內閣、首相或國防大臣提出建議的集體責任。大家一致認為無需改變他們在組織法上的地位。我建議繼續與他們合作,並透過他們開展工作。

之所以我認為需要與聯合計劃委員會保持直接連繫並對其實施直接管理，是因為大戰1年後，我對當前指揮作戰系統所提出的任何計畫都無從記憶。我堅信，您和另外兩位軍務大臣能夠協助我發出有效的指令來指揮戰爭，克服迄今為止讓我們在各種場合都落後於敵人的拖延和懈怠。

當然，持續增補聯合計劃委員會的成員是必須的。

事實上，這項新計畫的推行十分順利且令人愉悅，在我的記憶中沒有過任何障礙。

自此之後，海軍部專門設立了一個司來專注於各種類型登陸艇的製造。1940年10月，首次對坦克登陸艇（L.C.T.）進行測試。由於認為這些登陸艇尺寸過小，因此僅生產了約30艘，隨後改進設計，為便於海上運輸至中東，將其分段建造，並於1941年夏季開始運往目的地。這些艦艇的價值逐漸顯現，隨著經驗的累積，後續製造的這種特殊艦艇效能不斷提升。海軍部原本擔心這種新式生產可能會大量消耗造船業的資源。幸運的是，後來證明坦克登陸艇的製造可以委託非造船行業的建造工程公司負責，進而避免干擾大型造船廠的工作和計畫。這使得我們的大規模計畫得以實現，儘管艦艇的尺寸因此受到限制。

坦克登陸艇適合用於跨越英吉利海峽的襲擊戰或在地中海進行大規模戰爭，但不適合在遠洋進行長途航行。為此，需要一種更大且適合海上航行的艦隻，這種艦隻應與坦克登陸艇類似，不僅能在遠洋中運輸坦克和其他車輛，還可以在海灘上卸裝它們。因此，我下令設計這種艦隻，最初稱為「大西洋坦克登陸艇」，後來改名為「坦克登陸艦」（L.S.T.）。建造這種艦隻必然會占用任務緊迫的造船廠相關人力和物力。因此，首個設計（海軍部稱之為「溫奈特」）僅建造了3艘；其餘則在美國和加拿大訂造，但樣式按照後來的設計圖樣完成。同時，我們還改裝了3艘吃水淺的油船用來運輸坦克，這些船後來都發揮了良好的作用。

第十二章　反擊的希望

到 1940 年底，我們對兩棲作戰的實際意義有了清楚的理解。此類特殊艦艇及多種附件的生產不斷發展，為運用這些新型武器所需的部隊也在聯合作戰指揮部的指導下逐步擴充和訓練。為此目的，國內和中東均設立了專門的訓練中心。當這些概念及其實踐形成一定規模後，我們便向美國盟友進行了介紹。經過幾年的努力，成效愈加顯著，它們在關鍵時刻成為一種利器，在我們最宏大的計畫和行動中確實發揮了不可或缺的作用。鑑於這些初期工作對戰爭前景產生了深遠影響，因此我要提前描述一些我們後來取得的重要進展，以說明事態演變的全過程。

1941 年夏天，參謀長委員會指出，建造登陸艇的計畫僅與小規模作戰相關，而要最終重返大陸，我們必須付出遠超當時能力的更大努力。此時，海軍部已完成坦克登陸艦的新設計圖，並交由美國，雙方共同制定詳細設計。1942 年 2 月，美國開始大規模生產這種艦艇，這便是坦克登陸艦（乙型）（L.S.T.〔2〕）。在隨後的所有戰役中，這種登陸艦展現了極為優越的效能，在解決重型車輛在海灘卸裝這個難題上，其貢獻或許是無可比擬的。最終建造了超過 1,000 艘這樣的艦艇。

與此同時，在大西洋兩岸，許多類型的小艇正被大量製造，用於大陸的攻擊。這些小艇需要透過運送進攻部隊的艦隻運往前線。因此，展開了一項龐大的改裝計畫，使得英國和美國的軍隊運輸艦能夠攜載這些小艇以及大量其他專用裝備。這些艦隻被稱為「步兵登陸艦」（L.S.I.），部分編入皇家海軍，其餘則繼續作為商船運作，船長和船員們在所有攻勢行動中出色地執行了任務。這些船隻源源不斷地在軍運艦隊中將增援部隊運往中東和其他地區，途中不可避免地遭遇損失，但這是必要的犧牲。用於襲擊部隊的其他類型的輔助艦此時也開始生產。由於我們在 1940 年和 1941 年專注於潛艇戰，登陸艇的生產受到限制。截至 1940 年底，參與登陸艇生產的人數不超過 7,000 人，次年也未有大幅增加，但到 1944 年，僅在英國

參與這項巨大工作的人員已不下 7 萬，美國投入的人數則更多。

鑑於我們在此領域的所有努力對戰爭的前景具有重大影響，我願在此分享我於 1941 年發給羅斯福總統的一封電報：

1941 年 7 月 25 日

此間我們一直在籌劃戰爭策略，不僅關注 1942 年的戰役，也將 1943 年的戰鬥納入考量。在確保主要基地的安全之後，必須策劃動用取得勝利所需的大規模兵力。總體上，我們首先要加強封鎖和宣傳，然後對德國和義大利實施愈加猛烈的轟炸。僅憑這些行動即可引發敵國內部的動盪或崩潰，但也應制定計畫，在適當時機，派遣軍隊登陸解救被占領的人民。為此，不僅需要大量坦克，還需要能運載坦克並直接在海灘卸裝的艦艇。從美國正在建造的大量商船中挑選部分進行必要的改裝，使其適合作為坦克登陸艦，這對你來說不算難事。

不久之後：

首相致第一海務大臣

1941 年 9 月 8 日

我的意見並非要求總統在既定的生產計畫之外再去建造這種「溫奈特」，而是希望總統能從美國為 1942 年建造的大量商船中抽調部分，配備艦首或側舷門，以便能將坦克直接卸裝到海灘上，或卸裝到坦克登陸艇，再由登陸艇運至海灘。

請協助我向總統闡述這一點，說明目前設計的美國商船應如何進行改裝。

鑑於如今有些人，且越來越多的人，堅稱我反對 1944 年諾曼第那樣的大規模敵前登陸，因此，為了讓人們更清楚地理解，我必須澄清：自始至終，我積極推動並賦予相關部門廣泛許可權，以建造這種大型艦艇，組

第十二章　反擊的希望

織艦隊,把裝甲部隊送上海灘登陸;如今人們普遍認可,沒有這種艦艇,這種規模的軍事行動是不可能實現的。我將透過我當時撰寫的文件,在本書中逐步闡明這個問題,以證明我的一貫立場與事實相符,並與實際經過完全一致。

第十三章
戰爭的最低谷

1940 年 7 月

1940 年夏季，法國的淪陷使我們陷入了孤立無援的境地。英國的各自治領、印度以及各殖民地都無法為我們提供有力的支持或及時的補給。勝利的德國軍隊裝備精良，後方還有大量繳獲的武器和兵工廠，正大規模集結，準備對我們發動最後的攻擊。義大利，憑藉其強大的軍隊，已向我們宣戰，意圖在地中海和埃及擊敗我們。在遠東，日本以不懷好意的目光盯著我們，並明確要求封鎖滇緬公路，切斷對中國的物資供應。蘇聯對納粹德國有條約義務，並在原料供應上大力支持希特勒。西班牙已占領丹吉爾國際共管區，可能隨時成為我們的敵人，並要求獲得直布羅陀，或請求德軍協助進攻直布羅陀，或架設炮臺封鎖直布羅陀海峽。在貝當和波爾多政府統治下的法國最近遷至維琪，可能隨時被迫對我們宣戰。土倫殘存的法國艦隊看似即將落入德國人手中。我們的敵人確實不少。

奧蘭事件之後，各國已然明白，英國政府及其人民有著誓死不屈的決心。然而，儘管英國不存在士氣低落的問題，但如何克服這些嚴重的具體困難呢？眾所周知，國內陸軍除了步槍外，幾乎沒有其他武器。全國各種類型的野炮總數不足 500 門，中型和重型坦克不到 200 輛。我們的工廠需要數個月才能生產出足以補償敦克爾克損失的軍火。全世界普遍認為我們的末日已然降臨，這又有何奇怪呢？

極度的恐慌與不安籠罩著美國，其他所有尚存的自由國家亦然。美國

第十三章　戰爭的最低谷

人心情沉重地反思：是否值得為一種慷慨而無望的情感消耗本已十分有限的資源？他們不應全力以赴，珍惜每一件武器，以彌補本身備戰的不足嗎？要摒棄這些基於事實的有力論點，需要極為精準的判斷力。那位睿智的總統及其重要官員與高級顧問，即便在即將到來的總統大選壓力下，也從未對國家的命運和決心失去信心，英國對此深表感激。

英國人具備一種既樂觀又冷靜的特質，我視其為一種榮耀。這種特質能夠扭轉不利局勢。我們英國人在戰前歲月中曾陷入極端的和平主義，並缺乏遠見，沉溺於政黨政治的爭鬥；他們對防禦準備不足，卻又漫不經心地介入歐洲事務，如今他們面臨的任務是同時清算過去的善良意圖和疏忽安排。他們絲毫不感到沮喪。他們輕視那些歐洲的征服者。顯然，他們寧可為英倫本土而戰，也不願投降。這將在歷史上留下光榮的一頁。這樣的故事在過去屢見不鮮，雅典人曾被斯巴達征服，迦太基人曾獨力抵抗羅馬。在歷史記載中不乏這樣的例子，還有許多悲劇從未被記錄或已被遺忘：一些勇敢、自豪和樂觀的國家，甚至整個民族被消滅，留下的唯有他們的名字，有的甚至連名字也消失了。

我們島國在軍事技術上的獨特優勢是鮮為人知的，尤其是在英國人中間，這一點更是少有人了解，外國人就更不用說了。即便是在戰前那些搖擺不定的年代，如何在海防及後來的空防領域保持關鍵設施的重要性，也未被廣泛認知。不列顛人在英格蘭土地上見到敵軍營火，已是近千年以前的事。在不列顛抗戰的高峰期，每個人都表現出鎮定自若，寧肯捨生忘死，以求決一死戰。我們的這種心態，逐漸被全球無論敵友所認知。這種心態的基礎是什麼呢？即是只有透過武力才能解決問題。

事情還有另一種角度。1940 年 6 月間，我們面臨的主要危機之一是：我們將最後的後備部隊調往法國，參與法軍徒勞無功的抵抗，與此同時，我國空軍的力量因出擊或轉移至大陸而逐漸削弱。若希特勒擁有超凡的智

慧,他會減緩對法國戰線的進攻速度,或在敦克爾克之後於塞納河一線暫停3、4週,同時準備侵略英國。如此一來,他就有更大的選擇空間,使我們進退維谷:要麼拋棄法國,讓其自生自滅;要麼耗盡我們最後的資源以保障未來的生存。我們越是鼓勵法國繼續戰鬥,對其支援的責任就越大,防衛英國的準備工作就越困難,特別是保住關乎英國生死存亡的25個戰鬥機中隊。在這方面,我們絕不妥協,但若拒絕,勢必引起我們正在苦苦掙扎的盟國極大憤慨,破壞我們的雙邊關係。某些高級指揮官在談及當前局勢時,甚至表現出實際的寬慰情緒。正如倫敦一家軍人俱樂部的侍者對一位沮喪的會員所言,「無論如何,先生,我們已經進入了這場決賽,並且就在我們自己的主場上進行!」

即使在當下,德國最高統帥部仍未輕視我們的力量。齊亞諾提到,1940年7月7日,他在柏林拜會希特勒時,與馮·凱特爾將軍進行了一次深入交談。凱特爾與希特勒一樣,討論了進攻英國的議題。他反覆提到,目前尚未作出明確的決定。他認為登陸是可行的,但同時也意識到這將是一場「極為艱難的戰鬥,須倍加謹慎,因為關於這個島國的軍事準備和海岸防禦工事的情報非常有限且不可靠。」對大不列顛的機場、工廠、主要交通樞紐展開大規模空襲似乎更加容易實現且必要,但也必須考慮到英國空軍的強大戰鬥力。凱特爾估算,英國用於防禦和反攻的飛機大約有1,500架。他承認,英國空軍最近大幅增加了攻擊行動,執行轟炸任務時異常精準,且每次出動的機群多達80架。然而,英國極度缺乏飛行員,而當前襲擊德國城市的那批飛行員無法由未經訓練的新手替換。凱特爾強烈主張攻打直布羅陀,以瓦解英帝國體系。至於戰爭持續的時間,凱特爾和希特勒均未言及。只有希姆萊偶爾提到,戰爭應在10月初結束。

齊亞諾的報告正是如此。他也曾憑藉「墨索里尼的好意」向希特勒提議派遣10個陸軍師和30個空軍中隊參與侵略行動。陸軍的提議被委婉拒

第十三章　戰爭的最低谷

絕了。最終只派出了幾個空軍中隊，但表現不盡如人意，這一點將在下文討論。

1940年7月19日，希特勒在國會發表了一篇充滿自信的演講，預言我將不久後流亡加拿大，隨後提出他所謂的「和平倡議」。以下是其中一些具有影響力的詞句：

在此刻，我自省並感到有責任再次呼籲大不列顛及其他國家，希望它們能以理智和常識為依歸。我相信我有資格發出這樣的呼籲，因為我並非一個乞求憐憫的失敗者，而是一個勝利者，代表著理智發聲。我認為沒有理由讓戰爭繼續下去。戰爭帶來的創傷讓我感到悲痛……也許邱吉爾先生會對我的演講不以為然，認為這只是出於對最終勝利的恐懼和懷疑。如果是這樣，無論未來發生什麼，我都不會受到良心的譴責。

在希特勒展現這個姿態後的數日內，德國於瑞典、美國及梵蒂岡展開了外交行動。希特勒在令歐洲屈從於其意志後，自然渴望英國承認其所為，以便終止戰爭。實際上，他的提議並非和平，而是要求英國立刻放棄參戰的所有目標。當德國駐華盛頓的代辦試圖接觸我駐美大使時，我發出了如下電報：

1940年7月20日

我不清楚哈利福克斯勳爵今日是否身處華盛頓，但務必告知洛西恩勳爵，絕對不可回覆德國代辦所發之函件。

然而，我的最初構思是在上議院和下議院中展開一場嚴肅而正式的辯論。因此，我同時致函張伯倫先生與艾德禮先生：

1940年7月20日

或許，希特勒的演講應當透過兩院的決議來回應。決議應由議員們提出。然而，這種做法也可能加重我們的負擔。你們怎麼看？

我的同事們認為這種做法未免小題大作，大家對此意見一致。因此，決定由外交大臣透過廣播拒絕希特勒的提議。7月22日晚，外交大臣便將希特勒所謂「按照他的意志招降的勸告『撇在一邊』」。他對比了希特勒統治下的歐洲和我們為之而戰的歐洲，並宣稱，「除非自由確有保障，否則我們絕不停止戰鬥。」然而事實上，英國的報紙和英國廣播公司在收聽到希特勒的演說後，未等國王陛下政府的指示，就立即駁斥了任何談判的念頭。

齊亞諾提到他於7月20日再次會見希特勒時表示：

英國媒體對希特勒昨日演講的迴響顯示，達成諒解的可能性幾乎不存在，因此希特勒準備對英國發動軍事攻擊。他指出，德國的策略地位及其實力範圍和經濟控制已大幅削弱了英國抵抗的可能性，因此英國將在首輪衝突中崩潰。空襲已在幾天前開始，並且不斷加強。英國的防空設施和戰鬥機的攔截無法有效阻止德國空襲。充分的準備已完成，正在研究如何發動決定性攻擊。

齊亞諾在他的日記中寫道：「7月19日晚，當英國的冷淡回應首次傳來時，在德國人之中瀰漫著無法掩飾的失望。」希特勒「希望與大不列顛達成諒解。他明白對英戰爭是一場艱難的血戰，也清楚各地的民眾對流血抱有反感」。與此同時，墨索里尼「擔心英國人可能在希特勒那篇極其狡猾的演講中找到一個藉口，開始談判」。齊亞諾指出：「這將使墨索里尼極為失望，因為他此刻比任何時候都更需要戰爭。」他無需擔憂。他所渴望的戰爭遲早會來臨。

毫無疑問，德國在幕後持續進行外交操作。8月3日，瑞典國王認為與我們商討此事的時機已到，我建議外交大臣用以下措辭回覆他，正式的官方回函即以此為基礎撰寫：

第十三章　戰爭的最低谷

1939 年 10 月 12 日，英王陛下政府向議會提交了一份經過深思熟慮的報告，詳細說明了對德國和平建議的立場。自那時起，納粹德國侵略了鄰近國家，犯下了一系列新的暴行。挪威遭到踐踏，如今被德國侵略軍占領。丹麥被襲擊和掠奪。儘管比利時和荷蘭竭力滿足希特勒的要求，並且德國政府曾保證尊重其中立，但它們仍然被德軍占領和奴役。尤其是在荷蘭，精心策劃的殘酷行為在鹿特丹的大屠殺中達到頂峰，數以萬計的荷蘭人被殺，城市的重要部分被摧毀。

這些恐怖事件在歐洲歷史上留下了陰暗的印記，成為無法抹去的汙點。英王陛下政府從中意識到，沒有任何理由偏離他們在 1939 年 10 月通過的決議和確定的原則。相反，他們決心竭盡全力以各種手段將對德戰爭進行到底，直至徹底消滅希特勒主義，把全世界從這個暴君帶來的災難中解放出來。他們的決心堅定不移：寧願同歸於盡，也不退縮或逃避責任。他們堅信，在上帝的庇佑下，他們必將完成使命。這項任務或許漫長；但如同 1918 年的德國一樣，它隨時可以要求停戰或提出和平談判。然而，在提出任何此類要求或建議之前，德國必須透過行動而非空談來提供有效保證，確保恢復捷克斯洛伐克、波蘭、挪威、丹麥、荷蘭、比利時，尤其是法國的自由與獨立，同時，在全面和平中為大不列顛和英帝國提供有效的安全保障。

我接著說：

我認為外交部的備忘錄中某些概念顯得過於炫耀智巧，政策上流於繁文縟節，不符合當今時代及相關問題的莊重與簡樸氛圍。目前我們毫無進展，稍有表述便可能引發誤解。如我所起草的那種堅決回應，才是迫使德國提出實質性建議的唯一途徑。

當日，我對媒體公布了以下宣告：

1940 年 8 月 3 日

首相希望國民意識到，德國的進攻可能性絕未終結。德國人正在散布謠言，聲稱無意發動攻擊，但我們一向對他們的言辭持懷疑態度，對於這樣的謠言更應加倍謹慎。我們感受到我們的實力日益增強、準備愈加充分，但絕不能因此放鬆警惕或在精神上鬆懈。

6 月底，參謀長委員會透過伊斯梅將軍在內閣向我提出建議，認為我應親自視察東部和南部沿海受威脅的地區。因此，每週我都會抽出一、兩天，從事這項愉悅的任務，必要時便在我的專車上過夜；火車上設有各種裝置，便於我進行日常工作，並與白廳保持持續連繫。我巡視了太恩河、恆伯河及多個可能的登陸地點。加拿大師（不久將由調往冰島的一個師增補為一個軍）在肯特郡為我舉行了一場演習。我檢查了哈里奇和多佛爾的登陸防禦工事。在最初幾次視察中，有一次我視察了由蒙哥馬利將軍指揮的第 3 師，這位將軍此前我未曾謀面。我的夫人與我同行。第 3 師駐紮在布賴頓附近，曾優先重新裝備，正準備調往法國時，法國的抵抗便告終結。蒙哥馬利將軍的司令部設在斯特寧附近，他為我安排了一次小型演習，演習的亮點在於輕機槍車的側翼運動，那時他僅能集結 7、8 輛。演習結束後，我們駕車沿海岸經過肖朗和霍夫，直至著名的布賴頓防線，這地方讓我憶起許多童年時的回憶。我們在皇家阿爾賓飯店用午餐，飯店正對著碼頭的盡頭。飯店幾乎空無一人，多數人已經撤離，但仍有幾人在海邊或操場上漫步。我見到近衛步兵第 1 團的一隊士兵在碼頭的一個亭子裡用沙袋構築一個機槍據點，這亭子讓我聯想起童年時看表演的地方，頗為有趣。這天的天氣特別宜人，我與將軍暢談甚歡，對這次旅行感到十分愉悅。然而：

第十三章　戰爭的最低谷

（限即日行動）首相致陸軍大臣

1940 年 7 月 3 日

　　我注意到，第 3 師被部署在沿海岸線 30 英里的區域，而非如我所預期的集中為後備力量，以便能隨時抵禦敵軍的前鋒入侵。這個情況讓我感到不安，但更令我驚訝的是：儘管該師的步兵在其他方面已實現機械化，卻缺乏將士兵運送到作戰地點所需的公共汽車。為機械化部隊配備隨時可用的公共汽車至關重要，尤其對於像第 3 師這樣分布在漫長海岸線上的部隊而言，更是不可或缺的。

　　我從樸茨茅斯也聽到相同的抱怨，那裡的部隊尚未配備準備就緒、可立即投入使用的運輸工具。考慮到國內有大量的運輸資源，包括公共汽車和卡車，以及隨英國遠征軍歸來的眾多汽車司機，此問題應可迅速解決。無論如何，我希望你們今天通知第 3 師師長，如果他願意，可徵用那些目前用於布賴頓海濱遊覽的大量公共汽車。

　　7 月中旬，陸軍大臣提議由布魯克將軍接替艾恩賽德將軍擔任本土部隊的指揮。7 月 19 日，在我繼續檢查可能遭受入侵的地區時，我對南方指揮部進行了視察。他們為我安排了一場戰術演習，參與演習的坦克不少於 12 輛。整個下午，我和負責這條防線的布魯克將軍乘坐汽車巡視。他的成就非常顯著。這不僅因為他在我軍撤退至敦克爾克時，在伊普爾河附近進行了一次具有決定性意義的側翼戰，還因為他在 6 月的頭 3 個星期指揮我們派往法國的新部隊時，面對難以想像的困難和混亂，憑藉他的非凡毅力和機智，履行了自己的職責。我透過阿蘭·布魯克的兩位勇敢的兄弟——他們是我早年軍旅生活中的朋友——與他在私人方面也有連繫。

　　在重大人選的抉擇上，我的判斷並不依賴於這些私人的關係和回憶，然而，這些關係確實構成了個人友誼的根基。而在這個基礎上，我與阿蘭·布魯克在戰爭期間的關係不僅持續，而且愈加深厚。在 1940 年 7 月

的那個下午，我們共同乘車巡察了長達 4 小時，對於本土防禦的看法，我們似乎達成了一致。經過與其他人的必要協商後，我同意陸軍大臣的建議，由布魯克接替艾恩賽德將軍指揮本土部隊。艾恩賽德在軍人的尊嚴下接受了退役的決定，他在任何情況下總是以軍人的尊嚴行事，這是他的特點。

在面臨侵略威脅的 1 年半時間中，布魯克負責組織並領導國內部隊。隨後，他被任命為帝國總參謀長，我與他繼續合作了 3 年半，直到最終勝利。接下來，我將描述 1942 年 8 月他勸我果斷更換埃及和中東指揮官帶來的諸多益處，以及 1944 年他在「霸王」行動中對渡海入侵計畫的失望原因。在戰爭的大部分時期，他長期擔任參謀長委員會主席和帝國總參謀長，為大英帝國和盟國做出了重大貢獻。在本書的各卷中，我會偶爾提及我們之間的分歧，但也會闡述我們許多融洽的共同觀點，並表達我所珍視的友誼。

此時，我們越發精細且堅定地關注敵人可能的入侵。我的一些備忘錄將展示這個過程。

（限即日行動）
首相致空軍大臣及空軍參謀長

1940 年 7 月 3 日

據悉，各方一致認同，應該集中力量對德軍控制各港口內的艦艇和接駁船進行轟炸。

首相致伊斯梅將軍

1940 年 7 月 2 日

請參閱議員韋奇伍德先生關於倫敦防禦的信。這封信引人關注且獨具特色。倫敦的局勢如何？我有一個非常明確的觀點：我們應在倫敦的每一寸土地上奮戰，使其耗盡大批入侵者。

第十三章　戰爭的最低谷

首相致韋奇伍德先生

1940年7月5日

　　感謝你的來信。我期待能迅速獲取更多的步槍，以便能進一步裝備國民自衛軍（地方防衛志願軍）。請相信，我們決心捍衛倫敦的每一條街道及其郊區，若入侵者膽敢進入倫敦，倫敦將會吞噬他們，不過我們還是希望能在海中消滅大部分敵軍。

　　奇妙的是，曾負責擬定入侵計畫的德國陸軍總司令，最初在涉及倫敦的問題時使用了「吃掉」這個詞，但現在卻選擇不再使用。

首相致伊斯梅將軍

1940年7月4日

　　目前採取了哪些措施來鼓勵和幫助居住在受威脅港口的居民建造合適的避難所，以便在敵方入侵時能夠藏身？應該立即採取積極措施。軍官或地方當局的代表應逐戶訪問，對那些沒有聽從我們建議而選擇留下的家庭進行解釋，建議他們待在地下室內，並加固上層建築的支撐。應向他們提供建議並在材料方面給予支持。應檢查他們的防毒面具。從今天開始，這些工作應積極展開。這個方法將促使他們主動撤離，同時為那些留下來的人做好充分準備。

首相致伊斯梅將軍

1940年7月5日

　　目前應向相關部門發出針對沿海地區受威脅居民的明確指示：

　　（1）應盡一切可能鼓勵他們自動撤離，一方面讓他們無形中感受到強制命令的壓力，另一方面透過地方長官或地方團體在當地（而非全國）進行宣傳。

　　（2）應對那些選擇留下或無處可去的人說明：一旦在他們沿海的村鎮與入侵的敵人交戰，他們只能等到戰爭結束後才能離開。因此，應鼓勵並

幫助他們整理地下室，以便有安全的藏身之所。

（3）應向他們提供現有的各種安德森式家庭防空掩體（據我所知，現在有些新型的掩體不需要使用鋼材）。只允許可靠的人留下，所有可疑分子必須全部撤離。

請針對這些要點擬定詳細方案，提交給我稽核。

首相致林德曼教授

1940年7月7日

（副本送伊斯梅將軍）

我打算委託統計局製作一份關於30個師裝備情況的圖表，以展示其完整裝備的進展。每個師將用一個方格表示，方格內細分為不同部分，分別代表：軍官和士兵、步槍、輕機槍、輕機槍車、反坦克槍、反坦克炮、野炮、中型野炮（如有）以及足以同時運輸3個旅的車輛等。當這些小方格所代表的裝備大部分完成時，圖表將被塗成紅色。我計劃每週審閱一次圖表。同樣也可以為國民自衛軍製作類似的示意圖，但只需標明步槍和軍服即可。

首相致陸軍大臣

1940年7月7日

昨日，麥克勞頓將軍告知我們，第2加拿大師已經全數調往冰島，你我皆對此感到意外。將如此精銳的部隊派往如此偏遠的戰場，顯然是一個重大失策。顯然，前3個營已啟程。對此事無人知曉。我們應當迅速將兩個加拿大師整編為一個軍參與作戰。

我對有關訓練問題的爭議已有充分了解，但這些觀點未能說服我。我們需要對此進行全面檢查。確實，可以將本土的第二線防衛隊調至冰島，加強關鍵據點的防禦設施，並部署一個裝備「格賓斯」型的精銳營，以便應對任何敵軍的登陸。如果你願意處理此事，我將感激不盡。

第十三章　戰爭的最低谷

首相致海軍大臣及第一海務大臣

1940 年 7 月 7 日

1. 我不理解，為什麼容許任何艦艇在法國海岸附近活動而不進行攻擊。僅依靠空軍顯然不足夠。應該在飛機掩護下派遣驅逐艦。難道我們真的要眼睜睜看著德國人在我們家門口的英吉利海峽建立龐大艦隊，並在多佛爾海峽悠然自得地航行嗎？這是一種新的、極具威脅的開端，必須予以反擊。

2. 我需要一份報告，不僅要詳細說明上述各點，還要描述我們在那邊布雷區的現狀及改進措施。水雷在 10 個月後是否會失效？如果確實如此，那就應當重新布設幾排新的。為何不在夜間嘗試在法國航道上布設一個水雷區，以應對敵方掃雷艦的到來呢？我們絕不能因為德軍掌控了法國海岸而不動用我們的海軍。如果德軍向我們開火，就應派遣一艘大型戰艦，在空軍的適當掩護下對他們進行轟擊。

在 7 月，大量美製武器順利穿越大西洋，抵達英國。我認為此事至關重要，因此，我多次下令在運輸和接收過程中要特別謹慎。

首相致陸軍大臣

1940 年 7 月 7 日

我已請求海軍部安排特別行動，以協助你們的步槍護航隊入港。他們已派遣 4 艘驅逐艦前來接應，預計 7 月 9 日即可全部抵達港口。你可向海軍部查詢具體的入港時間。聽聞你已對這批步槍的卸裝、接收和分發做好一切準備，我感到非常欣慰。至少應在當晚或次日凌晨一、兩點將 10 萬支步槍交付部隊。這些武器和彈藥應按預定計畫準時透過專車分發，並由精通這個業務的高級軍官在卸貨港口負責指揮。看來，你可能傾向於優先分發給沿海地區，以確保危險區域的國民自衛軍首先獲得這批武器。希望你能提前告知我你的具體決定。

首相致伊斯梅將軍

1940 年 7 月 8 日

　　關於使用比之前更快速的船隻來裝運下一批美國彈藥和槍彈一事，已採取了哪些措施？最近託運的一批軍火是由哪些船隻運輸的，這些船隻的速度如何？建議你向海軍部查詢以獲取詳細資訊。

首相致海軍大臣

1940 年 7 月 27 日

　　大量的火器和彈藥正在源源不斷地運送過來，除了那支加拿大師以外，我們以往海運的任何物資都無法與這批軍火相提並論。請記住，這 20 萬支步槍意味著 20 萬人，因為人們正翹首以待。運送的船隻只能在 7 月 31 日抵達，這是極好的，必須竭盡全力確保它們安全到達。若這些槍支和野炮丟失，將是一件極其不幸的事情。

　　當那些運載極其珍貴武器的船隻從美國抵達我們的海岸時，專門的列車已在各個港口準備裝載。各郡、各鎮和各村的國民自衛軍徹夜不眠，等待接收這些武器。無論男女，晝夜不停地組裝這些武器以備使用。到 7 月底，面對敵人的傘兵和空降部隊，我們已經成為一個武裝國家，儼然化為一個「馬蜂窩」。無論如何，即便必須作戰（我並不期待如此），我們許多男女已有武器在手。第一批供國民自衛軍使用的 50 萬支 0.300 口徑步槍到達後（雖然每支槍僅附約 50 發子彈，我們分發時只敢發給 10 發，同時，當前工廠尚未開始製造），我們就能把 30 萬支 0.303 口徑的英式步槍撥給日益壯大的正規軍使用了。

　　有些挑剔的專家對那些每門配備 1,000 發炮彈的「75」野戰炮不屑一顧。如今沒有牽引車來拖動炮，無法立即補充更多彈藥。口徑的不同確實增加了操作的複雜性，但我對此並不在意。在整個 1940 年和 1941 年，那 900 門「75」野戰炮顯著增強了我們國民自衛軍的戰鬥力。我們設計了許多

第十三章　戰爭的最低谷

器械，並培訓了一批人員將炮從木板推上卡車運走。當你為生存而戰時，任何炮都比沒有炮好，自從有了英國的「25」炮和德國的榴彈炮後，這種法國的「75」野戰炮雖已顯得過時，但它仍不失為一種優秀的武器。

我們對8、9月間德國在英吉利海峽增設重炮一事給予了高度關注。尤其是在加來和灰鼻角附近，炮臺分布尤為密集。顯而易見，其目的不僅是為了阻止我們的軍艦進入海峽，還企圖掌控橫跨海峽的最短航線。我們現已知曉，截至9月中旬，以下的大炮已被部署，專門用於此區域：

（1）於灰鼻角以南，「齊格菲」炮臺配備4門38公分口徑的巨炮。

（2）在布格涅以北的「腓特烈－奧古斯特」炮臺上，裝備有3門口徑為30.5公分的大炮。

（3）在灰鼻角，「大選帝侯」炮臺配備了4門口徑為28公分口徑的大炮。

（4）在加來與白鼻角之間，「亨利公爵」炮臺配備了兩門28公分口徑的大炮。

（5）在加來以東，「奧登貝格」炮臺配備了兩門口徑為24公分的大炮。

（6）於灰鼻角－加來地區，M.1、M.2、M.3、M.4炮臺共配置了14門17公分口徑的大炮。

此外，到8月底，德國陸軍在法國海岸布置的重型和中型炮臺不少於35座，此外，還用繳獲的大炮設立了7座。

6月間，我曾下令在多佛爾海角部署射程足以覆蓋海峽彼岸的大炮，如今雖已見成效，但不如預期。我對此事甚為關心。在今年夏季那些動盪的月分中，我多次親臨多佛爾進行巡視。城堡的要塞內，巨大的地下通道和地下室皆在白堊層中開鑿而成，城堡設有寬廣的陽臺，若天氣晴朗，從陽臺可望見現已落入敵手的法國海岸。時任司令官的海軍上將拉姆齊是我

的好友。他是第4輕騎兵團一位上校的兒子,我年輕時曾在那位上校麾下效力,當時的拉姆齊尚是孩童,我常見他在奧爾得肖特的軍營廣場出現。戰前3年,由於與本土艦隊司令意見不合,他辭去了參謀長一職,並曾就此事與我商議。這次,我與他進行了長時間的交談,隨後與多佛爾要塞的司令官共同查看我們正在迅速改進的防禦工事。

在多佛爾和倫敦,我對相關情報進行了深入研究,這些情報幾乎每日更新德國炮臺的發展動態。8月間,我公布了一系列關於多佛爾炮擊對岸的備忘錄,表明我希望在敵方大炮尚未反擊之前摧毀其部分重炮陣地。我堅信,這在8月間是可行的,因為我們至少擁有3門射程能夠覆蓋海峽對岸的重型大炮。然而,隨著德軍力量的增強,我們無法與之正面交鋒。

首相致伊斯梅將軍

1940年8月3日

1. 我下令儘早完成在多佛爾架設的14英寸口徑大炮,以應對德軍新建的炮臺。在所有大炮全部就位前,禁止開火。然而,現在應制定射擊計畫。我希望了解,在這個激動人心的射擊中,對於配有強大戰鬥機護航的落彈觀測機有什麼安排。此外,架設在鐵路炮架上的兩門13.5英寸口徑大炮也應做好準備,無論其射程是否足夠,都要準備就緒。還應在其他不同地點布置偽裝的大炮,製造適當的閃光、濃煙和塵土。請告知可行的辦法。

鐵路支線上13.5英寸口徑大炮的安裝工程似乎已經啟動。請向我彙報。

2. 德國艦隊現已向南行進,進入基爾運河,形勢與不久前本土艦隊總司令所建議的在重型軍艦支援下跨越狹窄海峽進攻大陸的情況有所不同。建議徵詢海軍部意見,如果總司令需要提出新的建議,他應注意到敵方已調整部署。

第十三章　戰爭的最低谷

首相致海軍大臣

1940 年 8 月 8 日

多佛爾的 14 英寸口徑大炮迅速而高效地定位並架設，令我印象深刻。請向協助完成這個任務的人員轉達，我對他們的真誠努力表示高度讚賞。

8 月 22 日，敵軍炮臺首次開火，目標是運輸艦隊，但未取得成效，隨後轉而轟擊多佛爾。我們則用已部署的 14 英寸口徑大炮進行反擊。從那時起，炮戰時有發生。多佛爾在 9 月遭到 6 次炮擊，其中最猛烈的一次是在 9 月 9 日，炮彈發射超過 150 發。運輸艦隊的損失並不嚴重。

首相致海軍大臣及第一海務大臣

1940 年 8 月 25 日

如果你們能夠提出計畫，讓「埃里伯斯」號對灰鼻角的德軍炮臺進行轟擊，我將非常感激。聽聞你們認為這是可行的，我感到無比欣慰。這正是我們所需。沒有理由非得等到鐵路炮安裝完畢，如果它們已就位，當然可以在黎明時與那門 14 英寸炮一同開火。我們必須摧毀那些炮臺。我希望，我們不必等到下個月「埃里伯斯」號抵達才行動，我想了解你們認為何種月光條件最為理想。

首相致伊斯梅將軍及參謀長委員會

1940 年 8 月 27 日

敵人試圖逐步掌控多佛爾海角及海峽最狹窄處，似乎這個策略並非毫無道理。這乃是對英國進行攻擊的顯然準備步驟。敵人意圖透過持續與我們的空軍交戰，以數量優勢消耗我們的空中力量，最終將我們的艦艇驅逐出海峽基地。我們預見到，他們還將在法國沿岸集結大量炮隊。我們在重炮防禦多佛爾海角方面採取了哪些措施？兩個月前我曾建議架設重炮，目前已架設一門，鐵路上的兩門大炮也即將就位。如今我們得知這些大炮因

裝藥過多而導致射擊不準。我們應將大部分重炮炮筒內部加厚，改為較小口徑，並增強炮筒的來福線，以確保射程至少達到 50 英里，這樣在射擊 25 或 30 英里時便能更加精準。我不明白為何至今無人就此事向我提出建議。我們必須在多佛爾海角保持炮兵陣地的優勢，無論這些陣地多麼容易遭受攻擊，我們都必須堅持。我們一定要爭取透過大炮控制海峽，摧毀敵人的炮臺，並加強我們自己的炮臺。

在另一份備忘錄中，我曾提議讓「埃里伯斯」號發動一次突襲，我相信這艘炮艦足以摧毀灰鼻角的炮臺。這是一艘具備裝甲的炮艦，能夠抵擋空襲。對此已經採取了什麼措施？它何時會被投入戰鬥？空軍部理應配合。戰鬥策略應為進攻。我們應該在白天利用飛機進行彈著觀察。或許由配備「麥林」20 型機槍的「旋風」式戰鬥機第 1 中隊來執行這項任務最為合適。如果「埃里伯斯」號遭遇空襲，我方空軍必須提供強而有力的保護，並立即反擊敵方空軍。

請提交你們的計畫。

首相致伊斯梅將軍轉參謀長委員會

1940 年 8 月 30 日

我曾就肯特海角的防禦遞交了備忘錄。此外，我們必須預見德軍將迅速在法國海岸建立多座強力炮臺。德軍企圖用大炮掌控海峽，這個意圖顯而易見。目前我們占優勢，因為我們已擁有一門 14 英寸口徑的大炮及兩門架設在鐵路上的 13.5 英寸口徑大炮。此外，還應迅速為駐紮在多佛爾的海軍上將提供大量最新型的 6 英寸或 8 英寸口徑大炮。我意識到，海軍部正在考慮卸下「紐卡斯爾」號或「格拉斯哥」號的大炮以便使用。必須以最快的速度安裝其中一至兩個轉塔。請以書面形式向我報告相關工作進展及日期。一門 9.2 英寸口徑的陸軍演習炮正在架設中，我們確信還擁有幾門架設在鐵路炮架上的 12 英寸口徑大炮。如果我們的船艦無法利用海峽，敵人也無從利用。即使這些大炮射程未達法國海岸，它們仍極具價值。

第十三章　戰爭的最低谷

我們的部分重型火炮，包括 18 英寸口徑的榴彈炮和 9.2 英寸口徑的大炮，需部署在可以阻止敵人登陸的港口和地點。此外，正如帝國總參謀長所述，它們還能在反攻中提供支援，防止敵人建立橋頭陣地。這些從上次戰爭中留存的大炮大多閒置不用，且修復工作整整持續了一年。

請提供一份詳細計畫以支援反攻，並防止敵軍在泰晤士河兩岸登陸。我注意到，在較北的地區已經部署了一些優良的重型火炮。

我也想知道多佛爾和倫敦、哈里奇和倫敦之間的具體防禦部署。如今，沿海防禦工事已經完工，我們沒有理由不強化這個區域的防線，這些防線並不妨礙強力反擊的策略。

然而，目前最緊迫的問題在於如何利用一門或兩門新型 6 英寸口徑的大炮，攻擊 3 萬 5 千碼範圍內的所有德國艦艇。同時，我正在努力從美國獲取至少兩門 16 英寸口徑的海岸炮。這種火炮的射程可達 4 萬 5 千碼，能夠在不需裝入過多炸藥的情況下發射重達 1.25 噸的炮彈。因此，這種火炮的精確度必定極高。美國陸軍的斯特朗將軍曾向我提到這種火炮，表示有希望獲得。他認為無需透過政府，美國陸軍可以從一些複雜的炮臺中調配出幾門火炮及其炮架。

請向我彙報此類火炮的詳細情況。在 3 個月內建造混凝土基座應該是可行的，我估計將這些火炮運送到此地也需要相同的時間。能夠在甲板上運輸這種火炮的船艦寥寥無幾。

首相致伊斯梅將軍及第一海務大臣

1940 年 8 月 31 日

對法國海岸炮臺的攻擊已刻不容緩。昨日的影像顯示，那些大炮已按方位架設，因此明智之舉是在其開火前先發制人。敵方的大炮已經足夠並安裝就緒。因此，我認為，「埃里伯斯」號不應拖延，每拖延一天，我們的任務就愈加艱難。

由於我們在炮臺準備上明顯落後於對手，因而摧毀敵方炮臺並阻止其擴張顯然是當前的首要任務。

在 9 月初，我們海防的重炮配置如下：

戰前的海防力量—

9.2 英寸口徑大炮兩門

6 英寸口徑大炮 6 門

最近增加—

14 英寸口徑大炮（海軍）一門

兩門口徑 9.2 英寸的大炮（安裝於鐵路炮架上）

6 英寸口徑大炮（海軍）兩門

4 英寸口徑大炮（海軍）兩門

此外，不久將從舊戰艦「艾恩公爵」號上卸下兩門 13.5 英寸口徑的大炮進行補充，這些大炮將被安裝在鐵路炮架上，另外還有從「胡德」號卸下的 4 門 5.5 英寸口徑大炮。這些補充的大炮主要由皇家海軍和海軍陸戰隊負責操作。

儘管在數量上我們仍不及敵人，但採用這種策略，我們便能匯聚強大的火力。

此外，一門 18 英寸口徑的榴彈炮和 12 門 12 英寸口徑的榴彈炮從第一次世界大戰後保存至今，現已部署完畢，準備迎擊敵軍登陸。這些大炮均具備機動能力，無論敵人選擇何處登陸，都能立即反擊。

由於 7 月和 8 月未曾遭遇任何災難，因此我們的心情逐漸安穩，對能夠進行長期而艱難的戰鬥越發有信心。我們堅信我們的力量在穩步增強。全國人民不遺餘力地工作，在經過一整天的辛勤勞作和通宵達旦的努力後，心中感到無比愉悅，愈加確信：時間站在我們這邊，我們必將取得勝

第十三章　戰爭的最低谷

利。所有的海岸線如今都布滿了各種防禦工事，整個國家被劃分成幾個防區。工廠正在大量生產軍火。到 8 月底，我們已經擁有超過 250 輛新坦克。美國「出於信義的行動」已見成效。所有經過訓練的英國正規軍和本土防衛隊從早到晚不間斷地操練，渴望與敵軍交戰。國民自衛軍人數已超過 100 萬，步槍不足時，他們便迅速拿起霰彈槍、獵槍或私人手槍，若無槍支，就使用長矛和棍棒。不列顛境內沒有第五縱隊，少數間諜已被逮捕和審問。為數不多的共產黨人已經銷聲匿跡。每一個人都將自己的一切貢獻出來。

在 9 月的羅馬訪問中，里賓特洛甫對齊亞諾聲稱：「英國的邊界毫無防備。一支德國師便足以徹底擊潰它。」此言僅能反映其缺乏見識。然而，我常思忖：若真有 20 萬德國突擊隊登陸，局勢又將如何？雙方或將陷入慘烈的屠殺，均不可能對對方施以仁慈或寬恕。他們勢必採取恐怖政策，而我們亦準備不擇手段。我曾構想這樣的口號：「至少我們可以以命換命。」甚至預料到如此恐怖的場景最終會促使美國態度轉變，然而這些波動的思潮無一成為現實。忠誠的艦隊在北海和英吉利海峽迷濛的海面上巡邏遊弋，整夜警惕敵情。戰鬥機飛行員或在空中翱翔，或在卓越的飛機旁靜待命令，以便隨時起飛。這是一個令人將生死置之度外的時代。

第十四章
應對入侵的挑戰

　　敦克爾克撤退之後，尤其是在法國政府宣布投降的3個星期後，英國人心中都縈繞著一個問題：希特勒是否會，或者說能否，入侵並征服我們的島嶼？對於這個問題，以我的立場來說，並非初次探討。作為海軍大臣，在第一次世界大戰前，我參與了3年帝國國防委員會關於此問題的討論。我一貫代表海軍部主張，在本土防衛隊和其他戰時部隊具備戰鬥力之前，至少應從遠征軍的6個師中留下兩個師用於本土防衛。正如「闖將」威爾遜海軍元帥所言：「沒有守門員，海軍無法進行這場國際比賽。」然而，第一次世界大戰爆發時，我們的情況是：海軍全面動員，英國大艦隊封鎖敵巢，安全無虞，我們看不到任何意外、變節或災難的前兆，確信能在海軍部取得比口頭承諾更好的成績。在阿斯奎斯先生於1914年8月5日在內閣會議室召開的特別會議上，我在獲得第一海務大臣（巴滕貝格的路易親王）的完全同意後，正式表示：即使全部正規部隊立即開赴法國參加大戰，海軍也有能力承擔本土防衛責任，抵禦敵人的入侵或大規模襲擊。因此，整個軍隊可以調離。在最初6週內，所有6個師都被調走。

　　深刻理解海軍的重要性會使其發揮巨大作用。在面對大大小小的優勢艦隊時，試圖將陸軍渡過海峽簡直是不可能的任務。蒸汽機顯著增強了海軍保衛大不列顛的能力。在拿破崙時代，那股將他的平底船從布洛涅吹過英吉利海峽的風，也足以將我們用於封鎖的艦隊吹散。然而，自那時以來，所有發生的事件都清楚地表明，海軍優勢力量大幅增加，足以在征程途中殲滅侵略者。現代裝備給陸軍帶來的每一個麻煩，都會在海上運輸中

第十四章　應對入侵的挑戰

造成更大的不便與危險,而在登陸後,後勤工作亦將面臨各種難以克服的困難。當我們本土的命運在上次面臨危險時,我們掌握了優勢且證明足夠強大的海上力量。敵人無法與我們進行大規模海戰,他們無法與我們的巡洋艦隊抗衡。在小型艦隊和輕型艦隻方面,我們比敵人多出10倍。此外,還必須將天氣——尤其是霧——賦予我們的諸多優勢考慮在內。即便天氣不利於我們,敵人足夠幸運可以在某地或多地成功登陸,他們在維持交通線和供應占領據點上仍將面臨解決不了的問題。這正是第一次世界大戰的形勢。

然而,現今空軍依然存在。這一個至關重要的新因素對入侵問題產生了怎樣的影響呢?顯而易見,如果敵人利用其空中力量的優勢在多佛爾海峽兩側掌控狹窄的海域,我們的小型艦隊將面臨巨大的損失,甚至可能遭受致命打擊。除非在極端緊急的情況下,否則無人願意將巨型戰艦和重型巡洋艦駛入德國轟炸機控制的海域。事實上,我們並未讓主力艦停泊在福思灣以南或普利茅斯以東,但在哈里奇、諾奧沙洲、多佛爾、樸茨茅斯和波特蘭沿岸,我們的輕型戰鬥艦始終保持警戒巡邏,參與巡邏的艦隻數量也在不斷增加。到9月時,巡邏艦隻已經超過800艘,敵人只有依靠空軍才能逐步消滅它們。

然而,究竟誰在空軍方面更具優勢呢?在法蘭西戰役期間,我們與德國的交戰比率為1比2或3,而我們給予德軍的損失比例也相似。在敦克爾克,由於需要持續進行巡邏以掩護陸軍撤退,我們在1比4或5的劣勢下作戰,結果卻非常成功且有利。在我們的領海和無遮掩的海岸及州郡,空軍司令道丁空軍上將計劃以1比7至8的比例進行對我方有利的戰鬥。據我們所知,德國空軍的整體實力,除了某些特別集中的地點之外,與我們的力量大致為3比1。儘管我們面對的是凶猛強大的德軍,以寡敵眾,但我得出的結論是:在我們的領空、國家以及領海上,我們有能力擊敗德

國空軍。如果情況果真如此，我們的海軍將能夠繼續掌控海洋，摧毀任何來犯之敵。

當然，還有第三種可能性。以思慮周詳和遠見卓識聞名的德國人，是否曾祕密策劃了一支龐大的艦隊，配備特製的登陸艇，能夠不依賴港口或碼頭在海灘的任何地點卸裝坦克、大炮和摩托車，並且之後為登陸部隊提供全方位的後勤支持呢？我曾提到，在1917年時我曾有過這樣的構想，而現在由於我的指導，這個想法已經得以實現。然而，我們沒有理由相信德國具備這樣的裝備，但在評估問題時，最好還是考慮最壞的可能性。為了準備與諾曼第登陸規模相當的登陸裝置，我們耗費了4年時間進行緊張的試驗，並從美國獲得了大量物資援助。當前，德國人要達到這一點，所需的人力和物力自然可以大大減少，但他們僅擁有少量「斯比爾」式渡輪。

因此，若德軍計劃在1940年夏季或秋季攻擊英國，必須在某些地區獲得海軍優勢、空軍優勢以及大量專用登陸艦艇。然而，海軍優勢在我們手中；制空權也由我們掌控；而且，我們認為（根據目前所知確實如此），他們並未建造或設計任何特殊艦艇。這些便是我在1940年對於德軍入侵問題的思考根基，基於此，我逐日公布以下各章所述的命令與指示。

6月18日，我在議會中清楚地概述了整體情況：

海軍從未宣稱他們能阻止5千或1萬名敵軍趁著夜色或晨霧突襲穿越海峽，在某些海岸點實施登陸。海上力量的關鍵，尤其在現代條件下，取決於入侵部隊的規模。鑑於我方的軍事能力，只有大規模的入侵才能產生影響。如果敵軍數量龐大，我方海軍就能偵察到，並予以迎頭痛擊，將其一舉殲滅。我們必須牢記，就算是5個師，無論裝備多麼輕便，也需200到250艘船來承載。而在現代化的飛機偵察和攝影技術下，若無強大的海軍護航，組織和指揮如此規模的部隊跨越海峽絕非易事；退一步講，這樣

第十四章　應對入侵的挑戰

的隊伍在遠未抵達海岸前就可能被攔截，全軍覆沒於海中，或者最糟糕的是在登陸企圖中連同裝備一併被摧毀。

早在 6 月底，便有部分人士指出敵方或將英吉利海峽納入其作戰計畫，因此，我立刻下令展開調查。

首相致伊斯梅將軍

1940 年 6 月 27 日

難以置信：敵人能夠在不被我們察覺的情況下，將龐大的運輸艦隊駛向海峽各個港口，或透過某種布雷手段阻止我們的掃雷艇為我海軍半途攔截敵運輸艦隊清理航道。然而，仍應敦促參謀長委員會關注此類傳言。

當時，雖然跨海峽入侵的可能性較低，但我們仍然必須對這個可能性進行詳細研究。我對我們的軍事部署並不完全滿意。務必讓軍隊明確其任務，尤其是避免在受威脅的海岸分散部署固定兵力而浪費資源，或不適當地沿整個海岸線布置重兵，導致國家資源枯竭。為此，我寫道：

首相致伊斯梅將軍

1940 年 6 月 28 日

首相致參謀長委員會備忘錄

1. 請查看三軍副參謀長提交的文件，以及稍後由參謀長委員會遞交的文件。

2. 藉由堅固的防禦工事封鎖那些可能被襲擊的海灘，並對東海岸的各大港口採取安全措施，是一個極為穩妥的策略。相比之下，南海岸面臨的直接威脅較小。敵人若無港口及碼頭等設施，便無法大規模進攻。假如我們的海軍失利，沒人能預料將在東海岸的哪個位置與敵人遭遇。或許某些地方會被占領。若出現這種情況，沿岸戰線其他地方的部隊也將如同馬奇諾防線的部隊一樣，失去作用。海濱作戰雖然對防守有利，但不能透過防

守整個海濱來獲取這種優勢。設防區域必須經過選擇,然而,如果時間充裕,設防的區域可以擴大並進行改進。

3. 應全力以赴,在需要防禦的海岸線上部署一些常駐部隊,並由經驗豐富的軍官指揮。國家的安全取決於我們是否具備足夠的「豹子」旅團(目前僅有 9 個,但很快將增至 15 個),這些旅團能夠在 4 小時內迅速抵達被占領區域。即便侵略軍抵達海岸,登陸也將面臨極大挑戰;在我方海、陸、空軍的猛烈攻擊下,向他們運送補給更是困難。因此,關鍵在於能否對那些突破海上防線成功登陸的部隊進行迅速而果斷的作戰。只要野戰部隊不在海灘防禦戰中耗盡力量,保持高度機動性並隱蔽起來,一旦出現情況能夠立即出動,我們便能應對自如。

4. 假如不幸發生,敵軍占據某港口,則需配備炮兵的較大部隊以應對。應保留 4 至 5 個精銳師作為總後備隊,以應付這種不太可能的情況。預估敵軍登陸規模不超過 1 萬人,3 處同時登陸,總計 3 萬人;而空降規模為 2 到 3 個地點總共不超過 15,000 人。敵軍缺乏頻繁進行空降的能力。空運部隊能否在夜間強行登陸,尚存疑慮;在白天登陸,則易被〔我方空軍〕消滅。

5. 在坦克方面的策略略有不同。在某些區域安裝大炮和障礙物以限制坦克的登陸地點,是一個相當有效的措施。海軍部需要提供有關可能用於運輸坦克的接駁船或平底船的尺寸、特性、速度,並說明這些船隻是否自帶發動機或由其他船隻牽引。由於這些船隻每小時行駛速度很難超過 7 英里,因此在夏季它們一旦出動便會被發現。即使有霧甚至濃霧,無線電測向站也能在它們距離海岸還有數小時時發出警報。隱蔽港口出發的驅逐艦必須對這些船隻進行猛烈打擊。各地的固定部隊應不斷加強障礙物的部署,並成立反坦克小隊。我們的坦克後備隊必須準備迎擊敵方殘存的坦克,毫無疑問,坦克後備隊應駐紮在能透過鐵路迅速前往被攻擊地點的前線。

第十四章　應對入侵的挑戰

6. 敵方的空降兵、第五縱隊和摩托車部隊可能會滲透，或在一些意想不到的地點偽裝現身，這些情況可以由我們的國民自衛軍在特種部隊的支持下進行應對。一定要對〔敵人〕偽裝成英國軍人的詭計保持警惕。

7. 總體而言，我贊同總司令的方案，但需盡量將野戰部隊從海灘撤出，加入「豹子」旅團及其他可立即行動的機動部隊。重點應放在總後備隊上。戰爭的勝負不取決於海灘，而是取決於機動旅和總後備隊。當空軍因持續空戰和飛機供應被摧毀而無力作戰時，海軍在抵禦大規模入侵中仍能發揮決定性作用。

8. 上述建議僅適用於當前夏季的幾個月。我們必定能在秋季來臨前獲得更優良的裝備，進而使我們的實力更加增強。

在 7 月，無論是英國政府內部還是公眾之間，對於此類問題的討論日益增多，內心的不安也越發強烈。儘管我們不斷進行偵察並使用空中攝影技術，仍未發現波羅的海、萊茵河或斯凱爾特河的港口有船舶大規模集結的跡象。同時，我們的確沒有觀察到運輸艦隻或裝有發動機的接駁船穿越多佛爾海峽進入英吉利海峽的情況。然而，抵禦侵略的準備依然是每個人的首要任務，軍事當局和本土部隊司令部對此問題全神貫注地進行思考。

關於入侵問題首相備忘錄

首相致信本土部隊總司令、帝國總參謀長以及伊斯梅將軍

1940 年 7 月 10 日

1. 我覺得，用小型艦隻甚至小船來運送軍隊沿我方海岸進行入侵，幾乎是不可想像的事情。我尚未觀察到這種船隻大規模集結的任何真實跡象。此外，除了跨越最狹窄的海域之外，在我們眾多武裝巡邏艦隊的火力威脅下，將大批軍隊送上海洋冒險，實屬極端魯莽，甚至可以說是自殺行為。英國海軍部擁有逾千艘武裝巡邏艦艇，其中常有 2、300 艘在海上進

行巡邏，這些艦艇都配備了經驗豐富的海員。要想偷偷渡過海峽是不可能的，在北海較寬的區域，入侵的軍隊更容易被消滅，因為他們的航程肯定有一部分是在白天進行。在這些巡邏艦隊的後方，還有驅逐艦隊，目前有40艘驅逐艦部署在亨伯河與樸茨茅斯之間，大多數位於最狹窄的海域。夜間巡邏，白天休息的艦艇數量較多。因此，它們可能在夜間與敵方運送軍隊的艦船遭遇，但也可能在3小時內抵達敵人在海岸登陸的任何一個或多個地點。它們能夠立即摧毀登陸艇，攔截登陸部隊，並對已登陸的敵軍進行炮擊。不論這些部隊裝備多麼輕便，也需將武器和裝備從艦艇運送至海灘。然而，當我們的艦隊採取阻擊行動時，從天亮後便可以由我們的戰鬥機提供強而有力的支援。天亮後，以戰鬥機掩護我們的驅逐艦，對我方驅逐艦對登陸部隊的猛烈阻擊至關重要。

2. 你們應查閱（本土艦隊）總司令根據內閣的指示所作的回應，問題是：如果敵人使用重型軍艦護送入侵部隊，該如何應對？答覆是：根據目前掌握的消息，除停泊在特隆赫姆的軍艦外，敵方沒有一艘巨型戰艦不在大修中，而特隆赫姆港的艦隻正受到我們占絕對優勢艦隊的密切監視。在接下來的幾天內（13日至16日），當「納爾遜」號和「巴勒姆」號完成重新裝配後，可能會形成兩支英國巨型艦隊加入海岸保護行動之中，每支艦隊都具備極強的火力；因此，可以防止北部爆發戰事的風險，同時，還可以迅速應對特隆赫姆港的軍艦向南方的進攻。此外，泰晤士河和恆伯河的巡洋艦力量非常強大，與小型艦隊結合就能有效攻擊敵人用來掩護登陸的任何輕型巡洋艦。因此，我認為敵人要在英國東海岸成功登陸大批裝備齊全的軍隊是極其困難的，無論是大規模部隊還是分批登陸都同樣困難。如果敵人試圖透過大型艦隻從北方運送軍隊，難度會更大。或許還可以這樣說：除了在波羅的海的港口外，目前沒有任何跡象顯示，敵人的大小艦艇集結到了令人擔憂的程度。經由持續的空中偵察和潛水艇的巡邏可以及時發出警報，同時，我們的布雷區也將成為敵人的一大障礙。

第十四章　應對入侵的挑戰

3. 南海岸遭受敵襲的可能性較低。根據掌握的消息，法國的港口並未集結大量船隻，小型船隻的數量也很有限。多佛爾的火炮防線正在增強，並將延伸至法國海岸。這個舉措至關重要，海軍部被要求持續快速地推進這個工作。在他們看來，並沒有顯著的船隻、軍艦或運輸艦通過多佛爾海峽。因此，我很難相信南海岸目前處於高度危險之中。當然，敵人可能會從布雷斯特對愛爾蘭發動小規模襲擊，但渡海過程對入侵部隊而言仍充滿風險。

4. 主要威脅將源自荷蘭和德國的港口，主要攻擊目標是從多佛爾到瓦什一帶的海岸。隨著夜晚時間的延長，這個危險區域將逐漸向北擴展。然而，屆時天氣愈加不利，使得「漁舟入侵」計畫更難執行。此外，由於空中雲層密布，敵人在交鋒時可能無法調動空軍支援。

5. 因此，我期望根據上述推論（應與海軍部查核），你們能夠將大部分已編成的師從海岸撤回，作為支援或後備部隊，以便進行最高級別的進攻和反攻訓練。至於沿海地區，由於已有防禦設施，可逐步移交給非正規師和國民自衛軍負責。我相信，你們在原則上會認可這種觀點，唯一的挑戰可能是接防速度的問題。在這方面，我也希望我們能達成共識，以最快速度進行。

6. 本備忘錄雖未涉及空運部隊的攻擊，但這無損於其結論的有效性。

值得注意的是，我與我的顧問一致認為，在7、8月期間，東海岸遭受襲擊的可能性高於南海岸。然而，事實上在這兩個月裡，兩個海岸都未遭遇襲擊。接下來將提及，德國的計畫是利用中型戰艦（4千至5千噸）和小型船隻越過英吉利海峽進行入侵；我們現在意識到，他們完全沒有從波羅的海和北海的各個港口用大型運輸艦運送大批軍隊的意圖和可能性；他們也沒有計畫從比斯開灣的各港口發起攻擊。這並不代表他們在選擇南海岸作為攻擊目標時是正確的，而我們的判斷是錯誤的。如果敵人能夠找到方法從東海岸入侵，威脅會更加嚴重。當然，除非或直到必要的艦隻從

多佛爾海峽南下並在法國港口集結，否則入侵南海岸是不可能的。在7月間，並未出現這種行動的任何跡象。

然而，我們必須做好準備以應付任何可能的情況，同時避免削弱我們的機動部隊，並集中後備軍。這個複雜而艱鉅的問題，只有透過每週的情報和事態發展才能找到解決方案。大不列顛的海岸線曲折多變，擁有無數的海灣，總長超過2,000英里，不包括愛爾蘭。這麼廣闊的邊界，任何一點或多點都可能同時或相繼遭受襲擊，唯一的防禦策略是在海岸或邊境建立警戒線和防禦線，以阻擊敵人；同時，盡可能籌組龐大且訓練有素的機動部隊作為後備軍，合理部署，以便在最短時間內抵達被襲地點，進行強力反攻。當希特勒在戰爭末期發現自己被包圍，面對這種問題時，他在處理上犯了一個極其嚴重的錯誤。他建立了一個複雜的交通網路，但卻忽視了核心力量。法國由於策略部署失誤，遭受了致命打擊，這個教訓對我們來說仍然記憶猶新，因此我們沒有忘記「大規模運動戰」；我根據我們不斷增加的資源，持續推進這個政策。

我在7月10日發出的文件中所表達的觀點，與海軍部的立場大致相符；兩天後，龐德海軍上將遞交了他與海軍參謀處依據該文件撰寫的一份內容詳盡且深思熟慮的意見書。意見書重點討論了我們將面臨的各種危險，這是合理且必要的。

然而，龐德海軍上將在總結中指出：「一支數量約為數10萬的敵軍，若未遭到海軍的攔截便抵達英國海岸，這種情況是可能的。……然而，除非德國空軍同時擊敗我們的空軍和海軍，否則，維持他們的補給線將是不可能的。……倘若敵人真的登陸並發起進攻，他們的期望是迅速推進至倫敦，沿途獲取所有必要的補給，並迫使英國政府屈服。」第一海務大臣按照敵軍出發的港口和可能襲擊我方的海岸，列出了最高人數為10萬的敵軍清單：

第十四章　應對入侵的挑戰

我對這項評估相當滿意。由於敵人無法攜帶重型武器，且任何據點的補給線將被迅速地切斷，即使敵人在7月入侵，我們迅速改進的陸軍也能應付。因此，我將以下兩份文件提交給參謀長委員會和本土部隊司令部。

首相的備忘錄

參謀長委員會和本土部隊司令部應當仔細審閱這些文件。第一海務大臣的備忘錄可以作為工作的基礎。儘管我個人認為，海軍部的實際行動往往超出其宣稱，同時，運輸途中的損失將進一步減少進攻規模，但地面部隊的準備工作必須達到完美無缺的程度。就地面部隊而言，進攻規模應按第一海務大臣的計畫比例增加一倍，即達到20萬人。我本土部隊已經具備足夠的實力應對這樣的入侵，並且其力量正在迅速增強。

如果在此基礎上重新評估我們抵禦敵人登陸的計畫，並讓內閣了解所做的調整，我將感到非常滿意。應牢記，儘管最猛烈的攻擊或許在北部發生，但由於倫敦的極端重要性及該區域海域的狹窄，南部應成為必須採取最高警戒措施的地區。

所有成員均認可該項原則，並在接下來的數週內依此原則執行。針對主力艦隊於狹窄水域的行動計畫，已下達明確指令，我對此全力支持。經過7月20日與海軍總司令富比士上將的深入探討，海軍部作出如下決定：

（1）海軍部的高層不願在尚未接獲有關敵方重型軍艦的情報前，就讓我們的重型軍艦南下摧毀在我海岸登陸的敵軍。

（2）倘若敵方重型軍艦甘願冒險駛向北海南部，企圖協助登陸部隊，則我方重型軍艦亦應冒險南下迎戰。

為了進行敵人可能對我方綿長海岸線發動的各種進攻及其規模進行更為清楚的推斷，以避免我方兵力的不當分散，我在8月初再次向參謀長委員會遞交了一份備忘錄。

關於入侵的防禦首相兼國防大臣的備忘錄

1940 年 8 月 5 日

鑑於在整個大不列顛海岸線設防會對戰鬥力造成巨大消耗和帶來諸多不利因素，以及不恰當採用消極防禦體系的風險，我希望對以下各點進行審慎評估：

1. 我們必須始終將敵人的港口視為抵禦入侵的首道防線。在進行空中偵察、潛艇監控及其他情報收集後，應動用一切可用的兵力果斷打擊敵人集結的艦艇。

2. 我們的次要防線是透過嚴謹的海上巡邏來攔截入侵的部隊，並在運輸途中將其消滅。

3. 第三道防線是：在敵軍接近陸地並嘗試登陸時，立即進行反擊。此類反擊行動需要提前在海上做好準備，並獲得空軍的支援；海軍與空軍應持續不斷地實施反擊，使入侵者無法補給其占領的據點。

4. 成立地面防禦部隊和本土部隊的主要目標，就是吸引敵人大規模到來，進而為海軍和空軍提供合適的攻擊目標，並透過空中或其他形式的偵查掌握敵人的準備和行動。

5. 然而，若敵人在不同地點成功登陸，當地海灘上的抵抗應在我方海、空軍的配合攻擊下，盡量對敵人造成重大打擊。如此將迫使敵人耗盡彈藥，並限制對方在一個有限區域內。任何海岸防禦能力的評估，不在於海岸駐軍的數量，而在於能在多少小時內將機動部隊調至登陸點進行有效反擊。須在敵人最虛弱之時以全速全力發起猛攻；所謂敵人最虛弱的時刻，不是如某些人所言的敵人下船之際，而是在敵人已登岸、交通被切斷、補給耗盡之時。必須在 6 小時內集結 1 萬名全副武裝的士兵，並在 12 小時內集結兩萬名，向任何敵人建立的堅固據點發起進攻。在攻擊的真實重心尚未明朗之前，如何部署後備部隊，是本土部隊司令部需慎重考量的問題。

第十四章　應對入侵的挑戰

6. 不得不承認，海軍與空軍在海峽，從瓦什至多佛爾一帶執行阻擊入侵的任務頗為艱難。此扇形海岸防線最接近敵方的主要攻擊目標——倫敦。從多佛爾至蘭茲恩德角的扇形區域受到的威脅相對較小，因為海軍和空軍明確大批艦隻無法駛入法國海峽的港口，更別提作為掩護的戰艦了。根據海軍部的現行估計，在廣闊的前線上，進攻規模不會超過 5,000 人。為了確保更高的安全性，將兵力增加一倍可視為合理的安排，以便迅速利用人數優勢進行反擊，同時也可以在南部扇形區域節省大量兵力；該區域的海岸部隊應盡量減少，而機動後備隊則應盡量增加。這些機動後備隊必須在接到通知後能夠迅速調往東南扇形區域。顯然，情況只能逐週判斷。

7. 談及大不列顛西海岸時，我們必須適應一系列新的狀況。敵方需橫渡遼闊的海域，一旦偵測到敵人接近海岸，我們便有足夠的時間調動巡洋艦和小型艦隊進行攻擊。海軍部的策略需與此需求相符。敵方目前無戰艦可護送其軍隊。試想，在強大的海軍和空軍面前，我們會派遣 1 萬 2 千人乘坐無護航的商船前往挪威海岸或斯卡格拉克海峽及卡特加特海峽登陸嗎？這會被視為瘋狂。

8. 然而，為了實現三重保險，海軍部仍需推進從康沃爾到愛爾蘭的強大水雷區布置計畫，以確保布里斯托爾海峽和愛爾蘭海免受來自南部的威脅。自從我們的商船改走北方航道後，我們已從西（南）部的航道撤走了大量巡邏艦艇，西南部因此愈加空虛，防護更加薄弱，故而在此區域布雷顯得尤為必要。

9. 此布雷區的設定，將簡化並緩解該地區與康沃爾以北接觸點的防禦問題。我們必須意識到，從康沃爾到坎泰爾岬的扇形區域最不易受到海上入侵。此地的防務僅需用幾門大炮和陸地水雷發射管保護主要港口，並在港口出入口部署少量防禦力量即可。不可將我們有限的人力、物力浪費在此扇形區域。

10. 從坎泰爾岬北部至斯卡帕灣、謝特蘭群島及法羅群島，全都在主

力艦隊的作戰範圍之內。敵軍若從挪威海岸運送入侵部隊，將面臨極大風險，即便抵達克羅馬爾提河口，也不會立即造成嚴重問題。此時潛伏的敵軍將四處活動。敵人將面臨諸多困難，行經的是人煙稀少的區域。我們能夠牽制敵軍，直至調集足夠的部隊進行迎擊，並迅速切斷其海上交通線。這將使敵軍處境更加艱難，因為距離任何一個重要目的地的距離更遠，並且需要大量車輛運輸。在這個扇形區域內，堅守所有登陸據點是不可能的。結果將是徒勞無功。與從倫敦對面的東南海岸入侵相比，我們將有更多的時間準備反攻。

11. 從克羅馬爾提河口向南延伸至瓦什的區域是一個極其重要的扇形地帶，僅次於從瓦什到多佛爾的區域。然而，該區域的所有港口和海灣都享有海上和陸地的防護，並且能夠在24小時內以優勢兵力進行反攻。太恩河必須被視為僅次於倫敦的第二個關鍵攻擊目標，因為入侵部隊，即大規模突襲部隊，可以在此地迅速造成重大破壞（相比之下，在提茲河的破壞程度較輕）。另一方面，與南部相比，海上和空中條件對我們更為有利。

12. 聯合參謀部應針對這些扇形區域辨識其弱點與防禦的相對比例，制定用於海灘和港口區域性防禦的人數，以及在多少天或小時內可以進行大規模反攻。我對攻擊與防禦的相對比例提出以下幾點，請予以考慮：

克羅馬爾提河口至瓦什（含瓦什）……3

瓦什到多佛爾海角……5

從多佛爾海角到蘭茲恩德角，然後環繞至布雷的起始區域……1.5

從布雷地區開始直到坎泰爾岬……0.25

從坎泰爾岬向北延伸至克羅馬爾提河口……0.5

在參謀長委員會對我們所有情報進行再度審查後，該委員會祕書霍利斯上校撰寫了一份報告，以回應我的備忘錄。

第十四章　應對入侵的挑戰

關於入侵的防禦

首相

1940年8月13日

1. 參謀長委員會在徵詢本土部隊總司令意見後，對你〔8月5日〕的備忘錄進行了研究，全體一致同意你在1-5段中所闡明的原則。

2. 本土部隊總司令多次向我們強調：全體官兵一致認為，至關重要的是，一旦敵人在海岸獲得暫時立足，必須立即發動反攻。因此，他決定採取這樣的政策：各師一旦完成訓練並裝備齊全，具備攻勢作戰能力後，就將其調回擔任後備軍。

3. 參謀長委員會也認可你對沿岸各扇形地帶弱點以及海上攻擊相對比例的估計。的確，本土部隊各師當前的分布與第12段中你列舉的數字極為相似。具體分布如下：

4. 你所提出的理論防禦比例為：

克羅馬爾提河口到瓦什……3

瓦什到多佛爾……5

多佛爾到北康沃爾……1.5

北康沃爾到坎泰爾岬……0.25

從坎泰爾岬到克羅馬爾提河口……0.5

共計……10.25

5. 若依照上述比例將一支10個師的兵力分配，則可將3個師部署於福思-瓦什扇形地帶，5個師於瓦什——多佛爾扇形地帶等。實際上，本土共有26個師，若將你的數字乘以26，並與這26個師的實際分布情況進行比較，即可得出結果。

6. 這兩組數字之間的相似性甚至比乍看之下更加顯著，因為駐紮在倫

敦北部和西北部附近的後備師既可以部署在瓦什－多佛爾扇形地帶，也可以部署在多佛爾－樸茨茅斯扇形地帶。因此，這兩個扇形地帶「可用的」師數是可以靈活調整的。聯合扇形地帶總共可用 15 個師，而你需要的是 16 又四分之三個師。

7. 參謀長委員會指出，你的數字是基於海上侵略規模計算的，而實際的分配情況則考慮了空中侵略。因此，儘管南方沿岸的防禦目前似乎略顯多餘，但其理由是：我們在那裡的防衛部隊可能會被敵方戰鬥機形成的「幕」所覆蓋，敵軍可以穿越相對較窄的海峽發動襲擊。

正當我們審閱這些文件準備付印時，局勢已然發生鉅變。我們的情報機構確認，希特勒已最終下達「海獅」行動的命令，並正在積極籌備。他似乎決心一試。而且，進攻的方向與東部海岸截然不同，即在東部海岸之外。然而，參謀長委員會、海軍部和我仍然一致決定將重心放在東部海岸。

然而，局勢隨後急遽惡化。大量自動航行的接駁船和汽艇開始在夜間橫渡多佛爾海峽，沿著法國海岸線悄然前行，逐漸在加來至布雷斯特一帶的法國港口集結。每日的空中偵察攝影精確地證實了這個活動。再也無法在法國海岸附近海域重新布設水雷區。我們立刻動用小型艦艇襲擊那些運送軍隊的船隻，轟炸機群集中打擊新發現的侵略港口。同時，我們獲得大量情報，顯示德軍一個或多個軍正在這段敵方海岸集結，準備進行入侵。情報還顯示敵軍鐵路運輸繁忙，並在加萊海峽和諾曼第地區大量集結。隨後，據報告顯示，布洛涅附近有兩個山地作戰師配備了騾子，顯然是為攀越福克斯通懸崖做準備。與此同時，在法國的海峽沿岸出現了大量威力強大的遠端大炮。

為應對新威脅，我們已經開始將資源從一側轉向另一側，同時提升所有運輸條件，以便將不斷擴大的機動後備隊部署至南部防線。大約在 8 月

第十四章　應對入侵的挑戰

的第一個週末，現任本土部隊總司令布魯克將軍指出，南部海岸面臨的入侵威脅與東部海岸同樣在增加。我軍的兵力、效能、機動性及裝備也在不斷提升。

因此，在9月下旬，我們已成功部署16個精銳師於包括多佛爾在內的南部海岸防線。這16個師中包含3個裝甲師或相當於3個師的裝甲旅，所有這些部隊都作為當地沿岸防禦的增援部隊，可以迅速投入戰鬥，抵禦任何敵軍的登陸入侵。如此一來，我們能夠給予敵人沉重打擊，布魯克將軍已準備妥當，在必要時刻給予迎頭痛擊；沒有人比他更擅長此事。

在這個時期，我們的心中充滿不安：從加來到特斯黑靈和黑利戈蘭的海灣、河口，以及荷蘭和德國沿海的眾多島嶼（上次戰爭中的「沙地之謎」）是否會隱藏著大量裝備小型或中型艦艇的敵軍。從哈里奇到樸茨茅斯、波特蘭，甚至普利茅斯，以肯特海角為中心的區域似乎隨時可能遭受攻擊。我們僅有一些反面證據表明敵人不會從波羅的海通過斯卡格拉克海峽，發起第三次入侵浪潮，以配合其他的攻勢。這對於德軍能否成功至關重要，因為除此之外，沒有其他方法可以將重型武器運送給已登陸的部隊，或在停泊於東部海灘附近的補給船上和附近建立大型供應站。

我們目前正進入一個極為其緊張且必須保持高度警惕的階段。在這個時期，從瓦什向北延伸至克羅馬爾提河口，顯然有重兵把守。同時，我們已經做好安排，以便在敵人堅持從南方入侵時，從此處調動兵力。島上的鐵路網四通八達，加之我們仍牢牢控制著本土領空，這些條件使得我們有足夠的信心，在敵軍全數顯露後，如有需求，在第4、第5或第6天，我們能夠再調動4到5個師以增強南部防線。

我們曾對月光和潮汐進行了深入研究。我們推測敵人可能會在夜間渡海並於黎明時登陸，而其後我們得知，德國陸軍統帥部也有此計畫。他們希望在渡海時能有半明的月光，以便維持秩序並準確無誤地接近陸地。經

過精確評估後，海軍部認為，敵人最有利的時機是在 9 月 15 日至 30 日之間。我們後來發現，在這一點上我們和敵人的看法完全一致。我們毫不懷疑，我們有能力摧毀任何試圖在多佛爾海角、或多佛爾至樸茨茅斯海岸、甚至波特蘭登陸的入侵部隊。當我們最高指揮機關的思想充分協調一致後，我們對愈加明晰的局勢感到欣慰。這或許是震撼世界、打擊強大敵人的一次良機。同時，希特勒入侵的氣氛和跡象也讓我們心中充滿憤慨。確實，從純技術的角度看，有些人甚至希望看到他嘗試渡海遠征，看看德國入侵時全軍覆沒對整個戰局將產生何種影響。

在 7 月和 8 月間，我們成功掌控了大不列顛的空域，尤其是在倫敦東南部各郡的上空，我方空軍更是占據了明顯的優勢。加拿大集團軍部署在倫敦與多佛爾之間，位置極佳，隨時可以出擊。他們的刺刀鋒利，士氣高昂。能夠為不列顛和自由對敵人施以致命打擊是他們的榮耀。這種激情在所有人心中燃燒。複雜且規模龐大的防禦系統、防禦據點、反坦克障礙、碉堡和掩體遍布整個地區。沿海防禦工事和炮臺數量眾多，與此同時，由於減少大西洋上的護航艦艇（這使得我們的航運損失較低），以及新建軍艦的入役，使得小艦隊在數量和品質上均有顯著提升。我們將「復仇」號、舊靶艦兼演習艦「百人隊長」號和 1 艘巡洋艦調至普利茅斯。此刻，本土艦隊具備了最強的戰鬥力，能夠安全巡航至恆伯河甚至瓦什灣，因此，我們在各個方面都已做好充分準備。

最終，10 月秋分期間一如往常的暴風即將到來。顯然，若希特勒真要採取行動，那麼時間會在 9 月，因為 9 月中旬的潮汐和月相對他有利。

危險過後，議會中偶爾會提到「入侵的恐懼」。那些最了解情況的人自然是最不恐懼的。除了在空中和海上占據優勢外，我們還有一支鬥志高昂的生力軍，儘管裝備仍不完全充足，其人數與 4 年後德軍在諾曼第集結抵抗我們重返歐洲大陸的兵力相當。在諾曼第，儘管我們在第一個月內登

第十四章　應對入侵的挑戰

陸了 100 萬士兵，並擁有大量武器和其他有利條件，但戰鬥依然持久而殘酷，耗時將近 3 個月才擴大初始占領區並開闢廣闊戰場。然而，這些軍事行動的意義只有在未來才能得到驗證和理解。

此刻應將焦點轉向敵方，依據我們目前掌握的資訊，描述其準備和計畫的情形。

第十五章
「海獅」計畫的威脅

從我們戰後繳獲的德國文書得知，1939 年 9 月 3 日戰爭爆發後不久，德國海軍部即開始由參謀人員研究入侵大不列顛的計畫。德國人的思路與我們有所不同：他們堅信，唯一的方法是橫渡英吉利海峽的狹窄水域。他們從未考慮過其他方案。若我們早知此事，便可安心許多。透過英吉利海峽的進攻正好遭遇我們防禦設施最堅固的海岸線；這是我們對法國的一條古老海防前線，沿岸港口均已設防，我們的主要艦隊基地也在此地；近年來，為保衛倫敦，大部分機場和制空站亦建於此。在我們這個島上，再沒有其他地方能如此迅速地投入戰鬥或集中如此龐大的陸、海、空軍力量。雷德爾海軍上將深恐一旦命令德國海軍進攻英國，海軍的力量將顯得不足。因此，他提出了許多條件。第一個條件是完全控制法國、比利時和荷蘭的海岸、港口和河口，這使得該計畫在戰爭早期的模糊階段被擱置。

在這些條件出人意料地具備後，他繼敦克爾克戰役和法國投降之後，便懷揣一份計畫去見元首。雖然心中存有疑慮，但他也感到無比欣慰。5 月 21 日，他首次與希特勒討論此事，隨後在 6 月 20 日再次進行交流。其用意並非建議入侵，而是強調若要下令進攻英國，則需詳盡計畫，切忌輕率行事。希特勒對此也心存疑慮，並表示「他完全理解這類任務的特殊困難」。他仍對英國可能求和抱有希望。直至 6 月底，最高統帥部才下定決心，7 月 2 日才發出首道命令，將入侵不列顛視為可行的軍事計畫。「元首斷言：若具備某些條件（其中最重要的是取得空中優勢），便可在英國登陸。」7 月 16 日，希特勒公布指示稱：「儘管英國在軍事上已陷絕境，但

第十五章 「海獅」計畫的威脅

仍未表露求和意圖，因此我決定準備一項登陸英國的計畫，並在必要時付諸實施。……整個計畫的準備工作應在 8 月中旬完成。」於是，各方加緊展開這個工作。

早在 6 月，我便耳聞德國海軍的計畫，整體上是機械性的。其意圖是從灰鼻角以重炮轟擊多佛爾，隨後由強大的炮兵在多佛爾海峽的法國一側提供掩護，進而在英吉利海峽的最便捷線路上開闢一條狹窄通道，兩旁以雷區隔離，並在外圍部署潛艇進行保護。陸軍將透過此通道乘渡船跨越海峽，隨後大部隊將陸續分批增援。海軍的職責至此結束，隨後的問題將由德國陸軍指揮官們處理。

我們擁有無可比擬的海軍優勢，在空軍的有力掩護下，利用小型艦艇即可突破他們的布雷區，並摧毀那些為保護布雷區而集結的十幾艘潛艇。因此，從一開始，這個計畫便注定無法成功。然而，在法國淪陷之後，顯而易見，若要避免曠日持久的戰爭及其帶來的種種後果，唯一的希望就是迫使英國投降。正如我們曾提及的，德國海軍在挪威海域的戰鬥中遭受重創，元氣大傷，因此對陸軍的支持十分有限。但德國海軍仍有其自身的計畫，誰也無法斷言，他們是否會意外地迎來好運。

德國陸軍統帥部對入侵英國的問題起初持有相當的遲疑態度。他們並未針對這項任務制定計畫或進行準備，也未曾接受相關訓練。然而，由於連續幾個星期的多場輝煌勝利，他們的膽子逐漸壯大。確保安全渡海並非陸軍的職責，但一旦大軍登陸，他們便認為戰鬥任務應由他們承擔。實際上，早在 8 月，雷德爾海軍上將已感到有必要提醒陸軍注意渡海的風險，指出穿越海峽時可能會全軍覆沒。自從明確將運送陸軍過海的責任交給海軍後，德國海軍部始終持悲觀態度。

7 月 21 日，三軍首腦與元首會晤。元首告知他們，戰爭的關鍵階段已然到來，但英國尚未意識到此點，仍懷抱扭轉局勢的希望。他提及美國對

英國的援助以及德、蘇政治關係可能發生的變化。他指出，執行「海獅」作戰計畫是迅速結束戰爭的最佳途徑。經過與雷德爾海軍上將的長時間交談，希特勒才逐漸明白，由於潮汐、海流和海上諸多神祕因素，跨越海峽會面臨哪些挑戰。他將「海獅」作戰計畫描述為「一項極其大膽的事業」。「即使航程短暫，但這並非渡過一條河，而是穿越敵人掌控的海域。這與攻擊挪威不同，無法依靠突襲；敵人防守嚴密且決心堅定，將抵抗並控制我們需要利用的海域。陸軍作戰需要40個師。最棘手的問題是物資的補給和儲備。我們無法指望從英國獲取任何物資。」全面掌控空中是首要條件，需要在多佛爾海峽使用強大火炮進行渡海掩護，並用布雷區保護。他說道：「時間的選擇也至關重要，因為北海和英吉利海峽在9月下旬天氣惡劣，10月中旬開始有霧。因此，主要的登陸行動必須在9月15日前完成，之後德國空軍和重型武器的配合將不再可靠。既然空軍的協同是關鍵因素，理應作為決定日期的主要依據。」

在有關登陸海岸範圍及攻擊目標數量的問題上，德國參謀人員之間展開了一場激烈而直接的爭論。陸軍主張在從多佛爾到波特蘭以西的萊姆．里季斯的整個英格蘭南岸進行多點登陸，並計劃在多佛爾以北的拉姆斯格特進行輔助攻擊。然而，德國海軍參謀部則認為，最安全的渡海區域是在北福蘭角與威特島西端之間。陸軍參謀部對此擬定了計畫，準備在多佛爾至萊姆灣一帶登陸10萬人，緊接著再增援16萬人。德國陸軍統帥哈爾德指出，在布賴頓區域至少需要登陸4個師，並要求在迪爾至拉姆斯格特之間實施登陸，至少動用13個師，盡可能在整個戰線中的各個點同時展開。此外，德國空軍還要求準備船隻，以便與第一波登陸部隊一起運送52個高射炮中隊。

然而，海軍參謀長聲稱，如此大規模或如此迅速的行動幾乎是不可能實現的。他無力承擔護送登陸部隊穿越所提到的遼闊海域的責任。他的意

第十五章　「海獅」計畫的威脅

思是陸軍應該在這些區域內選擇最有利的登陸地點。即便掌握了空中優勢，海軍的力量也只能一次護送一批人渡海，他們認為多佛爾海峽最狹窄的部分是最容易通過的航道。要將第二批 16 萬人及其裝備一次性運過海峽，需要 200 萬噸的船舶。即便具備這種理想狀態，登船的港口也難以容納如此大量的船隻。只能將這些師的第一梯隊渡過海峽建立狹窄的橋頭堡，要運送這些師的第二梯隊登陸，至少還需兩天，更不用說將被認為必須登陸的第二批 6 個師運過去了。他進一步指出，在遼闊的海岸線登陸，意味著各個選定的登陸地點漲潮的時間相差 3 到 5 個半小時。因此，要麼在某些登陸地點接受不利的潮汐條件，要麼放棄同時登陸的想法。他的意見幾乎無可爭議。

在一場關於備忘錄的無休止爭論中，他們浪費了無數珍貴時光。直到 8 月 7 日，哈爾德將軍才與海軍參謀長面對面地進行磋商。在會談中，哈爾德表示：「我完全拒絕海軍的提議。從陸軍的角度來看，這無異於自殺。乾脆把登陸部隊直接送進絞肉機算了。」海軍參謀長則回應道，他同樣反對在廣闊的海岸線上進行登陸的計畫，認為這只會在運輸途中犧牲部隊。最後，希特勒採取了一個折中的方法，這個方法既不能滿足陸軍的需求，也無法令海軍滿意。最高統帥部於 8 月 27 日公布的指示中規定「陸軍的行動必須考慮到可用的船位以及渡海和登陸的安全性」。從迪爾到拉姆斯格特之間的登陸地點被全部放棄，然而，登陸的海岸線從福克斯通延伸至博格諾。達成這樣的協定時，已是 8 月底；當然，這一切都依賴於取得空戰的勝利，而空戰迄今已進行了 6 個星期。

根據最終確認的登陸地點制定了最終計畫。軍事指揮權交給了倫德施泰特，但由於船隻不足，將他的部隊縮減為 13 個師，後備隊為 12 個師。第 16 集團軍將從鹿特丹與布洛涅之間的港口出發，在亥斯、拉伊、黑斯廷斯和伊斯特本附近登陸；而第 9 集團軍將從布洛涅與勒阿弗爾之間的港

口出發，攻擊布賴頓與沃信之間的海岸。多佛爾計畫從陸路奪取；隨後兩個軍隊將共同推進至坎特伯雷－阿什福－梅菲爾德－阿倫德爾的防線。總計，首批將有 11 個師登陸。他們樂觀地預計，在登陸後一週內，可以推進到格雷夫森德、賴吉特、彼得斯菲爾德和樸茨茅斯。第 6 集團軍作為後備部隊，所屬各師隨時準備增援，如有可能，進攻的海岸將延伸至韋默思。一旦建立了橋頭堡，便可以輕鬆增加這 3 個軍的人數，「因為，」哈爾德將軍指出，「在歐洲大陸上已經沒有能與德國抗衡的軍事力量。」確實，德國擁有勇猛且裝備精良的部隊，但這些部隊現在需要船隻和安全的運輸管道。

首要的重任由海軍參謀部承擔。德國擁有約 120 萬噸的海運船舶來滿足各項需求。而運輸入侵部隊將消耗一半以上的運輸力，進而將在經濟上造成巨大混亂。

這些大量艦隻需要船員從海道和運河駛往集合港口。從 7 月初開始，我們不斷襲擊停泊在威廉港、基爾運河、庫克斯哈芬、不來梅和埃姆登的船隻；同時，也對法國港口停泊的小型艦隻和比利時運河內的接駁船進行突然襲擊。9 月 1 日，當準備入侵的船隻大規模南下時，英國皇家空軍對其進行監視，及時報告其動態，並對從安特衛普到勒阿弗爾的整個海岸線進行猛烈打擊。德國海軍參謀部記錄：「敵人在沿海海域的持續戰鬥防衛、集中轟炸機轟炸『海獅』出發港口以及沿岸偵察活動，表明敵人已準備應對我方即將進行的登陸。」

他又提道：「英國的**轟炸機和空軍布雷隊**……依然具備強大的作戰能力，必須承認，儘管英國部隊的行動尚未對德國的運輸造成決定性的阻礙，但其成功是不容置疑的。」

然而，儘管屢遭挫折並蒙受損失，德國海軍依然成功實現了其任務的第一階段。他們已經耗盡了為事故和損失預留的百分之十的餘量，但剩餘

第十五章　「海獅」計畫的威脅

部分與第一階段計畫的最低限度相差無幾。

此時，德國的海軍和陸軍將責任轉嫁給空軍。開闢走廊的整個計畫——在英國艦隊及小型艦隻的強大優勢下，由德國空軍提供掩護，並在航道兩側布設水雷——能否成功取決於德國空軍是否能夠擊敗英國空軍，並在英吉利海峽和英格蘭東南部取得絕對制空權，不僅在渡海航道上空，還需在登陸點上空掌握制空權。三軍中年資較深的兩個兵種將責任推到戈林元帥身上。

戈林毫無疑慮地承擔了這個責任，因為他堅信德國空軍在數量上占有顯著優勢，經過數週的激戰，將擊潰英國的防空力量，摧毀肯特和蘇塞克斯的機場，進而完全控制英吉利海峽。此外，他深信轟炸英國，尤其是倫敦，能使傾向和平的英國人陷入絕望，迫使其求和，特別是在入侵的威脅日益臨近時更是如此。然而，德國海軍部對此持不同看法，心存諸多顧慮。他們認為，只有在萬不得已的情況下，才應執行「海獅」作戰計畫。7月期間，他們曾建議，除非不受限制的空襲和潛艇戰能夠「迫使敵人按照元首的條件進行和平談判」，否則行動應推遲至1941年春天。但凱特爾元帥和約德爾將軍見到空軍最高統帥如此自信，感到十分高興。

對納粹德國而言，這些日子確實是得意之時。希特勒在使法國遭受貢比涅停戰協定的屈辱之前，便已欣喜若狂。德國軍隊曾氣勢洶洶地穿過凱旋門，直抵香榭麗舍大道。他們還有何事不能完成？為何不趁勢而上？因此，參與「海獅」作戰計畫的海、陸、空軍各自分析自身的優勢，將不利因素留給其他夥伴。

時光流逝，他們的疑慮滋生，行動被推延。希特勒在7月16日下達的命令中要求，所有準備工作應在8月中旬完成。然而，海陸空三軍均認為此目標難以實現。至7月底，希特勒同意將入侵英國的最早日期推至9月15日，同時，他保留行動決定，待計畫中的空戰強化結果明確後再做定奪。

8月30日，德國海軍參謀部通報稱，受英國應對入侵艦隊措施的影響，原定於9月15日完成的準備工作無法如期進行。根據他們的請求，入侵日期被推遲至9月21日，並附帶條件：需提前10日通知他們，即9月11日需發出預備命令。9月10日，海軍參謀部再次通報，由於持續惡劣的天氣和英國的反轟炸行動，他們面臨多種困難。他們指出，儘管海軍的必要準備可在9月21日完成，但要求在英吉利海峽上空取得絕對空中優勢的條件尚未滿足。因此，希特勒在9月11日將預備命令延後3天，將最早入侵日期改為9月24日，但在9月14日他又再次推遲了入侵日期。

9月14日，雷德爾海軍上將發表了如下看法：

（1）當前的空中環境尚不具備執行此行動所需的條件，因而風險依然過高。

（2）若「海獅」作戰計畫告敗，這將象徵著英國威望的顯著提升，而我們對英國的強勢打擊所帶來的影響力將隨之消散殆盡。

（3）針對英國，尤其是倫敦，應持續展開空襲。若天氣良好，應加強空襲，而無需顧忌「海獅」行動。空襲可能帶來決定性影響。

（4）然而，「海獅」作戰計畫仍須繼續，以確保英國人始終處於緊張不安的狀態；若外界得知該計畫被取消，英國人必然會感到極大的寬慰。

至9月17日，行動的日期便被無期限地推延，其主要原因在敵我雙方的看法上並無差異。雷德爾接著說：

（1）我方為在海峽沿岸登陸而進行的準備工作，已為敵人廣泛獲悉，他們正在不斷採取反措施。可舉以下現象作為例證：敵軍飛機對德國發動這個軍事行動的港口進行襲擊和偵察，敵驅逐艦在英國南部沿岸海面、多佛爾海峽和法、比沿岸海面頻頻出現，在靠近法國北部海岸的海面上常派艦巡邏，邱吉爾最近一次的演說，等等。

第十五章 「海獅」計畫的威脅

（2）敵方本土艦隊的大部分艦艇雖然仍停泊在西部基地，但主要艦艇已經準備好應對我軍的登陸行動。

（3）我的空中偵察機已在南方和東南方港口偵測到大量驅逐艦，數量超過30艘。

（4）現有的所有情報顯示，敵方海軍已將全部精力集中於這個戰場。

1940年8月期間，在懷特島和康沃爾之間的沿岸，海面上漂浮著約40具德國士兵的屍體。德軍曾在法國海岸進行接駁船登船演習。為了躲避英國的轟炸，一些接駁船駛向海上，因遭英機轟炸或惡劣天氣而沉沒。這成為德軍企圖入侵的傳聞源頭，據稱，德軍因溺水或被海上燃燒的汽油燒死，損失慘重。我們未對此類傳聞進行闢謠，這些傳聞在被占領國家中自由傳播，並逐漸誇大，為被壓迫人民帶來極大鼓舞。例如在布魯塞爾，有一家商店在展示的男士浴衣上標註：「專為英吉利海峽游泳設計。」

9月7日獲取的情報顯示，接駁船和小型艦艇正向西南方向駛向奧斯坦德和勒阿弗爾之間的港口。由於英國空軍對這些集結船隻的港口進行了猛烈轟炸，這些船隻在德軍採取實際行動前不會抵達這些港口。德軍在阿姆斯特丹與布雷斯特之間的空襲能力因從挪威增派了160架轟炸機而得到增強；在加萊海峽區域的前線機場也發現了短程俯衝轟炸機中隊。近日俘虜的4名德國人承認是間諜，他們從東南海岸乘划艇登陸後被捕，他們表示準備在未來兩週內隨時報告伊普斯韋奇－倫敦－里丁－牛津地區英軍後備部隊的動向。9月8日至10日之間的月光和潮汐條件對敵軍進攻西南海岸有利。參謀長委員會認為，入侵的可能性已迫在眉睫，防衛部隊應立即做好準備。

當時，在本土部隊司令部內，尚無方法將既有的8小時戰鬥準備命令調整為某種中間級別的「立即準備戰鬥」。因此，本土部隊於9月7日晚上8時向東岸和南岸兩個管區公布了代號「克倫威爾」的命令，意指「入侵迫

在眉睫」；這些管區實際上是沿海前哨部隊的行動基地。該命令也傳達到駐紮在倫敦地區的所有部隊及總司令部後備隊的第 4 和第 7 軍。為使英國境內其他所有管區知曉此事，也向他們傳達了該命令。某些地方的國民自衛軍指揮官據此擅自敲響教堂的鐘聲以召集國民自衛軍。這引發了各種謠言，稱敵方傘兵已登陸，或德國快速魚雷艇已逼近海岸。我和參謀長委員會不知已使用「克倫威爾」這個明確的密碼命令；因此在次日早晨公布指示，要求制定某些中間級別的戒備訊號，以便在未來情況出現時，逐步加強戒備，而無需宣布入侵迫在眼前。即便收到「克倫威爾」密碼命令，除非為了特殊任務，也不要召集國民自衛軍；而且，只有當一名國民自衛軍士兵親眼看到多達 25 名敵方傘兵降落，才能敲響教堂的鐘，而不能因為聽到他人敲鐘或其他原因就去敲鐘。這事件引發了廣泛的議論和不安，這是可以預料的，但報紙和議會對此事均未發表意見。對於所有相關人士而言，這可作為一種極為有效的振奮精神的良藥和防禦演習。

當我們回顧德國入侵準備達到頂點的過程時，便可觀察到他們最初的勝利信心如何逐漸被懷疑取代，最終徹底喪失。事實上，早在 1940 年他們就已失去了信心；儘管在 1941 年重新提出計畫，但再也未能如法國淪陷後的那些幸福日子那樣激發德國領導人的幻想。在命運攸關的 1940 年 7 月和 8 月中，我們發現海軍總司令雷德爾向陸軍和空軍同僚極力闡述大規模兩棲作戰將面臨的困難。他充分意識到德國海軍的劣勢和準備時間的不足，嘗試限制哈爾德提出的在廣闊海岸線上同時登陸大批部隊的龐大計畫。而同時，野心勃勃的戈林則專注於單獨利用其空軍實現驚人勝利，不願參與聯合行動計畫，也不願在系統削弱入侵區域內的敵方海、空軍抵抗中扮演較謙遜的角色。

從紀錄中可見，德國最高統帥部絕非一個擁有共同目標且對彼此能力和局限有準確認知的合作體。每個人都想成為最耀眼的明星。顯然，從一

第十五章 「海獅」計畫的威脅

開始便存在摩擦，哈爾德只要能將責任推給雷德爾，就不願修訂自己的計畫以符合現實可能性。元首的干預是必不可少的，但對改善三軍關係似乎效果不佳。在德國，陸軍享有最高聲望，陸軍將領往往以對待下屬的態度來對待海軍同僚。顯然，德國陸軍不願在重大軍事行動中受制於海軍。當約德爾將軍在戰後被問及這些計畫時，他不耐煩地答道：「我們的部署和尤利烏斯・凱撒的部署完全相同。」這句話反映出典型的德國陸軍軍人對海上戰爭的態度，對登陸所面臨的問題毫無概念，不了解在設防海岸上部署大量兵力將遭遇的海上風險。

在英國，我們或許有些缺陷，但對海洋事務卻有著深入的理解。歷經數百年的傳承，這種熟稔不僅激勵著我們的水手，也振奮了整個國家。我們能夠冷靜應對入侵威脅，正是基於這一點。在國防大臣的領導下，三軍參謀長的合作制度已展現出前所未有的合作精神與互相理解。隨著時間的推移，當我們準備從海上對敵人展開大規模進攻時，我們的行動基於充分的準備，並深刻理解這種龐大且危險的行動在技術上的各種要求。即便德國在1940年擁有訓練有素的兩棲部隊和現代化的兩棲裝備，在我們的海軍與空軍面前，他們的希望仍然渺茫。實際上，他們既缺乏裝備也缺少訓練。

我們曾經觀察到，我們的許多疑慮和問題是如何轉化為更堅定的信念，我們從一開始就充滿信心地剖析了敵人的入侵策略。與此同時，德國最高統帥部和元首對這個冒險計畫越發感到不安。顯然，我們彼此無法了解對方的感受和對計畫的評價；然而，從1940年7月中旬到9月中旬，每週都愈加清楚地顯現出德國海軍部與英國海軍部之間、德國最高統帥部與英國參謀長委員會之間、以及元首與本書作者之間在此問題上的看法是一致的。若我們在其他事務上也如此意見統一，就無需進行戰爭了。顯然，我們共同的看法是：一切取決於空中戰爭。問題在於雙方的戰鬥員如

何一決勝負。此外，德國人無法確定：英國人民是否能夠承受空中轟炸（當時轟炸效果被極大誇張），他們是否會屈服並迫使英王陛下政府投降。對此，戈林元帥滿懷希望，而我們則毫無畏懼。

第十五章　「海獅」計畫的威脅

第十六章
不列顛之戰的決戰時刻

　　我們的命運如今繫於能否在空戰中取得勝利。德國的領導階層已經意識到，他們所有入侵不列顛的計畫，完全依賴於能否掌控英吉利海峽上空以及在英國南部海岸選定的登陸點上空。若無法防止英國空軍的攻擊，便無法進行港口的布置、運輸船隻的集結、航道的掃雷及布設新的水雷區。完全掌握運輸船隻上空與海灘上空的制空權，是橫渡海峽與成功登陸的關鍵。因此，能否摧毀皇家空軍以及倫敦與海岸之間的機場系統，將決定這場戰鬥的結果。我們現在得知，希特勒曾在 7 月 31 日對海軍上將雷德爾表示：「若在經過 8 天的激烈空戰後，德國空軍未能大量摧毀敵方的空軍、港口和海軍，那麼行動就必須推遲到 1941 年 5 月。」現在所進行的正是這場戰爭。

　　在心理層面上，我對即將到來的實力對抗無所畏懼。早在 6 月 4 日，我曾對議會表示：「法國的龐大軍隊在數千輛裝甲車的突襲下土崩瓦解。文明的事業難道不能由數千飛行員憑藉其技能與忠誠來守護嗎？」此外，我於 6 月 9 日對史末資說道：「我目前僅看到一條可靠的出路，即讓希特勒進攻英國，並在他進攻時摧毀他的空中力量。」如今，這一個時刻已經來臨。

　　關於英、德兩國空軍在不列顛之戰中的交鋒，已有許多精采的報導。道丁空軍上將的電報和空軍部第 156 號小冊子詳細記錄了我們在 1941 年和 1943 年所掌握的主要事實。如今，我們也了解了德國最高統帥部的一

第十六章　不列顛之戰的決戰時刻

些意圖及其在各個階段中的內部反應。顯然，德國人在某些關鍵戰鬥中的損失比我們當時估計的要少得多，雙方的報告都存在明顯的誇大。然而，這場關乎英國生存和全球自由的著名戰鬥的主要特點和輪廓是無可爭議的。

在法蘭西戰役中，德國空軍已經達到了其極限，類似於德國海軍在挪威行動後的狀況，需要數週甚至數個月的修整期。這段時間的停頓對我們也是有益的，因為除了3個中隊之外，我們所有的戰鬥機中隊都參與了歐洲大陸的戰鬥。希特勒未曾預料到，即便法國崩潰後，不列顛仍不接受和解提議。像貝當元帥、魏剛和法國的其他許多將領與政治家一樣，他無法理解一個島國獨有的、不依賴外部支持的決心；同時，和這些法國人相似地，他誤判了我們的決心。我們已經走過了漫長的歷程，並從慕尼黑事件後吸取了許多教訓。在6月分，希特勒逐漸認清新的局勢後，開始為應對新形勢做出努力，德國空軍也恢復了戰鬥力，並為下一次任務做好了準備。下一步任務是什麼，顯而易見。希特勒必須攻擊並征服英國，否則他將面臨一場曠日持久的戰爭及其帶來的所有不可預測的風險與困難。德國認為，始終存在一種可能性：在空中擊敗英國就能迫使其停止抵抗；至於實際的入侵，即便可行，也非必要，除非要占領這個已然戰敗的國家。

德國空軍在6月和7月初恢復戰鬥力，完成整編，並部署在法國和比利時的機場，準備從那裡起飛發動攻擊，透過偵察和試探性襲擊評估將遭遇的抵抗強度和規模。直到7月10日，他們才開始第一次猛烈襲擊，因此這一天通常被視為空戰的開始。另兩個重要的日期是8月15日和9月15日。在德國的攻勢中，存在3個相互牽連且重疊的階段。第一階段從7月10日到8月18日，針對英吉利海峽的英國護航艦隊以及從多佛爾到普利茅斯的南部港口進行騷擾，測試英國空軍的力量，消耗其戰鬥力；此舉還可以破壞那些被選為入侵目標的沿海城鎮。第二階段從8月24日到

9月27日，意在消滅皇家空軍及其設施，為通往倫敦的道路掃清障礙，以便對首都進行猛烈而持續的轟炸。此舉還可能切斷首都與受威脅沿海地區的連繫。但在戈林看來，他相信這樣做能產生更大效果，即使世界上最大的城市陷入混亂和癱瘓，使英國政府和人民產生恐懼，進而屈服於德國的意志。德國海軍和陸軍參謀人員都希望結果如戈林所料。然而，隨著事態發展，他們發現皇家空軍並未被消滅，而為了摧毀倫敦，他們忽視了本身迫切需要的「海獅」作戰計畫。隨後，當一切希望破滅，由於缺乏關鍵制空權而無限期推遲入侵時，進入了第三個也是最後一個階段。白天空戰勝利的希望破滅，皇家空軍仍然士氣高昂，令他們頭痛不已，戈林無計可施，於是從1940年10月開始對倫敦和各工業中心進行無差別的狂轟濫炸。

在戰鬥機的效能方面，雙方勢均力敵。德國的戰鬥機速度更快，爬升能力更強；而我們的戰鬥機則更具靈活性，火力更為強大。他們的飛行員深知自己的人數占優，並且他們是波蘭、挪威、荷蘭、比利時、盧森堡和法蘭西上空勝利的佼佼者；我們的飛行員則在個人層面上擁有極高的自信，並展現了不列顛民族在極端困境中所特有的決心。德國人擁有一個重要的策略優勢，並巧妙地加以利用：他們的空軍部署在廣泛分布的多個基地，能夠從這些基地集中強大的力量，利用佯攻和聲東擊西的策略對我們進行攻擊。然而，敵人在評估海峽上空作戰和穿越海峽作戰的劣勢時，可能低估了前者的不利因素。從他們努力組織一支有效的海上救護隊來看，也表明他們意識到了這些劣勢的嚴重性。在7月和8月，每當空戰爆發時，就會有一些帶有紅十字標誌的德國運輸機出現在海峽上空。我們不允許用這種方式救起在戰鬥中被擊落的敵方飛行員，讓他們再次轟炸我們的平民。只要可能，我們就親自營救他們，並將他們作為戰俘。根據戰時內閣批准的明確命令，所有德國救護機都被我們的戰鬥機迫降或擊毀。這些飛機上的德國飛行員和醫生對這種待遇表示驚訝，並抗議稱這是違反日內

第十六章　不列顛之戰的決戰時刻

瓦公約的。日內瓦公約對這種意外情況沒有規定，因為簽訂時未預料到這種戰爭形式。由於德國人只要對自己有利，就毫無顧忌地違反所有條約、戰時法規和莊嚴協定，因此他們沒有充足理由抱怨。不久之後，他們放棄了這種嘗試，雙方飛行員的海上救護工作都由我們的小型艦隻進行，當然，德國人一發現它們就開火。

在 1940 年 8 月中，德國空軍已經部署了 2,669 架作戰飛機，其中包括 1,015 架轟炸機、346 架俯衝轟炸機、933 架戰鬥機和 375 架重型戰鬥機。8 月 5 日，元首的第 17 號指令批准加強對英國的空戰行動。戈林從未將「海獅」作戰計畫放在心上；他全神貫注於「絕對的」空中戰爭。他後來對各種安排的隨意改動，使得德國海軍參謀部感到困惑。德國海軍參謀部認為，摧毀皇家空軍及其飛機工業只是達成目標的一種手段：完成這個任務後，空戰應該轉向攻擊敵方軍艦和船舶。他們對戈林將海軍目標置於次要地位感到遺憾，並因一再拖延而感到苦惱。8 月 6 日，他們向最高統帥部報告，由於英國空軍的持續威脅，德國在海峽布設水雷的準備工作已無法進行。8 月 10 日，海軍參謀部的作戰日誌記錄道：

「海獅」作戰計畫的預備活動，特別是掃雷任務，由於空軍暫停行動而受到影響，空軍目前因天氣惡劣無法出動，並且，不知為何海軍參謀部未能利用最近極為有利的天氣條件……

在 7 月至 8 月初，肯特海角和海峽沿岸的天空連續不斷地爆發了激烈的空中戰鬥。戈林及其經驗豐富的顧問們確信，我們的所有戰鬥機中隊都已被吸引到這場南方的戰役中。因此，他們決定對瓦什灣以北的主要工業城市進行一次白晝轟炸。然而，這個距離對他們的頂級戰鬥機「米 -109」而言過於遙遠。因此，他們不得不冒險僅用「米 -110」戰鬥機來為轟炸機護航，儘管這種機型的航程足夠，但在效能上遜色，而效能正是當前決定成敗的關鍵。儘管如此，他們認為這個舉措仍有其合理性，值得一試。

因此，在 8 月 15 日，約有 100 架轟炸機在 40 架「米-110」戰鬥機的護航下，對太恩河區域實施轟炸。同時，敵軍發動了一次由 800 多架飛機組成的空襲企圖牽制我們南部地區的空軍，他們誤以為我們的空軍部隊全都集中在該區域。此時，道丁在戰鬥機隊部署上的正確性得到了充分展現。這種危險早已被預見。7 個「旋風」或「噴火」戰鬥機中隊已經從南方激烈的戰鬥中撤回至北方休整，並負責守衛該地區。這些戰鬥機中隊曾遭受嚴重損失，但飛行員們仍不願退出戰鬥，並鄭重表示他們毫不疲倦。此刻，一件意想不到的好事發生了。當敵機入侵飛越海岸時，這些戰鬥機中隊正好迎擊它們。30 架德國飛機被擊落，其中大部分是重轟炸機（「亨克爾III」型，每架載有 4 名訓練有素的飛行員），而英國的損失僅是兩名飛行員受傷。道丁空軍中將在空戰指揮上的遠見卓識值得高度讚揚，但更令人欽佩的是他在南方進行數週激烈戰鬥時，仍在北方保留一支戰鬥機隊的審慎和對壓力的精準評估。我們應將他在此方面展現的指揮才能視為戰爭藝術的典範。從此，德國在沒有最優秀戰鬥機護航的情況下，再也不敢進行白天轟炸。從那時起，瓦什灣以北在白天一切安然無恙。

8 月 15 日的空戰，是此次大戰中這一階段最為激烈的一次；在長達 500 英里的戰線上，爆發了 5 次主要戰鬥。這無疑是一個具有決定性意義的日子。在南方，我們的 22 個戰鬥機中隊悉數參戰，許多中隊一天出動兩次，有的甚至 3 次；德軍在南方和北方的總損失達 76 架，而我方損失了 34 架。這對德國空軍而言是一場顯著的慘敗。

德國空軍的指揮官們在評估此次失敗的後果時，必然感到極度憂慮，這次失利預示著未來的不利。然而，德國空軍仍將倫敦港及其繁多的碼頭和船隻，以及這個無需精確瞄準就能打擊的世界最大城市，視作襲擊的目標。

在這幾週的激烈戰鬥中，比弗布魯克勳爵展現了卓越的貢獻。我們必

第十六章　不列顛之戰的決戰時刻

須不惜一切代價為各個戰鬥機中隊補充可靠的飛機。官僚主義和繁文縟節在和平時期或許無礙，但在此刻顯然不合時宜。他所具備的那些令人欽佩的能力正好符合當前的需求。他本人充滿樂觀和活力，令人振奮。有時我很幸運能夠依賴他的幫助，他從未令人失望。這正是他大展拳腳的時刻。他的精力與才智，加上他的循循善誘和多種方法，掃清了無數障礙。供應線上的一切物資源源不斷地運往前線。新的或修復的飛機一架接一架地送到戰鬥機中隊，其數量之多是他們前所未見的。一切維護和維修工作都在緊湊的進行著。我非常重視他所起的作用，因此在國王的批准下，於1940年8月2日邀請他加入戰時內閣。同時，他的長子馬克斯·艾特肯作為戰鬥機飛行員也取得了顯著戰績，至少擊落了6架敵機。

此時與我日夜相處的另一位大臣是負責全國人力管理與動員的勞工與兵役大臣歐內斯特·貝文。所有軍火工廠的工人們都樂於遵循他的指示。在1940年9月，他也加入了戰時內閣。工會會員們原本已貢獻了他們的財富、地位、權利和財產，現在也將那些逐漸形成並極為珍視的規章制度和特權一併拋棄。在硝煙瀰漫的那些週末，我與比弗布魯克和貝文相處得非常融洽。可惜的是，後來他們發生了齟齬，並引起了許多摩擦，但在最關鍵的時刻，我們是和衷共濟的。對於張伯倫先生的忠誠以及我所有內閣同僚的堅定決心和工作效率，我無論如何讚揚也不為過。我在此向他們表示敬意。

我迫切需要對德國的損失進行準確評估。儘管飛行員們非常嚴謹且誠實，但他們常在高空雲層之上作戰，因此無法確切知道他們實際擊落了多少敵機，或者同一架敵機有多少人聲稱是由自己擊落，導致報告的數字被誇大。

首相致伊斯梅將軍

1940 年 8 月 17 日

比弗布魯克勳爵告知我,星期四的戰鬥中,我們的領土上發現了超過 80 架的德軍飛機。情況是否屬實?若不然,確切的數量是多少?

我曾詢問空軍總司令,是否能夠將此次行動中陸地與海洋上空的戰鬥加以區分。這是一個能讓我們更精確計算所報告戰果的有效方法。

首相致空軍參謀長

1940 年 8 月 17 日

當我們聚焦於英國上空的空戰結果時,絕不能忽略轟炸機司令部所遭受的重大損失。昨晚損失了 7 架重型轟炸機,如今又有 21 架飛機在地面上被摧毀,其中大部分在坦米爾機場,合計損失達 28 架。這 28 架再加上 22 架戰鬥機,使當天的損失總數達到 50 架,這大大改變了當天德方損失 75 架飛機對我方有利的局面。實際上,當天我們損失的比例為 2 比 3。

請告知我那些在地面上摧毀的飛機型號。

首相致空軍大臣

1940 年 8 月 21 日

關鍵在於擊落德國飛機並贏得戰鬥的勝利,美國記者和公眾尚未完全相信我們正在取勝,也對我們的統計數字持懷疑態度。當德國的空中攻勢明顯被擊退時,他們將很快明白真相。目前,戰鬥持續進行,需要不斷做出有關空襲警報等方面的決策時,激怒空戰司令部是很不明智的。坦率地說,我更願意讓事實本身來揭示真相。將新聞記者帶到空軍中隊,使他們能夠向美國公眾證明戰鬥機飛行員並未誇大或虛報擊落敵機的數量,這種做法讓人感到反感。我認為,我們對此保持冷靜和沉著更為妥當。

那一天,當飛機生產部報告在陸地上發現至少 80 架被擊落的德機時,我親自展開調查並加以考核,現附上相關報告,敬請查閱。這對我們

第十六章　不列顛之戰的決戰時刻

而言是個極為有利的消息。坦白說，我對美國人的懷疑感到些許不耐煩。這將是決定性的一刻。

8月20日，我能夠向議會報告如下：

儘管敵人在數量上占據了絕對優勢，但我們的新型飛機生產速度已經顯著超越了他們，美國製造的飛機也剛剛開始抵達。經過數次此類戰鬥後，我們的轟炸機和戰鬥機力量如今比以往任何時候都更為強大。我們有信心可以無限期地持續空戰，無論敵人願意戰鬥多久，我們都將奉陪到底。而且，戰鬥時間越長，我們就越有可能迅速在空中達到與敵人的勢均力敵，繼而取得優勢，而戰爭的勝負在相當程度上取決於空中優勢。

直到8月底，戈林對空戰依然持樂觀態度。他與其幕僚相信，英國的地面設施、航空工業以及皇家空軍的戰鬥力已遭重創。他們估測，從8月8日起，我們損失了1,115架飛機，而德國僅損失了467架。顯然，雙方都傾向於樂觀看待局勢，德國人這樣做是為了鼓舞他們的領導層。9月，天氣持續晴朗，德國空軍期望達成決定性的勝利。倫敦周邊的機場遭到猛烈攻擊；6日晚，68架飛機空襲倫敦，隨後在7日發動了大約300架飛機參與的首次大規模空襲。在當天及接下來的幾天（我們將高射炮數量翻倍），首都上空爆發了持續激烈的空戰，德國空軍因為高估我們的損失而保持信心。然而，我們現在知道，德國海軍參謀部對本身的利益和責任表示極為憂慮，他們在9月10日的日誌中寫道：

目前尚無跡象表明敵軍空軍在南英格蘭和海峽地區的上空已被擊敗，這對於進一步評估局勢至關重要。儘管空軍在初期進攻中顯著削弱了敵方戰鬥機的防禦能力，使得德國戰鬥機在英格蘭地區獲得了相當大的優勢。然而……我們至今尚未達到海軍參謀部向最高統帥部提出的冒險進攻所需的作戰條件，即在海峽地區取得絕對的空中優勢，並清除敵方空軍在德國海軍及輔助船隻集結區域上空的活動。……如果空軍此時減少對倫敦的襲

擊，轉而加強對樸茨茅斯和多佛爾以及作戰地區及其附近軍港的攻擊，那麼這將符合「海獅」作戰計畫的預定步驟。……

此時，希特勒採納了戈林的建議，認定對倫敦的猛烈轟炸具有關鍵作用，海軍參謀部雖不敢向最高統帥部表達異議，但始終憂心忡忡，至12日便形成了如下悲觀的結論：

此次空戰被視為「絕對空戰」，未顧及當前海戰的需求，並超出了「海獅」行動計畫的界限。現行空戰的方式無益於以海軍為主的「海獅」行動的準備。尤其是德國空軍未對英國艦隊的艦隻進行任何攻擊，它們如今在海峽幾乎可以暢通無阻，毫無干擾，這對跨海運輸極為危險。因此，防禦英國海軍主要依賴於水雷區的布設，但正如已多次向最高統帥部解釋，不能將雷區布設視為可靠的航運掩護手段。實際上，迄今為止，激烈的空戰並未對登陸行動有所助益；因此，從作戰和軍事角度來看，當前尚無法考慮執行登陸計畫。

在9月11日的廣播節目中，我表示：

每逢天氣良好時，總有成群結隊的德國轟炸機，在戰鬥機的護航下，常常一次便數以3、400架之多，蜂擁至我們這座島嶼，尤其是肯特海角，企圖在白日襲擊軍事及其他目標。然而，它們總是遭遇我方戰鬥機中隊的攔截，幾乎每次都被擊退；其損失與我方相比，飛機的損失比為3比1，飛行員的損失比則為6比1。

德國人為了奪取英格蘭上空日間制空權的嘗試，顯然是整個戰爭的決定性因素。然而，到目前為止，這個嘗試顯然未能成功。他們付出了巨大的代價，而我們感到比以往更為強大，實際上比7月初這場激烈戰鬥開始時強大得多。毫無疑問，希特勒先生正在迅速消耗他的戰鬥機隊，如果這種情況再持續幾週，他的這部分重要空軍力量將被徹底耗盡，對我們來說將是極大的利好。

第十六章　不列顛之戰的決戰時刻

另一方面，對他而言，試圖在未取得制空權的情形下進攻英國，無疑是一場極為冒險的行動。然而，他的大規模侵略準備仍在持續推進。數百艘配備自動推進器的接駁船正在沿歐洲海岸南下，從德國和荷蘭的港口駛往法國北部，從敦克爾克到布雷斯特，甚至越過布雷斯特抵達比斯開灣的法國港口。

此外，由 10 艘或更多商船組成的船隊正在穿越多佛爾海峽，進入英吉利海峽，它們在德國於法國海岸新建的炮臺庇護下，小心翼翼地從一個港口駛向另一個港口。在德國、荷蘭、比利時和法國的港口，從漢堡到布雷斯特，如今也聚集了大量船舶。最後，他們還準備了一些船隻，計劃從挪威的港口運送一支入侵部隊。

在這些密集的艦艇與接駁船後方，大批德軍正整裝待發，準備進行一次極其危險且不確定的海上航行。我們無法確切得知他們計劃何時行動，也無法確定他們是否真的會嘗試；然而，任何人都不應忽視這個事實：德國人正在以一貫的周密和條理，準備對我們這座島嶼發起大規模入侵，並且隨時可能同時攻擊英格蘭、蘇格蘭和愛爾蘭。

若果真嘗試入侵，似乎不會拖延太久。天氣隨時可能惡化。此外，敵方很難讓集結的船隻無限期停留，因為這些船隻每夜都遭受我方轟炸機的襲擊，且常常受到我方在港口外監視的戰艦炮火攻擊。

因此，我們必須將下週或其前後視為英國歷史中的一個極為重要的時期。它與當年西班牙無敵艦隊逼近英吉利海峽時，德雷克正準備結束一場木球比賽的情形相似，也與納爾遜在布洛涅抵禦拿破崙大軍的時刻相當。所有這些，我們在歷史書上都曾讀到；然而，當前所發生的事件，無論是從規模、對全人類生活與未來的影響，還是對世界文明的意義來看，皆遠遠超越過去那些英勇的歲月。

在 1940 年 8 月 24 日至 9 月 6 日的衝突中，戰鬥機部隊表現不佳。在這些關鍵時刻，德國空軍持續猛烈攻擊英格蘭的南部和東南部機場，企圖

瓦解我方戰鬥機對首都的日間防禦，以便盡快轟炸倫敦。然而，對我們而言，確保這些機場的正常運作和通暢，以便戰鬥機能夠升空，比起保護倫敦免受轟炸更為重要。在這場空軍之間的殊死較量中，這是一個決定性的階段。我們從未將此戰視作保衛倫敦或其他地方，而是專注於制空權的爭奪。當時，位於史丹摩的空戰司令部，尤其是阿克斯布里奇的第 11 戰鬥機大隊指揮部，處於極度緊張狀態。該大隊的 5 個前線機場和 6 個戰區機場遭受嚴重破壞。在肯特海岸的曼斯頓和利姆機場，有幾次連續數日無法使用。在倫敦南面的比金山戰區機場，損毀如此嚴重，以至於 1 個中隊的戰鬥機只能使用一個星期。如果敵軍持續猛烈襲擊鄰近的戰區機場並破壞其指揮中心或通訊系統，空戰司令部的組織可能會崩潰。這不僅意味著倫敦將遭受重創，還意味著我們可能失去該關鍵地區的制空權。有人曾經帶我參觀了這些戰區機場，尤其是 8 月 28 日的曼斯頓機場和我住所附近的比金山機場。它們被炸得面目全非，跑道滿是彈坑，無法使用。因此，當空戰司令部在 9 月 7 日發現德國空襲目標轉向倫敦，推斷敵人改變計畫時，鬆了一口氣。戈林本應堅持轟炸我們的機場，因為當時我方空軍的戰鬥力完全依賴這些機場的組織和協調。戈林的決策偏離了傳統戰爭原則和普遍認可的人道原則，犯下了愚蠢的錯誤。

在這段時間（8 月 24 日至 9 月 6 日），空戰司令部的整體力量面臨巨大的消耗。兩個星期內的損失為：103 名飛行員陣亡，128 人重傷，466 架「噴火」式和「旋風」式戰鬥機被擊毀或重創。在總計約 1,000 名飛行員中，損失接近四分之一。為了填補空缺，只能從訓練單位中調入 260 名新手，他們充滿熱情卻缺乏經驗，許多人甚至尚未完成全部飛行課程。自 9 月 7 日開始，倫敦在連續 10 天的夜間空襲中，碼頭和鐵路樞紐遭到轟炸，許多市民傷亡，但實際上這為我們提供了一個急需的喘息時機。

在此期間，我通常每週抽出兩個下午前往遭受空襲的肯特或蘇塞克斯

第十六章　不列顛之戰的決戰時刻

地區，以親自觀察實際情況。為此，我乘坐一列專車，這列車配備最先進的設施，包括床鋪和浴盆，還有辦公室、直通電話以及一些非常高效的工作人員。因此，在旅途中，除了睡眠，我也能繼續處理公務，幾乎擁有唐寧街官邸的一切裝置。

我們應將 9 月 15 日視為最為關鍵的一天。當天，繼 14 日的兩次猛烈轟炸之後，德國空軍集結最大兵力對白天的倫敦再次發起空襲。

這場戰役是這次戰爭中最為關鍵的戰鬥之一，恰如滑鐵盧之役，也是在星期天進行。那天，我身處契克斯。此前，我曾多次造訪第 11 戰鬥機大隊指揮部，意圖親眼目睹空戰指揮的實況，卻屢次無果。然而，當天的天氣似乎對敵軍有利，於是我驅車前往阿克斯布里奇，拜訪大隊指揮部。第 11 戰鬥機大隊轄下有多達 25 個中隊，負責的區域涵蓋埃塞克斯、肯特、蘇塞克斯、漢普郡及所有通往倫敦的路徑。空軍少將帕克已指揮這個對我們命運至關重要的大隊達半年之久。自敦克爾克戰役以來，所有英格蘭南部白晝的戰鬥均由他掌控，他的部署和指揮系統已臻於完美。我和妻子被引入深達 50 英尺的防彈指揮室。倘若沒有這種地下指揮中心及電話系統，「旋風」式與「噴火」式戰鬥機的優越效能便無從施展，這個系統是在戰前由道丁建議並敦促空軍部設計建造的，功績應歸於全體相關人員。在英格蘭南部，第 11 戰鬥機大隊的指揮部與其下屬的 6 個戰鬥機駐防中心肩負重任。正如前述，史丹摩的空戰司令部雖代表最高統帥部行使職權，卻明智地將實際指揮權交予第 11 戰鬥機大隊，而大隊則透過駐在各郡的戰鬥機駐防中心控制各個中隊。

大隊作戰指揮室如同一個小型劇場，縱深約 60 英尺，設有兩層。我們坐在上層的特別座包廂內。下方是一張巨大的地圖臺，臺周圍聚集了大約 20 名經過嚴格訓練的年輕男女及他們的電話助手。對面牆上是一塊覆蓋整面牆壁的大黑板，分成 6 個裝有燈泡的縱列，代表 6 個戰鬥機駐防中

心，每個駐防中心的戰鬥機中隊都有自己的小格子，並用橫線隔開。最底層燈泡亮起時，表示哪些中隊處於「待命狀態」，能在兩分鐘內起飛；第二層燈泡亮起則表示哪些中隊「準備就緒」，能在 5 分鐘內起飛；更上一層燈泡顯示哪些中隊「可以出動」，能在 20 分鐘內起飛；再上一層燈泡表示哪些中隊已起飛；再上層表示哪些中隊已發現敵機；紅色燈泡表示哪些中隊正在戰鬥；最上層燈泡則顯示哪些中隊已在返航。左側，一個類似玻璃包廂的小屋內，有 4、5 名軍官負責分析、判斷從我們的對空監視哨收到的情報，當時有超過 5 萬人在對空監視哨工作。雷達處於初期階段，但它能發出敵機接近英國海岸的警報，而敵機飛臨上空的情報則主要依賴那些攜帶望遠鏡和手提電話的對空監視員。因此，一場戰鬥中會收到數千份情報。在這個地下指揮部的其他區域，有多間屋子擠滿了經驗豐富的人，他們迅速甄別情報，並每分鐘直接將結果傳達給樓下圍繞地圖臺的座標員和在玻璃包廂內指揮的軍官。

右側是另一個玻璃座包廂，內有陸軍軍官，負責彙報我們高射炮隊的作戰情況。當時，我們的高射炮隊中有 200 個單位隸屬於空戰司令部。夜間，極為重要的是，禁止高射炮對我方戰鬥機接近敵機的空域進行射擊。我對這個指揮系統的基本輪廓並非一無所知，因為在戰前一年，我曾訪問史丹摩並聽道丁講解過。這個指揮系統在持續的作戰中得到了發展和改進，目前它的各個部門已結合成一部最完備的作戰機器，如此系統在全球尚無第二例。

當我們下樓時，帕克說道：「我不確定今天會發生什麼。目前一切如常。」然而，僅僅過了 15 分鐘，空襲座標員開始緊張地走動。據報告，「40 多架」敵機正從迪埃普地區的德國機場飛來。當各個中隊進入「待命狀態」時，牆上的指示牌底層的燈泡也隨之點亮。緊接著，「20 多架」、「40 多架」的訊號接連傳來，顯然，10 分鐘後將有一場激烈的空戰。空中逐漸

第十六章　不列顛之戰的決戰時刻

被敵我雙方的飛機填滿。

接連不斷的訊號傳來,「超過 40 架」、「超過 60 架」,甚至有一刻是「超過 80 架」。在我們下方的那張桌子上,每分鐘都在沿著不同的飛行路線移動標記,指出所有分批入侵的敵機的動向;在我們對面的黑板上,一個接一個亮起的燈游標示著我們的戰鬥機中隊已經飛升至空中,直到最終只剩下 4、5 個中隊處於「準備就緒」的狀態。這些至關重要的空中交戰,從接觸開始,僅持續了 1 小時多一點。敵人有足夠的力量再派出幾批飛機進攻,而我們的戰鬥機中隊,由於全力搶占高空,因此在 70 或 80 分鐘後必須加油,或者在作戰 5 分鐘後降落補充彈藥。如果在加油或補充彈藥期間,敵人再派出無法阻攔的新中隊,我們的一些戰鬥機可能會在地面上被摧毀。因此,指揮我們的戰鬥機中隊時,需注意的關鍵事項之一,就是在白天避免讓過多的飛機同時在地面加油或補充彈藥。

不久,紅燈亮起,顯示我們大部分的戰鬥機中隊已投入戰鬥。樓下傳來壓低嗓音的低語,忙碌的座標員根據迅速變化的局勢來回移動座標。帕克空軍少將下達了戰鬥機隊的總體部署指示,樓上「特別座位」中心的年輕軍官依據這些指示,制定詳細命令,傳達給各戰鬥機隊的機場,那天我正坐在他身旁。幾年後,我才知道他的名字叫威洛比·德·布魯克勳爵。(1947 年,當賽馬俱樂部——他是俱樂部幹事之一——邀請我觀看德比賽馬會時,我再次見到他。他對我記得當時的情景感到驚訝。)此時,他根據地圖臺上最新情報,命令個別中隊起飛巡邏。空軍中將則在後方踱步,警覺地觀察戰鬥的每一動態,關注執行命令的下屬是否妥當,僅偶爾公布明確命令,多是為某個受威脅地區增援。瞬間,我們所有戰鬥機中隊皆已投入戰鬥,有些已返航加油。所有戰鬥機都在空中。下面一排燈光熄滅,留作後備的中隊無一剩餘。這時,帕克致電駐史丹摩的道丁,請求從第 12 戰鬥機大隊調派 3 個中隊由他指揮,以防他自己的戰鬥機中隊在補

充彈藥或加油時，敵人再度大規模襲擊。他的請求得到了滿足。此時，特別需要這 3 個中隊來保護倫敦和我們的戰鬥機機場，因為第 11 大隊已竭盡全力。

那位年輕的軍官彷彿在處理日常事務般，遵循大隊司令官的指示，以一種平靜、低沉且單調的聲音公布命令，3 個增援中隊迅速投入戰鬥。我注意到司令官略顯焦慮不安，依然靜靜地站在他部下的椅子後面。至此，我一直在默默觀察。現在我詢問：「我們還有其他的後備隊嗎？」，「一個也沒有。」帕克空軍少將答道。他在事後寫的關於這件事的紀錄中提到，我聽到這句話時「顯得很沉重」。我可能確實如此。如果我們正在加油的飛機在地面上再次遭遇敵機「40 多架」或「50 多架」的攻擊，我們的損失將是多麼慘重！這種可能性很大；我們倖免的機會微乎其微；真是極度危險。

再過 5 分鐘，我們中隊的大部分飛機已降落並需要補充燃料。由於力量有限，很多時候無法為他們提供空中掩護。後來發現敵機已返航。桌子上移動的座標顯示德國轟炸機和戰鬥機不斷向東移動，沒有新的攻擊出現。再過 10 分鐘，戰鬥結束。我們重新登上通往地面的樓梯，剛一出去，「解除警報」的訊號便響起。

「首相，我們很高興您親自目睹了這場空戰，」帕克說道，「當然，在最後的 20 分鐘裡，情報量激增，令我們感到難以應付。由此您可以看到我們目前能力的極限。今天所動用的力量已經遠遠超出了它們的限度。」我詢問他們是否已經收到有關戰果的報告，並接著說，這次成功擊退敵人的空戰表現得很好。帕克回答說，他不滿意的是，我們截擊的敵機數量不如預期。顯然，敵機在多處突破了我們的防禦。據報告，有幾 10 架德國轟炸機及其護航戰鬥機進入了倫敦上空。當我在地下室時，有 10 多架敵機被擊落，但當時無法全面了解戰果、破壞或損失的具體情況。

下午 4 時 30 分我才返回契克斯，立刻上床休息。我因觀看第 11 大隊

275

第十六章　不列顛之戰的決戰時刻

　　的戰鬥過程而極度疲憊，一直睡到晚上 8 時才醒。當我按鈴時，我的私人祕書約翰・馬丁帶著全球資訊的夜間彙報走進來。這個彙報實在令人失望。不是這裡出了問題，就是那裡延誤了時機；或者某某的答覆不盡如人意，大西洋上又有許多船隻被擊沉。「不過，」馬丁在結束他的陳述時說道，「空戰彌補了這一切。我們總共擊落了 183 架敵機，而損失不到 40 架。」

　　儘管戰後資料顯示敵人在那天僅損失了 56 架飛機，但 9 月 15 日依然是英倫空戰中的關鍵一日。當天晚上，我們的轟炸機大規模襲擊了從布洛涅到安特衛普的各港口船隻。安特衛普的損失尤為慘重。據我們現在所知，元首在 9 月 17 日決定無限期推遲「海獅」計畫。直到 10 月 12 日才正式宣布將入侵延至翌年春季。1941 年 7 月，希特勒再次將其推遲至 1942 年春，認為屆時對俄國的戰爭將已結束。這是一個徒勞但美好的幻想。1942 年 2 月 13 日，海軍上將雷德爾最後一次就「海獅」計畫拜見希特勒，並說服他同意徹底擱置整個計畫。「海獅」計畫就此終結，而 9 月 15 日可被視為其命運的終點。

　　德國海軍參謀部打從心底支持這些延期；實際上，延期是他們暗中推動的。陸軍首腦沒有表示任何不滿。9 月 17 日，我在議會中說道：「日復一日的等待，這種策略遲早會讓人感到乏味。星期日的戰鬥，是皇家空軍戰鬥機隊有史以來最輝煌、戰果最豐碩的會戰之一。……我們可以以冷靜且日益增強的信心，等待這場長期空戰的結果。」一位公正的觀察者——美國戰爭計劃司副司長、駐倫敦觀察德國空襲效果的美國軍事代表團團長斯特朗准將——於 19 日返回紐約時表示，德國空軍對皇家空軍的損害並不嚴重，空襲所造成的軍事破壞相對較小，而英國公布的德國飛機損失數字「傾向於『保守』」。

　　然而，倫敦上空的戰鬥仍在繼續。儘管入侵的計畫已被取消，但戈林

直到 9 月 27 日才放棄透過空戰獲勝的希望。到了 10 月，儘管倫敦遭受了猛烈的襲擊，德國人仍對其他許多地區進行了日以繼夜的小規模襲擊。集中轟炸演變為分散轟炸；消耗戰開始了。消耗！消耗誰呢？

透過事後獲得的資料，我們能夠冷靜地分析這場堪稱全球關鍵戰役之一的戰鬥中，英國空軍與德國空軍的損失情況。

毫無疑問，我們在評估敵方損失時常常過於樂觀。最終結論顯示，敵方德機與我方損失的比例為二比一，而非我們曾認為或宣稱的 3 比 1。然而，這已是相當不錯。皇家空軍不僅未被摧毀，反而取得了勝利。一支強大的新飛行員隊伍正在崛起。我們的飛機製造廠，不僅當前的空戰需要依賴它們，長期戰爭的力量也依靠它們維持，儘管遭受破壞，但並未癱瘓。工人們，無論技術熟練與否，男性或女性，都在戰火中堅守職位，工作如同作戰中的炮兵，他們確實是炮兵。在軍需部，赫伯特·摩里遜激勵他所管轄的所有人。他命令他們「加油」，他們便全力以赴。由派爾將軍指揮的防空司令部隨時隨地為空戰提供有效支援。他們的重要貢獻後來才被報導。忠誠不倦的對空監視哨片刻不離職位。組織嚴密的空戰司令部 —— 如果沒有它，一切都將完結 —— 在幾個月的緊張戰鬥中承受住了考驗。所有人都履行了自己的職責。

尤其值得注意的是，我方戰鬥機飛行員展現了無比堅定的毅力與勇氣，使得不列顛得以倖免於難。正因如此，我在下議院中表示：「在人類戰爭史上，從未有過如此少數的人對如此多數的人作出如此巨大的貢獻。」

第十六章　不列顛之戰的決戰時刻

第十七章
閃電戰的衝擊

　　德國對不列顛的空襲，顯示出敵方內部的意見不一致和目標的矛盾，且從未徹底實施計畫。在這幾個月中，敵人曾3、4次放棄一種對我們造成重大壓力的攻擊方式，轉而採用另一種新策略。然而，這些階段彼此交錯，很難用確切的日期來劃分。每個階段都與下一個階段緊密相連。初期的空襲目的在將我們的空軍捲入英吉利海峽和英國南部海岸的戰鬥；隨後襲擊我南部各郡，主要是肯特郡和索塞克斯郡，敵人的目的是摧毀我們空軍的組織；然後逐步逼近到達倫敦附近；接著以倫敦為主要空襲目標；最後，當我們在倫敦上空取得勝利時，他們又重新分散襲擊各郡城市和我們通過默爾西河及克萊德灣通往大西洋的唯一生命線。

　　在8月末至9月初的那段時間，面對敵軍對我南部海岸機場的襲擊，令我們疲於應對。然而，到了9月7日，戈林公開接管了空戰指揮，策略從白天襲擊轉向夜間轟炸，從襲擊肯特和蘇塞克斯的戰鬥機機場轉為集中轟炸倫敦建築物最密集的區域。小規模的白天空襲仍頻繁發生，未曾間斷，而大規模的白天空襲仍有可能出現；然而，總體而言，德軍的進攻方式已經發生根本變化。對倫敦的轟炸持續了57個夜晚。對於這個世界上最大的城市而言，這是一場嚴峻的考驗，結局難以預料。如此大規模的住宅區從未遭遇過這樣的轟炸，如此多的家庭亦從未被迫面對轟炸帶來的困境和恐怖。

　　在接近8月底時，敵軍對倫敦展開猛烈的空襲，我們迅速作出回應，

第十七章　閃電戰的衝擊

對柏林進行了報復性轟炸。由於我們需要飛越更長的距離，因此與從鄰近的法國和比利時機場襲擊倫敦相比，規模不可避免地要小得多。戰時內閣極力主張反擊，主張勇敢地向敵人發出挑戰。我堅信他們的立場是正確的，並且相信，只有讓希特勒意識到英國人的憤怒和決心，才能真正震撼到他或擾亂他的計畫。他在心底對我們是心懷敬意的。當然，他利用我們對柏林的反擊大肆宣傳，並公開宣稱德國的既定政策——要將倫敦和英國的其他城市化為廢墟。他在9月4日宣稱：「如果他們襲擊我們的城市，我們就將他們的城市夷為平地。」他的確竭力這麼做了。

德國人的首要目標是摧毀我們的空中力量；其次是摧毀倫敦人的鬥志，或至少使這個世界上最大的城市變得無法居住。然而，這些設定的目標，敵人都未能實現。我們的飛行員憑藉卓越的技能和勇敢精神，而飛機的優異效能以及其嚴密的組織，使得皇家空軍取得了勝利。數以百萬計的普通民眾也展現了同樣卓越且對不列顛生存至關重要的美德，他們向全世界證明了一個受自由薰陶的社會力量是多麼強大。

自9月7日至11月3日，每晚平均有200架德國轟炸機襲擊倫敦。在此之前的3個星期，敵人對英國各郡城市的初步轟炸迫使我們將高射炮部隊大量分散，因此倫敦初次成為主要目標時，倫敦僅配備了92門高射炮。此時，認為最佳策略是讓第11大隊指揮的夜間戰鬥機在空中自由活動。在這些夜間戰鬥機中，有6個中隊為「伯倫翰」式和「無畏」式機型。夜間空戰當時尚處於初期階段，所以敵方損失不大。高射炮兵也因怕誤擊我方戰機，所以連續3夜未開火。儘管他們的技術相當有限，鑑於夜間戰鬥機的缺點及未解決的問題，決定允許高射炮兵自由運用其最佳技術，向看不清標示的目標開火。指揮防空炮隊的派爾將軍將高射炮從各郡城市撤出轉防首都，使倫敦的高射炮數量在48小時內翻了一倍以上。我們的飛機避開了，高射炮終於迎來了發揮威力的機會。

倫敦的市民已經在家中或簡陋的防空洞中忍受了連續3晚的空襲，這些襲擊似乎未遭到任何抵抗。9月10日，防空火網突然全線開啟，探照燈光強烈。儘管炮火對敵方造成的損害有限，卻極大地提升了居民的士氣。每個人都感到振奮，因為我們終於展開了反擊。從那時起，高射炮頻繁開火，隨著不斷的練習和熟練程度的提高，射擊技術逐漸精進，德國入侵轟炸機被擊落的數量也在增加。有時，高射炮會暫停射擊，讓技術改進的夜間戰鬥機飛過倫敦上空。夜間空襲之外，幾乎接連不斷的白晝空襲也時常發生，有時是1小隊敵機，有時甚至只有1架，在全天24小時內，警報聲時常響起。700萬的倫敦居民已對這種異常的生活習以為常。

關於「閃電戰」，我深知成千上萬的人有許多更加扣人心弦的故事可述，因此為了節省篇幅，我僅在此分享幾則個人經歷。

轟炸初始時，人們並沒有在精神上給予重視。在倫敦西區，大家依然如常地工作、娛樂、用餐和休息。劇院座無虛席，熄燈後的街道上仍可看見稀稀落落的行人。與巴黎的失敗主義者在5月遭遇嚴重空襲時的驚慌失措相比，倫敦人的反應顯得相當沉著。我記得有一次，在持續不斷的猛烈空襲中，我與幾位朋友正在享用晚餐。斯多諾威大廈面向格林公園的大窗戶全部敞開著，公園中高射炮的火光閃爍，偶爾被炸彈爆炸的光芒照亮。我覺得我們在冒不必要的風險。晚飯後，我們前往俯瞰大堤的帝國化學公司大樓。從那些用石頭建造的高大陽臺上，可以欣賞到美麗的河景。南岸至少有10幾處地方在燃燒，正當我們在陽臺上時，幾顆重型炸彈落下，其中一顆距離很近，我的朋友們迅速將我拉到一根堅固的石柱後面。此時，我的觀點得到了證實，即我們在日常生活的享受上應當有所節制。

白廳周圍的政府建築反覆遭到襲擊。唐寧街的建築已有250年的歷史，這些不太牢固的房屋由一個唯利是圖的承包商建造，其名字至今仍留在上面。在慕尼黑危機期間，為10號和11號唐寧街的居民建造了防空

第十七章　閃電戰的衝擊

壕，並用另一層木製天花板和堅固的木柱加固地下房間的天花板。人們認為這樣可以在建築被炸毀或倒塌時支撐殘存的牆壁。當然，無論這些房間還是防空壕，都無法抵禦直接命中的炸彈。在 9 月的後兩週，我們已準備將我的內閣辦公室遷至斯多利門附近，與聖詹姆士公園相對較新且堅固的政府辦公大樓。我們稱之為「新樓」。在「新樓」下方有一個作戰指揮室和數間防彈臥室。儘管當時的炸彈比後來投放的小，但在新居尚未準備就緒的時期，唐寧街的生活極為緊張。我們彷彿置身於前線的營指揮所。

在這段時間，我們的夜間內閣會議在「新樓」地下室的作戰指揮室舉行。要從唐寧街抵達那裡，需步行穿過外交部的四方院子，然後向上攀登，經過正在為加固作戰指揮室和地下辦公室而灌注混凝土的施工隊伍。我當時沒有意識到，這對剛經歷大手術、身體虛弱的張伯倫先生是多麼困難，但任何艱難都無法阻擋他。他比之前幾次參加內閣會議時更加衣冠整齊，舉止優雅，態度堅定。

1940 年 9 月末的一個傍晚，我在唐寧街 10 號的前門眺望，看到工人們正在為外交部地下室的窗戶堆放沙袋。我詢問他們的工作內容，他們告訴我，由於內維爾·張伯倫先生動過手術，需要定期進行特殊治療，而在唐寧街 11 號的防空壕中進行治療不便，因為那裡在頻繁的空襲中至少會聚集 20 人。因此，他們在此為他準備了一個小型私人空間。他每天都謹慎、敏捷且衣著整齊地出席所有約會。但面對現實，他如何能承受？我行使了我的職權，穿過 10 號與 11 號之間的過道找到了張伯倫夫人。我對她說：「他病得這麼重，根本不該留在這裡。你必須將他送走，等他康復後再說。我會每天把所有電報送給他。」她便去找她的丈夫。不久，她告訴我：「他願意聽從你的建議。我們今晚就走。」自此我再未見過他。不到兩個月，他便辭世。我相信，他是希望死在他的職位上的，但我們不能讓他如此。

另一個令我印象深刻的夜晚場景發生在 10 月 17 日。當晚的空襲如常開始時，我們正在唐寧街 10 號的花廳共進晚餐。與我同席的有阿奇·辛克萊、奧利弗·利特爾頓和穆爾·布拉巴宗。鋼質百葉窗已經關閉。不遠處接連幾次傳來巨大爆炸聲，片刻之後，一枚炸彈落在近衛騎兵閱兵場，距我們約百碼，聲響震耳欲聾。此時，我猛然意識到，唐寧街 10 號的廚房寬敞高大，透過約 25 英尺高的玻璃窗能清楚看到外面。餐廳司務員和女服務員依舊若無其事地上菜，但我立刻注意到這扇大窗，窗後廚師蘭德梅爾太太和一位女廚正默默工作。我立刻起身走進廚房，指示餐廳司務將飯菜放置在餐廳的熱飯器上，並命令廚師與其他僕人如常躲進防空洞。僅過了約 3 分鐘，一聲巨響傳來，震動劇烈，表明房屋已遭炸擊。我的偵探報告，損毀嚴重。廚房、餐具室以及靠財政部的辦公室均被摧毀。

我們走進廚房查看現場。廚房已被完全摧毀。炸彈在 50 碼外的財政部內爆炸，結果將這個寬敞整潔的廚房以及所有擦得鋥亮的炊具和盤碟炸成了一堆漆黑的塵埃與瓦礫。大玻璃窗被炸得粉碎，玻璃和木片散落在房間裡，如果當時有人在屋內，必定會被炸得粉身碎骨。幸虧我當時靈機一動——這點很容易被忽視——及時想到。財政部對面的防空壕被一枚炸彈直接命中，炸毀了正在那裡擔任國民自衛軍夜間值勤的 4 名公務員。不過，他們全都被埋在一大堆瓦礫下，我們不知道死者究竟是誰。

空襲愈加猛烈，我們戴上鋼盔前往「新樓」的屋頂觀察。然而，在踏上屋頂之前，我忍不住帶蘭德梅爾太太和其他人去看看他們的廚房。看到一片廢墟，他們感到十分難過，尤其因為廚房變得亂七八糟，極為不整潔！

阿奇與我攀上了「新樓」的圓頂閣樓。那晚天空晴朗無雲，視野延展至倫敦的遠處。不少地方，尤其是帕爾麥爾大街，已燃起熊熊大火。至少 5 處火焰在那裡肆虐，而聖詹姆士大街與匹克迪里大街也未能倖免。河

第十七章　閃電戰的衝擊

對岸的多個地點亦在焚燒，但帕爾麥爾大街尤為慘烈，宛如火海。空襲漸漸停息，不久後，「解除警報」的笛聲響起，僅剩下幾處火焰在燃燒。我們走下樓梯，回到「新樓」二樓我的新居，遇見保守黨總督導戴維·馬傑森上尉，他常居於卡爾頓俱樂部。他告知我們，俱樂部已被摧毀。根據火光判斷，我們早已猜測它遭殃。他與約250名會員和職員在俱樂部裡，一枚重型炸彈擊中，帕爾麥爾大街一側的外牆及龐大屋頂塌入街道，掩埋了他的汽車。吸菸室中坐滿會員，整個天花板傾覆而下。我次日去看俱樂部廢墟，發現他們大多未亡，簡直是奇蹟。然而，他們全都從塵埃、濃煙和瓦礫中爬了出來，雖多人受傷，但無一人喪命。當消息傳至內閣，我們的工黨同僚調侃道：「真是魔鬼保佑魔鬼。」昆廷·霍格如同伊尼亞斯從特洛伊廢墟中背出派特爾·安喀塞斯般，揹著曾任大法官的父親逃離俱樂部廢墟。馬傑森無處可住，我們在「新樓」地下室為他備妥毯子和床。總之，這是個恐怖的夜晚，但考慮到建築物的嚴重損毀，令人驚訝的是，死亡人數不足500，傷者也僅一、兩千人。

某日午餐後，財政大臣金斯利·伍德來到唐寧街10號與我商討公務。我們聽到泰晤士河對岸倫敦南區傳來一聲巨大的爆炸聲。我帶著他前去查看情況。炸彈落在佩克漢姆，是一顆威力巨大的炸彈──可能是一顆地雷。它徹底摧毀或損壞了2、30幢三層樓的小型住宅，在這個極度貧困的地區炸出了一片相當大的空地。在瓦礫堆中已經插上了許多小小的英國旗，讓人感慨萬千。當居民認出我的車時，他們從四面八方湧來，很快便聚集了1,000多人。這些人的情緒極為高昂。他們圍在我們周圍，一面歡呼，一面以各種形式表達對我的熱愛，甚至想觸碰我的衣服。人們可能認為我帶給了他們某些改善生活命運的美好實際利益。我不禁流下了眼淚。當時與我同行的伊斯梅記述道，他聽見一位老太太說：「你們看，他真的關心我們，他在哭呢！」我流下的不是悲傷的淚水，而是讚嘆和欽佩的淚水。「你看這裡」，他們一面說一面引領我到廢墟的中心。那裡有一個巨

大的彈坑，約 40 碼寬，20 英尺深。緊靠彈坑的邊緣，矗立著一個安德森式家庭防空掩體，一名年輕人、他的妻子和 3 個孩子在被炸歪了的防空掩體的入口迎接我們，他們絲毫未受傷，但明顯受到炸彈的驚嚇。當炸彈爆炸時，他們正在那裡。他們說不出當時的經歷。然而，他們依然活著，並顯得十分得意。鄰居們將他們視為珍寶。當我們重返汽車時，這群面容憔悴的人們表現出一種激憤的情緒。他們喊道：「我們要還擊！」、「讓他們也嘗嘗這種滋味。」我立刻承諾要實現他們的願望，而我確實履行了這個諾言。我們對德國城市進行了猛烈而頻繁的轟炸，隨著我們空軍力量的成長，炸彈越來越大，爆炸力越來越強，我們讓德國人加 10 倍、20 倍地償還他們欠我們的債。敵人確實得到了充分的報應，他們被打倒並徹底征服。可憐的人類啊！

有一次，我到拉姆斯格特，恰逢空襲來襲。我被引導至當地的大隧道，那裡住著不少人。15 分鐘後，我們離開隧道，見到瓦礫還在冒煙。一家小餐廳被擊中。無人受傷，但房屋化為瓦礫，鍋碗瓢盆與家具四散。餐廳老闆、他的妻子、廚師和女服務員滿臉淚水。他們的家在哪裡？他們如何生計？這正是當政者應施展權力之時。我立即決定。在專車返回途中，我口述一封信給財政大臣，信中確立了一項原則：凡因敵人轟炸造成的損失應由國家承擔，政府須立即全額賠償。如此，損失不再由個別被炸毀住宅或店鋪者獨自承擔，而由全國人民共同分擔。金斯利·伍德對這個不甚明確的責任有所顧慮，但我要求緊迫促成，遂在兩週內制定出戰爭保險方案，此方案在處理事務時發揮了重要作用。我 9 月 5 日向議會解釋這個方案時說：

當我在內地巡視，目睹一位英國公民的住宅或商鋪被敵軍炸毀，而我們未能盡力將此損失集體分擔，以實現共同團結、同甘共苦之時，我深感痛楚。敵軍的軍事行動所造成的損害，與其他任何類型的損失截然不同，

第十七章　閃電戰的衝擊

因為國家有責任保護全體臣民與納稅人的生命財產不受外敵侵害。除非公眾輿論與議會審議，將敵軍轟炸造成的損害與其他所有戰爭損失區分開來，並在炸彈和炮彈引發的戰爭損害與其他損失形式之間劃定明確界限，否則我們無法解決此問題；同時，我們可能將打開一個無止境的缺口。然而，若我們能夠制定一個計畫，為每一位因炸彈或炮彈遭受戰爭損失的人提供全面或至少最低程度的保險，我認為這將是一個非常明確的政府資訊，顯示我們充滿信心，並且在累積經驗後，我們有充分理由相信，我們能夠透過這種方式度過艱難的戰爭歲月。

財政部對於這個戰爭保險計畫的態度幾經波折。起初，他們擔心計畫會導致破產。然而，1941年5月後，空襲暫停了3年，他們開始盈利，認為這個計畫頗具前瞻性，展現了政治家的智慧。但在戰爭後期，隨著「飛彈」和火箭的出現，他們又遭受了虧損，損失高達8億9千萬英鎊。我對此感到滿意。

此時，我們展望未來，認為倫敦除了一些堅固的現代建築外，將在短期內逐漸淪為廢墟。我對倫敦居民的生命感到深切擔憂，他們當中的大多數人仍舊在原住所生活、睡覺、聽天由命。磚和混凝土構成的防空掩體正在迅速增加。地下鐵道可以容納許多人。還有幾座大型的防空壕，其中一些可以容納多達7,000人，他們日復一日地在那裡安然入睡，未曾意識到一顆直接命中的炸彈會帶來怎樣的後果。我要求盡快在這些防空壕內修建磚砌的避彈牆。關於地下鐵道的使用問題，經過一番爭論，最終透過一項折中方案得到解決。

首相致函愛德華·布里奇斯爵士、內政大臣及運輸大臣

1940年9月21日

1. 最近，我在內閣中詢問為何地鐵不能在某種程度上（即使犧牲交通）作為防空壕使用。有人堅持認為這是極不妥當的，並表示在得出這個

結論之前，已經對整個問題進行了研究。如今，我注意到阿爾德威奇地鐵已被用作防空壕。請告知我此事的詳細情況，以及為何放棄了先前那種武斷的觀點。

2. 我依然提倡充分利用地鐵系統，不僅限於車站，還包括鐵路線。請提交一份簡明的單頁報告，說明各個地段的可容納人數，以及為了使這些地段適應新的用途所需進行的改建。例如，僅在阿爾德威奇一段是否可以容納75萬人？我們可以在交通和防空的相對需求之間進行調整。

3. 我在等待內政大臣向我彙報，將採取何種策略來處理以下事務——

（1）增建更多防空掩體。

（2）強化現有的地下室。

（3）將可供使用的地下室和住宅準備妥當。

（4）至關重要的是：透過發放許可證來為大多數人指定固定地點，這樣可以將他們安置在我們選定的防空壕中，避免擁擠。

在戰爭的這一個新階段，不僅要讓工廠高效運作，更要確保日夜飽受轟炸的倫敦政府部門實現最高工作效率。起初，只要警報響起，20多個部門的員工都會被集合並帶入地下室，無論是否真的需要。當時，人們甚至為能如此迅速徹底地進入地下室而感到自豪。許多次，來襲的敵機不過5、6架，有時甚至只有一架。這些敵機常常未曾飛臨倫敦上空。一次小規模的空襲就能使倫敦的行政管理停擺超過一個小時。

因此，我建議在發出警報之前，先設立一個「預備警報」階段。「預備警報」與「緊急警報」有所不同，後者僅在屋頂的觀察者（即後來的「傑姆烏鴉」）報告「危險來臨」時發出——也就是敵機已進入上空或非常接近。根據這一個建議，相應措施已經制定。在我們面臨敵人持續的白晝空襲時，為確保大家嚴格遵守這個規定，我要求每週報告各部門職員在防空壕中度過的小時數。

第十七章　閃電戰的衝擊

致愛德華・布里奇斯爵士與伊斯梅將軍的信函

1940 年 9 月 17 日

請在明晚向我提交報告，內容涉及倫敦各主要機構在 9 月 16 日空襲期間因待在防空壕而未能工作的小時數。

請伊斯梅將軍向空軍部與空戰司令部詢問他們的看法：若僅有兩、三架敵機接近倫敦而不公布緊急警報，他們對此有何意見。

首相致函於霍勒斯・威爾遜爵士和愛德華・布里奇斯爵士

1940 年 9 月 19 日

請向我提供一份關於 9 月 17 和 18 日〔各政府部門因空襲警報造成的工時損失〕的報告，三軍各部包括在內。18 日之後的報告，應每日提交。在將報告遞交給我的同時，也送給各部首長閱覽。這樣便可看出哪個部門表現最佳。如果某天沒有收到某些部門的報告，則將已收到的送交各部首長閱覽。

這種方法激勵了每個人。在這些報告中，有 8 份寫得特別認真。諷刺的是，作戰部門有時表現最差。他們對這種含蓄的批評，既感到不滿，又視其為一種激勵，因此很快調整了他們的態度。所有政府部門的時間損失被降至最低。不久之後，我方戰鬥機對白天來襲的敵機造成了重大損失，白晝空襲的時期因此結束。儘管「預備警報」和「緊急警報」不斷，但在工作人員白天上班期間，沒有政府機關遭到轟炸，也沒有人員傷亡。然而，若文官和軍職人員表現出怯懦或被誤導，戰時政府機構的工作時間將會浪費多少啊！

早在 9 月 1 日，那場猛烈的夜間空襲開始之前，我已經寫信給內政大臣及其他人。

空襲警報及防空

1. 當前的空襲警報機制是為應付偶發的大規模目標空襲而設計的,而非針對每日多次分批次空襲,更不適用於夜間零星轟炸機的襲擾。我們絕不能允許英國大部分地區每日因空襲而陷於癱瘓數小時,或在夜間頻頻驚擾不安。敵人企圖透過讓無法摧毀的工廠停工以妨礙我們的戰爭努力,這是絕對不能接受的。

2. 因此,有必要建立一項全新的警報機制:

警戒準備。

緊急通知。

警報解除。

一個地區的日常生活不應因預備警報而停滯。非公職人員若願意,可以躲避或將子女安置於安全地點,但總體而言,他們應學會並且確實學會如何在危險環境中適應,僅採取與其職責相符或自認為合適的預防措施。

3. 防空工作應由具備足夠人員的核心成員負責,而不是像當前的紅燈警報那樣,每次都讓所有人參與出動。在所有從事戰時生產的工廠中,應推行岸望哨制度,並在預備警報發出後立即採取行動;岸望哨擁有向當地工廠或機構公布警報的全權。白天的預備警報訊號,可以由人數充足且負有專責的民防隊員升起黃旗表示。夜間則可使用一明一滅的黃燈(或紅燈)。對於利用路燈的方法,應加以研究,也可透過電話發出特別訊號。

4. 緊急警報作為一項直接命令,要求人們「隱蔽」起來,全體防空人員立即到達各自職位。此警報可能與實際空襲同時或略早公布。各地的日常工作應根據當地情況安排。

警笛聲響起時即傳達了「緊急警報」的訊號。汽笛一旦鳴響,或許無需再輔以燈光或電話訊號。

5.「解除警報」的訊號可以按照當前的方式發出。發出「解除警報」

第十七章　閃電戰的衝擊

後,「緊急警報」階段即告結束。如果「預備警報」仍在進行,旗幟應繼續懸掛;若敵機已返航,則可撤下「預備警報」的旗幟,並關閉「預備警報」的燈光。

「預備警報」和「緊急警報」在英國各地的使用方式可能存在差異。在空襲頻繁的區域,如肯特郡東部、倫敦南部和東南部、東英吉利南部、伯明翰、德比、利物浦、布里斯托爾及其他地區,「預備警報」已成為常見之事。「緊急警報」則表示空襲正在進行。這些規定同樣適用於白廳區。在英國其他地區,應盡量避免頻繁使用「緊急警報」,以免讓防空人員過於疲憊。

6. 在倫敦的各政府機構中,直至轟炸真正開始並依照新規發出「緊急警報」的汽笛聲之前,不得強制任何人進入隱蔽處。任何人也不應僅因為倫敦公布了預備警報而中止工作。

對於汽笛,我在議會中形容為「報喪的鬼嚎」,對此我不得不妥協。

首相致內政大臣及其他有關人員

1940 年 9 月 14 日

我承諾在上週內審議議會關於空襲警報、汽笛、警笛及「傑姆烏鴉」的新規。然而,鑑於空襲的頻繁,現階段取消汽笛並不合適。我希望能簡要說明上週改進的措施。

人們對所有貧困者充滿同情,他們大多棲身於小屋中,頭頂無任何遮蔽。

首相致內政大臣

1940 年 9 月 3 日

儘管資源有限,仍需全力協助人們排除安德森式家庭防空掩體內的積水。這樣一來,這些掩體將大大提升你的聲望。同時,需為掩體鋪設地板以應對冬季降雨。在四周稀疏地砌磚,不需使用灰泥,上面鋪設油氈,這

樣就很理想了，但必須設定排水溝和滲水井。我計劃協助你制定一項全面方案來解決這個問題。可透過廣播公布指示，同時利用地區專員和地方當局的力量。請提交一份計畫給我。

首相致函伊斯梅將軍及首相私人辦公室

1940 年 9 月 11 日

請收集關於空襲對下列各項是否產生重大影響的報告：

（1）糧食供給及分配；

（2）無家可歸者的數量，以及對這些人食物的提供；

（3）消防人員的疲勞程度；

（4）倫敦地區的下水道；

（5）煤氣與電；

（6）倫敦地區水的供應；

（7）伊斯梅將軍需調查轟炸對伍爾威奇生產造成的具體影響。此外，請查看軍需大臣提交給我的報告。

首相致愛德華·布里奇斯爵士

1940 年 9 月 12 日

請將我關於調整辦公時間的建議傳達給內閣及各位大臣。午餐時間應為下午 1 時，而內閣會議應提前半小時舉行。原則上，我們若能在下午 7 時 15 分左右享用晚餐，將更為便利。天色較早變暗，接下來的幾週中，一旦戰鬥機的防護撤銷，可能會遭遇猛烈轟炸。最好讓員工和僕人儘早進入防空洞，並且建議各位大臣在夜間空襲時尋找安全的辦公地點，尤其是要確保有一個安全的睡眠場所，除非直接遭受炸彈襲擊，否則不會受到干擾。

當議會於週二如常召開時，我建議這些臨時會議從上午 11 點開始，

第十七章　閃電戰的衝擊

並於下午4點或5點結束。這樣可讓議員們在天黑前返回住所，並希望他們能在天黑前抵達防空壕。我們必須適應這些可能愈加明顯的情況。事實上，隨著白晝逐漸縮短，我們或許需要將辦公時間再提前半小時。

在這些艱險時刻，議會的運作方式也需要明確的指導。議員們認為，以身作則是他們應盡的責任。這是正確的，但或許有時稍顯過度；我不得不建議下議院議員們保持合適的謹慎，並適應當時特殊的環境。在祕密會議上，我讓他們意識到採取必要且周密的防護措施的重要性。他們同意不公開會議的日期和時間，當「傑姆烏鴉」向議長通報「危險來臨」時，他們就暫停辯論。隨後，他們有序地進入為他們準備的擁擠而簡陋的防空洞。在這整個時期，議員們始終堅持開會並履行職責，這將永遠為英國議會增添光輝。下議院議員在這類問題上非常敏感，而他們的情緒也難以捉摸。當一個會議廳被炸毀時，他們就轉移到另一個會議廳，我曾努力說服他們，建議他們愉快地接受明智的建議。關於他們遷移會議場所的情況，將在適當的時候另行講述。整體而言，每個人都表現出理智和嚴肅。在幾個月後，議院被徹底摧毀，幸好是在夜間而非白天，而非議員的會議時間，當時議院內空無一人。隨著我們有效地擊退白晝襲擊，空襲的麻煩大大減少，但在最初的幾個月裡，我始終擔憂議員們的安全。歸根結柢，一個透過公正選舉產生的獨立議會，隨時可以推翻政府，但在最艱難的時刻卻以支持政府為榮，這是與敵人爭勝的一點。議會勝利了。

我質疑任何獨裁者是否能在其國家內施展如英國戰時內閣般廣泛而有效的權力。當我們宣布我們的意圖時，民眾代表給予支持，全體人民也愉快地表示順從，然而從未有過侵犯批評權的事件。批評者幾乎一直以國家利益為重。當他們偶爾挑戰我們時，上下兩院便以絕大多數票否決，這與集權手段完全相反，我們從不強迫、干涉或動用警察與特務。每當我想到議會民主或任何其他形式的英國公共生活能夠承受、克服並戰勝所有考驗

時，我便感到自豪。即便是亡國滅種的威脅也未能嚇倒我們的議員，但亡國滅種的事情幸好沒有發生。

第十七章　閃電戰的衝擊

第十八章
「冷漠的倫敦」

這正是英國人，尤其是享有光榮地位的倫敦市民，展現出最英勇時刻的時期。他們既嚴肅又充滿活力，工作頑強，勤勤懇懇，內心深信自己是不可征服的民族，能夠適應這種充滿恐怖、動盪不安和各種衝擊的全新生活。某個傍晚，我啟程前往東海岸視察，途中在去金斯克羅斯的路上警報響起，街上的行人逐漸稀少，唯有幾列極為疲憊、臉色蒼白的人們在等待最後一班公車。一層秋霧夾雜著細雨籠罩著這個景象。空氣中充滿寒意。黑夜和敵人即將來臨。伴隨著一陣內心的悲痛，我深切感受到這個世界上最大的城市正在忍受的煎熬和苦難。這種狀況還將持續多久？人們還會經歷多大的苦難？他們的活力是否有極限？一旦他們精疲力竭，這對我們旺盛的作戰力將產生何種影響？

對倫敦以及隨後對其他城市和港口的持續轟炸，在大西洋彼岸的美國引發了一場前所未有的同情潮流，這股情感在使用英語的國家中尤為強烈。美國人民心中燃燒著憤怒的火焰，尤其是羅斯福總統，感到無比憤慨。這種情緒在美國持續高漲。我感受到有數百萬美國的男女，滿懷激情，渴望與我們共患難，迫不及待地想與我們並肩打擊敵人。凡是能夠來到英國的美國人，都盡量攜帶禮物和他們的敬意、尊重、深厚的友誼與團結精神來到英國，這非常令人鼓舞。然而，這剛剛是 9 月分，這種特殊的生活方式，我們還要繼續經歷許多個月。

在轟炸的重壓下，防空掩體及防禦工事不斷增加。我深切擔憂的有 3

第十八章　「冷漠的倫敦」

件事。首先是排水問題。我認為，若6、700萬人聚居於建築物密集的區域，而下水道與供水設施遭到破壞，那將是極其危險的局面。我們是否能夠維持下水道系統的暢通，癘疫是否會蔓延？若汙水滲入供水系統，將會導致何種後果？事實上，早在10月初，下水道幹道的排水口已被破壞，我們被迫將所有汙水排入泰晤士河。起初，河中的汙水惡臭四溢，隨後又散發出我們傾入河中的化學物質的氣味。然而，我們成功控制了這一切。其次，我擔心數百萬人長期在夜間擠在街道上的防空洞中——這些防空洞僅能防禦彈片——可能會引發流感、白喉、感冒及其他傳染病，然而，大自然似乎已經為了抵禦這些危險做好了安排。人類是群居動物，顯然，他們傳遞的致病細菌互相消滅，彼此抵消。它們散發出來，互相吞噬，因此人們得以平安無事。儘管這個觀點不符合科學，但理應如此。事實上，在這個多災多難的冬季，倫敦居民的健康水準確實優於平時。此外，每當一個國家的普通民眾精神振奮之時，他們忍受痛苦的能力似乎是無窮無盡的。

我憂慮的第三個問題是玻璃的供應可能不足。有時，一顆炸彈的爆炸就能震碎整條街道的所有玻璃窗。我曾在多份備忘錄中對此表示擔憂，並提議立即禁止玻璃出口。然而，事實和統計資料讓我安下心來，玻璃短缺的情況並未出現。

9月中旬，敵方採用了一種極具破壞力的新型空襲手段。他們四處投擲大量延定時炸彈，造成了一個棘手的難題。大片鐵路線、關鍵交通樞紐、通往重要工廠和機場的道路以及主要街道多次中斷，無法在需要時使用。必須挖出這些炸彈，進行爆破或使其失效。這是一項極其危險的工作，尤其是在初期，必須透過一系列過程危險的實踐學習拆彈的方法。我之前曾提及軍方拆除磁性水雷的戲劇性過程，這種自我犧牲的精神如今雖已普遍存在，但仍然崇高。我對定時信管一直深感興趣，第一次引起我注

意是在 1918 年，當時德軍大規模使用這種信管阻止我們利用通向德國的鐵路。我曾主張在挪威和基爾運河使用這種炸彈。由於它造成長時間的不安定感，因此無疑是一種極為有效的戰爭工具。現在我們親自體驗到了它的影響。我們成立了一個專門處理定時炸彈的機構，由金將軍領導，他是一位極為能幹的軍官，我在契克斯親自會見過他。不久後，他將這項工作交給了泰勒將軍，我透過一系列備忘錄積極推動這項工作。

首相致陸軍大臣

1940 年 9 月 13 日

如我昨晚在電話中向你提及的，解決倫敦市區內，尤其是鐵路上的未爆炸炸彈，顯然是一項極為重要的任務。列車編組場的擁堵越發嚴重，主要原因即是這些炸彈。最好同時從北部和西部調派清除隊伍，並迅速擴充金將軍的組織。必須制定相當詳細的計畫來應對，這問題可能很快會演變成為更大的麻煩。

首相致軍需大臣

1940 年 9 月 21 日

及時處置未爆彈至關重要。若無法解決此問題，可能會對飛機及其他關鍵戰時物資的生產產生嚴重影響。需為炸彈清除小組提供各種現代化裝置，以便更有效地開展工作。陸軍大臣遞交的文件已詳細說明當前的試驗及正在設計的裝備。應優先生產所需裝置，並滿足未來可能出現的各種需求。

首相致陸軍大臣

1940 年 9 月 14 日

我意識到，美國已經研製出一種特別設計的鑽頭，能在不到一小時以內鑽出一個人力需 2 到 3 天才能達到相同大小和深度的洞穴。

我建議你採購一批此類工具，以供拆彈小組使用。最為關鍵的是，應

第十八章 「冷漠的倫敦」

當立即挖出炸彈並進行處理。

這些鑽子或許價格不菲，但它們挽救的生命和財產的價值遠遠超出其本身的價值。此外，我相信，提供最優質的技術裝置給這些勇敢的人們是我們應盡的責任。

首相致陸軍大臣

1940 年 9 月 28 日

有人向我透露，有力的證據表明，透過鑽孔法處理定時炸彈相當有效。鑑於這些炸彈對我們造成的嚴重問題日益加劇，我希望能廣泛應用此方法。請提交一份關於鑽孔法應用程度的報告。

在每座城市、每個鄉鎮以及各個地區，均已設立了專業隊伍。志願者們踴躍參與這一個充滿生命危險的任務。生死未卜的專業小組應運而生。一些人在我們度過難關後倖存，而另一些人在經歷了 20、30 甚至 40 次險境後獻出了生命。在我的視察行程中，無論走到哪裡，都能見到未爆彈清除隊。他們的面容與常人略有不同，但顯得無比勇敢和忠誠。他們的面孔顯得消瘦憔悴，帶有青色，但雙眼炯炯有神，雙唇緊閉，舉止從容。在描述我們艱難日子時，我們常常過多使用「嚴肅」一詞。這個詞彙應當用來形容未爆彈清除隊。

我心中銘記的那個小隊可以具體代表其他小隊。它由 3 個人組成——薩福克伯爵、他的私人女祕書以及年長的汽車司機。他們自稱「三位一體」。他們的英勇壯舉和始終保持的無事故紀錄，在所有知曉他們的人中廣為流傳。在挖掘到第 34 顆未爆炸彈時，他們依然彬彬有禮、面帶微笑，但在挖掘第 35 顆時不幸遇難。薩福克伯爵和他的「三位一體」全都升上了天堂，但我們可以肯定，就如同勇於追求真理先生那樣，「在那一邊，為他們響起了所有的號角」。

未爆彈清除隊的忠誠與無畏迅速消除了威脅，但也令許多最傑出的人獻出了生命。不到一個月，我便能如此寫道：

首相致伊斯梅將軍

1940 年 10 月 9 日

最近，我們很少再聽到關於 9 月初似乎要給我們帶來巨大麻煩的定時炸彈的消息。我有一種感覺，認為這方面的情況有所改善。請提交一份報告，說明近期德國投放了多少這樣的炸彈，其中多少已成功處理，多少仍存在爆炸風險。

我們之所以感到好轉，是因為敵人不再投擲這種炸彈，還是因為我們處理這種炸彈的方法有所改進？

伊斯梅將軍的回應再次令人安心。

大約在同一時間，敵人開始使用降落傘投下大量水雷，其重量和爆炸力都超過了先前飛機投擲的炸彈。多次恐怖的爆炸事件曾經發生。除了報復，別無他法可以防禦這些水雷。德國已打破僅限於攻擊軍事目標的空戰偽裝，這也引發了報復的問題。我支持報復，但我的良心備受譴責。

首相致空軍副參謀長

1940 年 9 月 6 日

我並非建議採取與我們主要政策相悖的行動，然而，我認為，目前若在一個月內對一些較小的德國城市實施幾次小規模、突襲性質的空襲，將能對德國人民的心理產生正面影響。必須牢記，這些德國人從未聽到過真相，凡是我們的空軍尚未涉足的地方，敵人可能會向那裡的居民宣稱，德國的防空體系是牢不可破的。需要考慮諸多因素，其中一些並非全是技術性的。因此，我希望你能斟酌我的意圖，並向我提出建議，以便在適當時機付諸實施。

第十八章 「冷漠的倫敦」

在持反對意見的人中,其中一位是我的朋友,海軍副參謀長湯姆·菲利普斯海軍上將。

首相致信伊斯梅將軍,並抄送參謀長委員會(轉交菲利普斯海軍上將閱覽)

1940 年 9 月 19 日

1. 我們反對對德國進行報復,不僅是出於道德考量。集中攻擊有限且重要的軍事目標對我們更加有利。此外,敵人在不分青紅皂白的轟炸中,導航和技術的不足,並不意味著他們處於絕對劣勢。

2. 然而,使用降落傘空投大型水雷,顯示出敵方已經徹底放棄了僅攻擊軍事目標的虛偽說辭。在 5,000 英尺的高空,敵人根本無法明確轟炸的具體目標。因此,這表明敵人試圖透過「恐怖手段」來針對平民。我們必須思考,敵人的士氣是否能像我們的士氣一樣承受這樣的轟炸。這是一個簡單的戰爭理念。

3. 我傾向於這樣的觀點:如果他們向我們投放一顆帶降落傘的重型水雷,我們就以同樣的方式回敬德國城市;擬定一份我們計劃襲擊的德國城市清單是個不錯的主意。我不認為他們能夠承受,並且也沒有理由不讓他們緊張一段時間。

4. 這件事的公布時間和方式,需從政治角度審慎決策。目前我關心的是何時能準備妥當。務必注意,此事一旦公布,須立即執行。讓軍官們盡快提供大規模落實該計畫的最佳方案。理想情況下,將攜帶降落傘的水雷投放於未曾遭受轟炸的德國城鎮,但若因擔憂延誤而必須使用現有的 1,000 磅空投炸彈,也請指明。

5. 我希望在星期六晚間了解關於適當報復的最低限度計畫,即與德國在英國投放帶降落傘的水雷行為相對應的轟炸德國普通城市的計畫。據報告,今天敵人投擲了 36 顆水雷,明天可能會增加到 100 顆。好吧,100 顆就 100 顆,我們應按每日 100 顆的標準,在一個星期到 10 天內制定出最適宜的行動計畫。如果我們需要等待,那就等待,但絕不要因此而阻撓行動。

6. 在上述情況未公開之前，我同意我們不應對已經發生的事情怨天尤人、喧鬧不休。請於星期六晚上向我提交具體可行的建議。

一個月後，我依舊敦促採取報復措施，但總有人基於道德和技術的理由提出反對，進行阻礙。

首相致空軍大臣及空軍參謀長

1940 年 10 月 16 日

根據報告，敵方昨夜在此地投下大量地雷彈，其中許多至今未爆炸，極具危險。

請立即提交你們對德國實施有效報復的計畫。

我意識到，我們能夠將相同的地雷彈或重型炸彈運送到德國，而轟炸機中隊也渴望使用這些炸彈，但空軍部卻不批准。我認為，應該充分考慮我的觀點和期望。德國人如何對待我們，我們也應同樣對待他們的軍事目標，自從我敦促採取行動以來，已經過去 3 個星期了。究竟是誰在阻撓？

倫敦居民在 1940 至 1941 年冬季所經歷的苦難，難以與戰爭末期德國人所遭受的狀況相比。在戰爭的最後階段，炸彈的威力更強，空襲也更為猛烈。然而，由於德國人長期的準備和個性的徹底性，他們建造了一個完備的、無法炸破的防空系統，並強制所有人進入避難。當我們最終進入德國時，發現許多城市雖被徹底摧毀，但地面上仍有堅固的建築物，地下還有寬敞的隧道。居民的房屋、財產雖被毀，但他們每晚能在隧道中安睡。許多地方不過是幾堆瓦礫。但在倫敦，儘管空襲不如德國猛烈，安全設施卻遠不如德國。除了地鐵以外，沒有真正安全的地方。只有極少數的地下室或地窖能承受直接命中的炸彈。在敵人的轟炸下，倫敦居民實際上在家中或安德森式家庭防空掩體中生活和休息，他們以英國人特有的淡然態度聽天由命。除了防禦炸彈碎片的設施外，千人中幾乎無人有其他掩護。然而，心理上的脆弱並不像流行病那樣嚴重。當然，如果 1943 年使用的炸

第十八章 「冷漠的倫敦」

彈用於 1940 年的倫敦,我們早已陷入能夠摧毀一切人類的境地。然而,任何事物總是按其順序和關係演變,任何人無權斷言倫敦並非不可攻克,儘管它確實未被攻克。

無論是在戰前還是在消極抵抗時期,都很少甚至沒有建造能夠保障中央政府繼續運作的防空堅固據點。曾經有過詳細的計畫,將政府遷出倫敦。許多部門的辦公室早已轉移到哈洛倫敦自治市、巴斯、切爾滕納姆及其他地點。廣泛地區內的房屋被徵用,以備政府從倫敦撤離時供內閣和重要官員使用。然而,政府和議會在敵人轟炸下堅持留在倫敦的決心是堅定不移的,我對此完全贊同。和其他人一樣,我常常想像轟炸的猛烈程度,認為必須徹底撤離或疏散。然而,隨著事態的發展,我們的反應卻截然相反。

首相致函愛德華‧布里奇斯爵士、伊斯梅將軍或雅各布上校及首相私人辦公室

1940 年 9 月 14 日

1. 我從未考慮過將簡任和薦任文官人員從倫敦大規模撤離的問題。這種舉措極其有害,只有倫敦市中心確實變得無法居住時,才會考慮。此外,文官人員的新辦公地點很快會被敵人發現並遭到攻擊,而倫敦的防空設施比其他任何地方都多。

2. 國家最高領導機關從白廳區遷往「圍場」或其他地區,這是另一回事。我們必須確保政府核心能夠有條不紊地積極運作。在幾乎不斷的空襲中,這點是無法實現的。現在必須制定計畫,將戰時內閣、戰時內閣祕書處、參謀長委員會和本土防衛部隊總司令逐步轉移到「圍場」,甚至可以從某些次要方面開始。戰時內閣的大臣們應前往「圍場」查看他們的辦公地點,並作好準備,一旦通知,立即前往。如果他們晚上需要安靜休息,就應該鼓勵他們在那過夜。祕密無法完全保守,但必須禁止向公眾談論。

我們應當意識到，白廳 —— 威斯敏斯特區域可能在任何時刻成為激烈空襲的目標。德國的策略是：透過摧毀中央政府作為不可或缺的前奏，繼而對英國展開大規模攻擊。在任何地方，他們都採取這種策略。

白廳 —— 威斯敏斯特區域的景象極易辨識，泰晤士河及其兩側的高聳建築無論晝夜都是顯著的地標，因此德國人勢必將此地作為轟炸目標。我們必須預先防止中央政府的瓦解。

3. 目前，海軍部尚無遷移需求，其防空系統仍具備相當的效能。空軍部則需著手遷移。陸軍部以及本土防衛部隊司令部務必整裝待發。

4. 務必立刻商討，妥善安排不超過兩、三百名主要官員及其直接助手遷至新辦公地點，並指明應如何逐步實施。請於星期日晚間提交報告，以便我能在星期一向內閣提供一個深思熟慮的方案。星期一，內閣將按照以往的規定，在內閣會議室或中央作戰指揮室召開會議。

為了在倫敦維持運作，必須在地下與地面上建立多種堅固的據點，以便讓政府行政機構及其數千名官員能夠繼續工作。在漢普斯特德附近曾為戰時內閣準備了一個據點，內設辦公室、臥室、電報裝置以及帶有防護裝置的電話。我們稱之為「圍場」。我在1940年9月29日下令進行一次實地演習，以確保大家知道在轟炸過於猛烈時的應對措施。「我認為進入『圍場』至關重要。因此，下星期四內閣應在此召開會議。同時，也應鼓勵其他各政府部門進行一次關鍵人員轉移的演習。若可能的話，應為戰時內閣大臣和列席會議的人準備午餐。」我們在天不亮時就在「圍場」召開了一次內閣會議，並請大臣們查看其睡眠和辦公的房間，他們都感到非常滿意。我們以一頓愉快的午餐慶祝，然後返回白廳。這是內閣大臣們唯一一次使用「圍場」。我們在「新樓」地下室的作戰指揮室和辦公室的頂部灌注了6尺厚的鋼筋混凝土，並精心布置了通風、供水裝置，特別是電話裝置的安排尤為完善。由於這些地下辦公室位於泰晤士河的水位以下，並且距河僅

第十八章 「冷漠的倫敦」

200碼，因此採取了措施，確保裡面的人不會被河水困住。

10月已至，天氣陰冷，風雨交加，然而倫敦似乎已經適應了這種生死存亡的特殊新環境。某些方面甚至顯得從容。由於白天頻繁的空襲，通勤時間人潮擁擠，鐵路時常故障，白廳區的交通因此成為一大難題。我需要尋求解決之道。

首相致霍勒斯·威爾遜爵士

1940年10月12日

大約兩週前，我發出了指令，不應再討論讓文官人員每週工作4天的問題，因為我擔心一旦公布，會對工廠產生影響。然而，現在我主張每週工作5天，其中4個晚上在辦公室過夜（並且如果可能的話在那裡用餐），而3個晚上和兩個白天在家中用餐和休息。當然，這僅適用於那些在倫敦工作但住在郊區的人。我在公車站看到那些排隊等車的人，顯然倫敦的出入將變得愈加困難。每個政府部門都應制定一個既能提高工作效率又方便員工的計畫。現有的工作必須在5天內完成。上下班時間應錯開，以便在人流高峰之前盡量讓人們離開，進而讓車輛在一天中更加均勻地流動。

請提供您對此問題的見解，並附上計畫在發送給政府各部門傳閱的公文中提出的解決方案。

這項計畫未能實現，經過深入研究後，便擱置下來。

由於張伯倫先生因重病退休，內閣因此進行了一次重大的人員調整。赫伯特·莫里森先生是一位雷厲風行的軍需大臣，而約翰·安德森爵士則曾有效地應付了倫敦的閃電轟炸。到1940年10月初，對這座世界上最大城市的持續空襲如此猛烈，以至於在遭受苦難的廣大居民中引發了許多社會和政治問題。因此，我認為讓一位經驗豐富的議會人士掌管內政部（現在也是國內安全部）是非常有利的。倫敦是敵人攻擊的首要目標。赫伯特·莫里森是倫敦人，對首都的行政事務瞭如指掌。他在倫敦行政管理上

的經驗無人能及，曾擔任倫敦郡議會的領袖，並在許多方面主導該郡議會事務。同時，我需要在內政部表現出色的約翰·安德森擔任樞密院長，管理職權更廣的內政委員會，許多事務都提交該委員會處理，進而減輕內閣的負擔。這也減輕了我的負擔，使我能夠專注於戰爭指揮，而在這方面，我的同僚們似乎越來越傾向於給予我決策上的自由。

因此，我提議這兩位高級閣員互換職務。我請求赫伯特·莫里森承擔的角色並非輕鬆之任。關於倫敦治理的諸多複雜問題，在本書中實難詳述。有時，一夜之間成千上萬的人無家可歸；有時，市民必須在屋頂上輪班站崗，以防止失控的大火；有時，醫院裡擠滿了傷者，同時遭受敵機轟炸；有時，成千上萬疲憊不堪的人擠在既不安全又不衛生的避難所；有時，公路和鐵路交通頻頻受阻；有時，地下設施被炸毀，照明、動力和煤氣供應中斷；然而，即便如此，倫敦的日常工作和戰鬥生活仍需繼續，每天早晚仍然需要運送近百萬人員進出倫敦，以確保他們按時上班。我們不知這種狀態會持續多久，也沒有理由預期不會惡化。當我邀請莫里森出任內政大臣時，他深知這不是等閒之職。他請求考慮數小時，但很快便告訴我，他為能擔此重任而感到自豪。我對他的勇敢決定深表讚賞。

在張伯倫先生任職期間，內閣民防委員會已經成立。該委員會通常每天早晨召開會議，以討論整體局勢。為了確保新任內政大臣能夠有效履行國家賦予的所有權力，我每週（通常是星期五）也會召集一次由相關部門參與的會議。會上常常討論一些令人不快的問題。

內閣的人事調整剛剛完成，敵人便改變了空襲策略，這對我們的整體政策產生了影響。此前，敵人主要使用烈性炸藥進行空襲；然而，在10月15日的月夜，我們遭遇了當月最猛烈的攻擊，大約480架德國飛機投下了386噸烈性炸藥，並且還投擲了7萬顆燃燒彈。我們之前曾敦促倫敦居民進入隱蔽場所，並盡力改進防護設施。然而現在，「到地下室去」不得不

第十八章 「冷漠的倫敦」

改為「到房頂上去」。這需要新任國內安全大臣來制定相應措施。

一支覆蓋整個倫敦的龐大防火哨和消防隊迅速籌組（不包括內地城市的措施）。起初，防火哨由志願者組成；然而，由於所需人數龐大，並且每個人都強烈感受到輪流參與的責任感，防火哨工作很快變成一種義務。這項工作激勵了各個社會階層的人們。婦女們也踴躍參與。為了教授防火哨如何應對敵人使用的多種燃燒彈，我們組織了大量的培訓課程。其中許多人成為了專家，數千枚燃燒彈在未燃燒前就被撲滅。儘管人們夜復一夜地在敵人轟炸中冒險堅守屋頂，僅有鋼盔保護，但很快也適應了。

不久之後，莫里森先生決定將1,400個地方消防隊整合成一個全國消防總隊，並另設一個由居民組成的大型消防隊，隊員們在業餘時間接受訓練和工作。這支民間消防隊與房頂上的瞭望哨最初都是基於自願組成，但隨後一致認為這項工作應成為全民義務。全國消防總隊的優勢在於其機動性，擁有統一的訓練標準和裝置標準，以及正式的階級制度。其他民防隊則成立了地區分隊，能在接到命令後迅速前往任何地點。將戰前的「防空大隊」更名為「民間防空隊」。大多數隊員獲得了代表榮譽的制服，他們也感覺自己是皇家的第4支軍隊。在這些工作中，赫伯特·莫里森得到了艾倫·威爾金森女士的大力協助，對於她的逝世我們深感哀悼。她日夜不斷地進出防空壕，並在組織民間消防隊方面發揮了重要作用。在里丁夫人的積極領導下，婦女防空志願隊也貢獻了不可估量的力量。

假如我們的城市面臨襲擊，我寧願敵人選擇倫敦作為目標。倫敦猶如一頭遠古時代的巨獸，能夠忍受極端的痛苦，即便全身傷痕累累，依然能夠存活並運轉。在工人聚居的兩層住宅區，安德森式家庭防空掩體非常常見，人們竭盡所能地改造它們，使其適合居住，並在雨天排除積水。隨後，莫里森式防空掩體也出現了。它如同一張厚重的鋼製廚房大桌，四周圍有堅固的鐵絲網，足以支撐一座小房子的倒塌，因此提供了一定程度的

保護，許多人因此倖免於難。至於其他損失，「倫敦毫不在乎」。倫敦居民承受了一切磨難，甚至準備迎接更大的災禍。事實上，除了眼睜睜地看著首都被徹底摧毀，我們別無他法。而且，正如我在下議院所指出的，摧毀大城市受「收益遞減」規律的制約。不久之後，許多炸彈都落在已被摧毀的建築上，只是把瓦礫揚得滿天飛。在廣闊的區域內，已無可燃或可炸之物，然而人們繼續四處棲身，憑藉無盡的智慧和頑強的毅力繼續工作。此時，人人以身為倫敦人為榮。倫敦贏得了全國的敬佩，英國其他大城市也振奮精神，準備在考驗來臨時全力以赴，絕不遜色於倫敦。事實上，許多人似乎羨慕倫敦的聲名，甚至有不少人從鄉村趕來，希望在倫敦住上一兩夜，與倫敦人同甘共苦，「見識見識」。由於市政管理的原因，我們不得不阻止這種趨勢。

鑑於我們沒有理由懷疑敵人可能會持續轟炸倫敦直到戰爭結束，因此應為中央政府機構制定長期安置計畫，以確保安全。

首相致愛德華・布里奇斯爵士

1940 年 10 月 22 日

1. 我們現已了解敵人對倫敦空襲的大致範圍，這種空襲將會是猛烈且持久的。事實上，針對白廳及政府中心的轟炸可能會持續到所有古老或不堅固的建築被摧毀為止。因此，應迅速在現有堅固或可加固的住宅和建築物中準備住所，以安置行政管理機構的大批核心職員與官員，以及指揮戰爭的主要大臣和重要部門。由於我們決心不被敵人逐出倫敦，並計劃將為了「暗中遷移」在英格蘭西部保留的房舍讓給陸軍部和其他部門，上述措施顯得必要。無論是遷移還是堅守，必須做出決定並徹底執行。

2. 「圍場」的建築並不符合當前局勢的需求。戰時內閣成員無法連續數週在此生活和工作，而讓大部分下屬住在比白廳條件更差的地方。除了「圍場」的建築外，沒有合適的住所或防空掩體，住在尼維爾廳的人在「傑

第十八章 「冷漠的倫敦」

姆烏鴉」警報響起時只能奔波。應將「圍場」作為最後的避難所，可供無需留在倫敦中心的某些部門使用。

3. 幾乎所有政府機構的建築及其地下掩體，要麼極不安全，要麼無法承受直接命中的炸彈。較為老舊的建築，比如財政部，正如我們所見，已經倒塌，其地下掩體無法提供任何可靠的安全保障。位於查爾斯國王大街兩側的外交部和貿易部建築則建造得非常堅固，它們的地下室相對安全。我已批准在作戰指揮室與中央作戰指揮辦公室以及位於貿易部的本土防衛部隊司令部上方安裝一層相當堅固的屋頂防護裝置。只要施工不斷，工程可在一個月到一個半月內完成。我們必須督促此項工作。即便完成這種防護工程，也未必絕對保險。里奇蒙臺的防護措施並不完善，主要工程受限於現有條件。已要求貿易部搬遷至新址，當然，他們的大部分職員應在倫敦以外尋找居所，但貿易部的搬遷必須作為總體計畫的一部分。

4. 在倫敦存在幾座穩固且現代化的鋼筋混凝土建築，這些建築在設計時就已考慮到空襲因素。應立即將這些建築準備妥當，以便容納戰時內閣和戰時內閣祕書處，並為主要內閣大臣提供安全住所。我們無需擔心這些住所過多，因為對這類住所的需求必然會不斷增加。最重要的是，必須確保政府中心工作在高效的情況下持續進行。

5. 我已請求為議會安排一個新的會址。上下兩院在會議期間，面臨的風險極其嚴峻，建築物和會議廳被轟炸只是時間問題。我們希望，當這一天到來時，議員們不在其中。議會大廈的地下室所提供的安全措施完全無法抵禦直接命中的炸彈。威斯敏斯特宮和白廳區是敵軍轟炸的顯著目標，我敢說，附近已落下超過50枚重型炸彈。內閣已同意讓兩院遷移到其他地點召開會議。我建議議會自下週四起休會兩週，希望在此期間能就倫敦開會的問題制定出某種計畫。

6. 我認為應該任命一位戰時內閣大臣以維持與財政大臣的密切連繫，對於迫在眉睫的重大工作進行統一指導和監督；里思勳爵和他所管轄的部

門應在內閣的監督下為此目的工作。如果同僚們同意，我將請比弗布魯克勳爵（他已在處理此事）擔任此職。

於是，比弗布魯克勳爵被指派負責建造一系列防禦炸彈的據點，以安置多個國家機關的重要人員。這些據點中有 10 幾個至今仍在倫敦被妥善運用，有的甚至用道地相連。雖然有些據點在空襲結束後仍未完工，並且在 1944 和 1945 年敵人發動無人機和火箭襲擊時僅使用了少數幾個，但這些建築物最終仍為我們帶來了安全感。海軍部在近衛騎兵隊操場旁獨自修建了一座巨大的建築，鋼筋混凝土的牆壁厚達 20 英尺。如何拆除這些牆壁，將留待世界更安全時由我們的後代去解決。

臨近 10 月中旬，喬賽亞·韋奇伍德在議會中掀起了一場風波，原因是我沒有配備絕對安全的夜間防空設施。這位與我交情深厚的朋友，曾在達達尼爾海峽戰爭中負過重傷，過去一直支持單一稅制。後來，他對稅制的看法變得更加開明，並加入了工黨。他的兄弟是鐵路管理委員會的主席。他們在戰前有遠見地在皮卡迪利大街修建了一個相當大的地下辦公室，深埋於地面 70 英尺之下，上方是堅固高大的建築物。毋庸置疑，這個地下辦公室的深度以及其上方的建築，足以確保內部人員的安全。各方開始勸說我在此隱蔽處休息。最終，我同意了，從 10 月中旬到年底，一旦轟炸開始，我便前往那裡處理夜間的事務並安然入睡。當一個人享有比其他人更大的安全時，良心難免受到譴責；然而，既然有這麼多人勸說，我只好遵從他們的意見。在鐵路防空室度過約 40 個夜晚後，「新樓」已加固，於是我便搬了回去。我與妻子在那裡一直舒適地住到戰爭結束。在這座用石塊建造的堅固樓房內，我們感到安心，僅有幾次需要到下面的防空室。我妻子還把我們僅有的幾張照片掛在起居室，而我認為最好讓牆壁保持空白。最後還是聽從她的意見掛上了，事實證明這樣做是正確的。在晴朗的夜晚，從「新樓」圓頂附近的屋頂上能欣賞到倫敦的美麗景色。為我

第十八章 「冷漠的倫敦」

準備了一個帶有防禦炮彈的圍欄，可以在月光下散步並觀賞轟炸的火光。1941年，我常在晚飯後帶我的美國客人到上面去，他們總是對此充滿了興趣。

1940年11月3日晚，倫敦在將近兩個月以來首次沒有警報聲響起。許多人對這份寧靜感到不安，彷彿預示著不尋常的事件即將發生。次日晚，敵機的空襲席捲了我們島嶼的每個角落，這個攻擊持續了一段時間。德國再次調整了空襲策略。雖然倫敦依舊是主要目標，但他們將重點轉向摧毀英國的工業重地。德國訓練了一支配備新型導航裝置的特殊轟炸機中隊，專門襲擊特定的重要目標。例如，他們專門訓練了一支部隊，目的在摧毀格拉斯哥市希林頓地區的羅爾斯——羅伊斯飛機發動機工廠。這僅僅是一種臨時策略，一種過渡性措施。入侵不列顛的計畫暫時擱置，而對俄國的進攻尚未展開，除希特勒的親信外無人預料到此事。因此，寒冬季節對德國空軍而言成為一個測試時期，試驗夜間轟炸的技術裝置，試探對英國海上貿易的襲擊，並試圖破壞我們的軍事及民用生產。如果他們每次專注於一個目標並全力以赴，或許會取得更大成效，但他們目前的作法已經遭遇挫折。一時之間，他們自己也未下定決心。

自11月14日晚間起，這些嶄新的轟炸戰術首次在考文垂施展，代表著一場閃電般的空襲。由於倫敦的規模過於龐大，難以快速取得決定性的打擊效果，戈林轉而將目光投向摧毀各個地方城市或軍需生產中心。空襲自14日傍晚展開，至翌日清晨，近500架德國戰機共投下600噸高爆炸藥及數千顆燃燒彈。這次襲擊可以說是迄今為止我們遭遇到最具破壞性的一次。考文垂市中心被夷為平地，短時間內一切活動完全中止，造成400人喪生，重傷者更多。德國廣播聲稱，我們的其他城市將遭受「考文垂式」的轟炸。儘管如此，所有主要的飛機發動機廠和機床製造廠依然運作無礙；此前從未經歷轟炸的市民們亦未停下腳步。緊急重建委員會在不到

一週的時間內，顯著恢復了考文垂的日常生活。

11月15日，敵人趁著皓月當空，再次對倫敦發動了一次猛烈的空襲，造成了重大損失，尤其是教堂和其他歷史名勝。接下來的目標是伯明翰，從11月19日至22日連續3次空襲，導致了嚴重的破壞和傷亡。將近800人喪生，超過2,000人受傷；然而，伯明翰的生活與精神在這次考驗中頑強地挺了過來。幾天後，當我前往該城市視察工廠並親眼查看轟炸結果時，發生了一件令我感動的事情。正值晚餐時分，一位極為美麗的少女向我乘坐的汽車跑來，把一盒雪茄扔進車裡。我立刻讓汽車停下，她說：「這個星期我因為生產成績最好而獲得獎金。一個小時前我才聽說您要來。」這份禮物花費了她兩、三英鎊。我愉快地（以首相的身分）親吻了她。隨後，我去看了那長長的集體墳墓，那裡剛剛安葬了許多市民及其子女。伯明翰的精神閃耀著光輝，它那高度組織、自覺且明辨事理的100萬居民未被他們所遭受的肉體痛苦嚇倒。

在11月的最後一個星期和12月初，轟炸的目標轉向各大港口。布里斯托爾、南安普敦，尤其是利物浦，遭遇了激烈的襲擊。隨後，普利茅斯、謝菲爾德、曼徹斯特、利茲、格拉斯哥以及其他軍火生產中心也勇敢地承受住了轟炸的考驗。無論敵人攻擊何地，我們的國家始終堅如磐石，強如鋼鐵。

12月29日，星期天，近期的空襲再次在倫敦達到頂峰。德國人累積的所有經驗都在此次轟炸中得以運用。這是一場典型的縱火行動。空襲的重心集中在倫敦的中心金融商業區。轟炸發生在潮水最低時。最初使用帶降落傘的重型烈性炸藥包破壞自來水的主要管道。我們必須撲滅的火災大約有1,500處。火車站和碼頭遭到了嚴重破壞。8座「雷恩」式教堂被炸毀或受損。市政廳被大火和炸彈摧毀，而聖保羅教堂則因大家的英勇努力而得以倖存。直到今天，大英帝國的核心地帶仍然留有一片空曠的廢墟，

第十八章 「冷漠的倫敦」

但當英王與王后親臨視察時，人們對他們的歡迎熱情遠超以往任何皇家慶典。

在這場尚需數個月方能結束的漫長考驗中，英王常駐於白金漢宮。儘管白金漢宮的地下室正進行隱蔽處的建設，但尚需一些時日方能完工。此外，英王陛下數次從溫莎前往倫敦時恰逢空襲。有一次，他與王后險些遭遇轟炸。我獲得英王陛下的許可，在此以他本人的話記錄下此事的經過。

1940年9月13日，星期五

我們從溫莎到倫敦，正好遇到空襲。當天烏雲密布，雨勢不減。王后與我前往樓上的小起居室，那裡可以俯瞰四方院落（我無法使用原來的起居室，因為上次轟炸損壞了窗戶）。忽然間，我們聽到俯衝轟炸機的轟鳴聲，聲音越發逼近，隨即看到兩枚炸彈掠過白金漢宮對面，墜入四方院落。當炸彈在約80碼之外爆炸時，我們目睹了火光，並聽到了爆炸聲。爆炸的氣浪衝擊了我們的窗戶，而四方院落中出現了兩個巨大的彈坑。水從一個彈坑中破裂的水管噴出，透過損壞的窗戶流入過道。這一切在瞬息之間發生，我們迅速跑進過道。總共有6顆炸彈：兩顆落在前院，兩顆落在四方院，一顆摧毀了教堂，一顆落在花園裡。

英王曾以海軍中尉身分參與日德蘭戰役，他對此感到無比振奮，並為能在首都與他的臣民同甘共苦感到欣慰。我得承認，當時無論是我還是我的同僚，都未察覺此事的危險性。若窗戶是關閉而非敞開，所有玻璃將會被震碎，飛濺到英王和王后的臉上，造成可怕的傷害，但他們表現得若無其事。即使像我這樣經常見到他們及其侍從的人，也是很久以後，在為撰寫此書而詢問時，才意識到當時的具體情況。

在那段時光中，我們沉著而冷靜地設想在白廳廢墟上作戰的情景。英王陛下在白金漢宮的花園中設立了一個靶場，他與王室其他成員及侍從武官們認真練習手槍與衝鋒槍的射擊。不久，我從別人送我的幾支美國短柄

卡賓槍之中挑選了一支贈予英王。這是一把非常優良的槍。

　　大約在這個時期，英王改變了與我會面的方式。在我上任的頭兩個月，他通常每週正式接見我一次，時間大約在下午 5 點。如今的安排是每週二與他共進午餐。這無疑是一個討論國家大事的良好時機，有時王后也會加入。有幾次，我們不得不端著盤子和酒杯，到尚未完工的防空室中完成午餐。這每週一次的午餐成為了一種常規制度。幾個月後，英王陛下決定在用餐時不需僕從，由我們自行上菜和互相招待。這種安排持續了 4 年半。在此期間，我注意到英王非常認真地閱讀所有呈交給他的電報和文件。根據英國憲法，君王有權了解其大臣們負責的一切事務，並擁有向政府提出意見的無限權力。我特別注意確保國王了解所有情況，而在我們每週的會面中，我常常發現他已深入了解那些我尚未批閱的公文。在這個決定英國命運的時代，擁有這樣優秀的國王和王后是英國的幸運。作為君主立憲制的堅定支持者，我將我 —— 作為首相 —— 受到英王如此親切的接待視為無上的榮譽。我認為這種關係是自安娜女王和馬爾巴羅執政以來未曾見過的親密。

　　我們就這樣來到這一年的尾聲。為了保持敘事的連貫，我已預先描述了整個戰局。讀者將會看到，所有這些雷霆與暴風雨反而更加襯托出我們從容不迫的冷靜態度，我們的軍事行動正是依靠這種冷靜來維持的，而我們的政策和外交也同樣基於這種冷靜態度。確實，我必須指出，在最高層，這些損害未能致命，反而造成了正面的推動作用，使我們擁有清楚的視野、忠誠的友誼和明智的措施。然而，若認為敵人的空襲即便增加 10 倍或 20 倍 —— 甚至僅增加兩、三倍 —— 也會同樣產生我在此所描述的良好效果，那便是誤解了。

歐陸傾覆，邱吉爾見證法國的最後戰線：

從德軍閃擊到敦克爾克大撤退，親歷盟軍潰敗的至暗時刻

作　　　者：[英]溫斯頓・邱吉爾（Winston Churchill）	**國家圖書館出版品預行編目資料**
編　　　譯：伊莉莎	歐陸傾覆，邱吉爾見證法國的最後戰線：從德軍閃擊到敦克爾克大撤退，親歷盟軍潰敗的至暗時刻 / [英]溫斯頓・邱吉爾(Winston Churchill) 著，伊莉莎 編譯. -- 第一版. -- 臺北市：複刻文化事業有限公司, 2025.04
發 行 人：黃振庭	面；　公分
出 版 者：複刻文化事業有限公司	POD 版
發 行 者：崧燁文化事業有限公司	譯自：The fall of Europe
E-mail：sonbookservice@gmail.com	ISBN 978-626-428-119-5(平裝)
粉 絲 頁：https://www.facebook.com/sonbookss	1.CST: 第二次世界大戰 2.CST: 英國
網　　　址：https://sonbook.net/	712.84　　　　　114004419
地　　　址：台北市中正區重慶南路一段61號8樓 8F., No.61, Sec. 1, Chongqing S. Rd., Zhongzheng Dist., Taipei City 100, Taiwan	
電　　　話：(02)2370-3310	
傳　　　真：(02)2388-1990	
印　　　刷：京峯數位服務有限公司	
律師顧問：廣華律師事務所 張珮琦律師	
定　　　價：420 元	
發 行 日 期：2025 年 04 月第一版	
◎本書以 POD 印製	

電子書購買

爽讀 APP　　　臉書